科学写作与传播

袁丁 关贝贝 著

清華大学出版社
北 京

内容简介

科学写作与传播是现代科研人员的必备技能，也是科学创新与传播所需的基本科学素养。本书的两位著者分别为物理学和欧洲文学专家，在大学长期从事期刊论文写作、学位论文指导和学术英语教学等一线科研和教育工作，切实了解科研人员、理工类学生的切实需求和具体困难。本着传授科学写作原理和技能的原则，著者从自身的科学研究和教学实践出发，分析了国际著名期刊的优秀期刊论文和世界名校的学位论文范式，凝练了现代科学研究必须面对的大数据的抽象化表达，总结了科学写作所需的必备写作技能和信息技术，能为理工类高校学生提供有效的参考和指导，也能为一线科研人员提供科学写作的系统化知识。

图书在版编目(CIP)数据

科学写作与传播/袁丁，关贝贝著．—北京：清华大学出版社，2022.9
ISBN 978-7-302-61679-5

Ⅰ．①科…　Ⅱ．①袁…　②关…　Ⅲ．①论文—写作　Ⅳ．①H152.3

中国版本图书馆 CIP 数据核字(2022)第 144968 号

责任编辑：王　欣
封面设计：李成博　袁　丁
责任校对：欧　洋
责任印制：沈　露

出版发行：清华大学出版社
网　　址：http://www.tup.com.cn，http://www.wqbook.com
地　　址：北京清华大学学研大厦 A 座　　**邮　　编**：100084
社 总 机：010-83470000　　**邮　　购**：010-62786544
投稿与读者服务：010-62776969，c-service@tup.tsinghua.edu.cn
质量反馈：010-62772015，zhiliang@tup.tsinghua.edu.cn
印 装 者：小森印刷(北京)有限公司
经　　销：全国新华书店
开　　本：165mm×235mm　　**印　　张**：20.75　　**字　　数**：313 千字
版　　次：2022 年 9 月第 1 版　　**印　　次**：2022 年 9 月第1 次印刷
定　　价：96.80 元

产品编号：089335-01

前言

科学成果主要是以科学论文的形式表达，并以科技类期刊或会议论文集的形式发表，因此对于高校研究生及科研工作者来说，科学论文写作是科学研究的必备技能。本书从科学论文的特点出发，系统、简明地介绍了科学论文写作的实用方法，包括科学论文发表的基本流程，科技类期刊论文和常见科学论文的基本内容和写作风格，科学论文组成章节的具体内容、要求和写作要点，图表与公式的合理使用，计量符号和数学公式的规范使用，科技英文写作的技巧和常见错误等内容；另外，还详述了科学研究的辅助技能，即科学数据管理、科学项目管理、科普文章的写作与传播等。

本书参阅了许多与学术写作相关的著作和译著，旨在讲述现代科学写作方法和科技语言系统；特别强调了数据可视化的原理以及数学公式和计量符号的规范使用，力图提供实用的写作方法；佐以大量的图文案例解析，以便读者能够在较短的时间内更直观地掌握科学论文的写作方法。

全书共九章，由袁丁和关贝贝合作完成，其中第一章至第四章和第七、八章由袁丁撰写，第五、六、九章由关贝贝撰写。全书最后由袁丁统稿，关贝贝校稿。本书分为上、下两篇：上篇“科学论文写作”讲述科学写作的基础知识，展开为第一章至第六章；下篇“科研辅助技能”介绍现代科学研究所需的项目管理、数据管理和科学普及等内容，分别归纳到第七章至第九章。

上篇为“科学论文写作”。

第一章为科学出版与职业道德，系统地介绍了科学论文出版的过程、职业道德和著作权等内容，阐明正确的学术道德规范，简述科学写作与出版的框架。

第二章为期刊论文的元素，系统而全面地介绍了科学论文常见的一种文体——期刊论文的基本元素，通过案例分析详细展示了科技类期刊论文各部分的写作模式、风格与技巧。

第三章为常见的科学文体，着重介绍了其他不同的科学论文形式，例如学位论文、技术报告、科学海报等，除了阐明各种文体形式的特征与写作要求外，还运用了大量的案例进行实证分析。

第四章为图表与公式，重点分析了现代科学论文的重要元素——图表与公式，详细分析了各种可视化元素的展示规则，即科学文献中的图形、表格等浮动元素；同时介绍了各种数据可视化工具及数学公式的编排规则。

第五章为科学写作文体，讲述了科学论文写作中语言的最基本要求与风格，提出科学论文须采用通顺的文字、深入浅出的论述、条理清晰的层次与合乎逻辑的写法加以表述。

第六章为科学英语表达，结合大量案例分析了常见英语写作的困难和错误，例如，定冠词的使用，科技英语常用的句子结构、时态和语态，标点符号的使用等，对于了解科技英语的语言风格特征以及阅读英文文献都有重要的意义。

下篇为“科研辅助技能”。

第七章为科学项目管理，介绍了科学项目的任务分解、项目管理和时间管理的基本原则。将项目管理的原理应用到科学研究中，是科学研究的辅助技能。

第八章为科学数据管理，介绍了科技工作者普遍会用到的科学数据存储与管理工具，介绍了常见的数据存储方式、数据存储和安全以及大规模数据存储和转移的方案。

第九章为科学传播，介绍了科学传播的基本理论和面向公众的科学传播途径，重点讲解了当今热门的自媒体及短视频传播途径，分析了网络媒体时代的图文和影像著作权的问题。

本书由哈尔滨工业大学(深圳)教改经费资助出版，特此致谢哈尔滨工业大学(深圳)教务部的领导和老师们。本书写作初期，作者与学生团队曾在深圳市天文台安静优美的环境中制定本书的大纲、整理书籍的关键资料，特此致谢深圳市天文台，特别感谢梅林副研究员的协调和安排。

本书的写作获得了哈尔滨工业大学（深圳）多位硕士研究生的帮助。其中，人文与社会科学学院研究生李成博参与设计和绘制了本书多数插图；空间科学与应用技术研究院研究生朱子瞻、付立博，经济管理学院研究生谢旺旺、尹磊，人文与社会科学学院研究生唐玮泽、孟凡刚、陈玲杰和蔡佳等参与了本书的资料整理和文字校对。

全书内容力求简明扼要，有较强的针对性和实用性，并有丰富的实例，可作为科学论文写作课程的教材，也可作为科研工作者撰写论文、编写论著及教材的参考书。在本书的写作过程中，尽管力图少出或不出错误，但由于作者水平有限，如有任何错漏和欠妥之处，敬请读者不吝批评指正。

作 者

2021 年 10 月

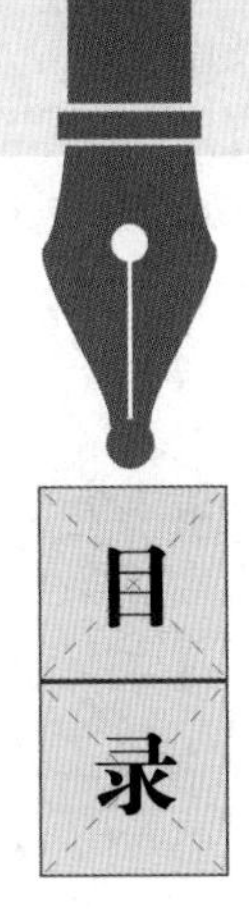

上篇　科学论文写作

下篇 科研辅助技能

SCIENTIFIC
WRITING
&
COMMUNICATION

上篇

科学论文写作

第一章

科学出版与职业道德

科学出版是人类科学知识和思想体系的记录；作者享受学术成果的名誉，同时也要承担学术研究对应的社会责任。

第一节 科学论文的出版过程

科学论文是科研课题在理论性或观测性上具有新的研究成果或创新见解和知识的学术记录，或是某种已知原理被应用于实际取得新进展的科学总结，或在科学会议上宣读、交流或讨论，或在科学刊物上发表，或用作其他用途的书面文件。科学出版是研究人员长期学习和研究积累的总结，是人类知识的图文档案。所以，任何科学出版的过程都是先有研究积累或思想基础，后有学术出版的，否则便无科学性和学术性可言；优秀的学术论文一定程度上代表成功的学术研究，否则该学术研究就无法得到公众的广泛认可。

本章所讲述的学术出版是指普适性的学术刊物出版过程，涵盖自然科学、社会科学以及其他相关学术领域的出版，而科学出版是专指科学技术类文献的出版。由于两者的投稿、审稿、修稿和出版的过程大体相通，所以本章对学术出版做广义的概述。

科学论文专指科学技术类学术论文，隶属于学术论文的范畴，包括科技类期刊论文、理工类学位论文、技术报告等。本书后续章节所述相关术语，如学术论文、期刊论文、学位论文等，如无特别说明，则专指科学技术类学术论文。

科学论文具有创新性、学术性、科学性、规范性、法规性和伦理性等特点。创新性是指科学论文至少在理论、方法或实践等其中一方面突破前人的研究与知识。学术性是指论文必须有一定的思想高度，揭示事物发展变化的客观规律，形成一定的科学见解，具有一定的学术价值。科学性是指符合自然科学的逻辑论证方法。规范性是指为了交流、传播与存档的方便，图文表述须简洁明确，逻辑合理，思路清晰，语言流畅，完整自洽。法规性是指科学论文作为著作权主体，须符合相关知识产权法律与规范的要求。伦理性是指科学研究符合科学伦理与职业道德，不导致利益冲突，不违背伦理道德。

一、 科学论文的形成

科学——Science一词源于拉丁语Sciencetia，原意为“知识”，是人类有目的地建立和组织关于宇宙万物的可检测的解释与预测等相关知识的系统行为。技术是技艺的科学，是生产物品或提供服务或达到某种实践性目的所用的技艺、技能、方法与过程的工具与规则体系。技术与科学之间的主要区别在于，技术只需达到相应目的而无须深入了解其中的科学原理，而科学却需要阐明表象背后的思想和原理。

人类早期的科学研究基于实验与理论两种手段而取得进展。随着计算机和大型科学设备的发展，实验已演化成科学实验和数据分析，而理论则演化成数学理论和数值模拟。目前数据分析与数值模拟已成为各个领域创新与突破的重要手段，和理解复杂科学过程和统计大规模数据的必要工具。

科学论文，特别是经过同行评审的科技类期刊论文或具有一定科学价值的可发表的科技文献，在科学属性上可归为三类：第一类是用已有的方法获得新研究成果；第二类是用新方法检验已有的研究成果；第三类是用新的方法验证已有方法和已有结果的关联。第一类与第二类论文分别在成果和方法上具有原创性；第三类论文原创性稍低，适合在校学生或青年学者学习和演练科学研究和学术发表的过程。

若要使科学论文获得同行的认可，具备一定的科学价值，须在以下方面体现一定的创新性。

（一） 认知的创新

研究人员需具有一定的工作基础，从而提出新的科学问题，通过思考或实验寻求新问题的答案，形成对新问题或规律的认识，也可能是对旧问题的新的或者更深层次的认识。科研人员往往先提出一个科学假设，再围绕该假设开展实验设计和科学验证，通过实验验证某种现象或规律。

（二） 研究对象的创新

一些新研究对象出现时，由于人们对它的认识十分有限，其本身就具有很高的研究价值，是科学论文成功发表的重要基础，比如新出现的物种、新发现的天体、人类航天器首次登陆的行星、具备某种特殊属性的新材料、首次出现的疾病等。这些研究对象具有重要且紧迫的研究价值，这种情况下，科研人员只需要采用现有且成熟的研究方法即可获得有意义的研究成果，完成具有一定创新性的科学论文。

（三）研究方法的创新

方法创新往往由科学需求所驱动，可以改进已有的方法，也可以发展一种全新的方法。创新的方法能解决新出现的问题或者尚未解决的旧问题，或提高研究对象的性能，或提升方法的效率，或使之适用范围更广。方法创新不是研究人员凭空想象出来的，而是需要研究人员找准问题的特点和症结，综合多方面的知识，通过不断摸索总结，才有可能实现重大创新和突破。

（四）研究模式的创新

研究初期，选择一种合适的研究模式存在一定的难度，有时获得好的研究模式可能是出于偶然或者研究人员的意外收获。如果研究人员用现成的研究模式去研究与他人相同的问题，这样的研究往往竞争比较激烈。事实上，用相同的研究模式研究相同科学问题的现象很普遍。对于多数科学研究来说，选择一种成熟的研究模式开展研究更加现实。只有积累足够的研究经验，才能实现研究模式的创新。

二、科学论文的发表

科学论文的发表一般要经过投稿、审稿、修稿和出版 4 个阶段，详细过程可参考图 1-1。下面分小节详述各个阶段的细节和注意事项。

（一）投稿

科学研究已经完成并取得一定有意义的科学成果后，就可以撰写成科学论文了。投稿之前，需理性评估科学研究的水平，然后选择与该论文水平相匹配的期刊或会议投稿。通常情况下，科研经验尚不丰富的在读学生与资历较浅的研究人员很难自我评估，最好的办法就是咨询资深同事或同行。目标期刊或会议不宜超出论文的科研水平太多，否则论文会被多次拒稿，浪费很多时间与精

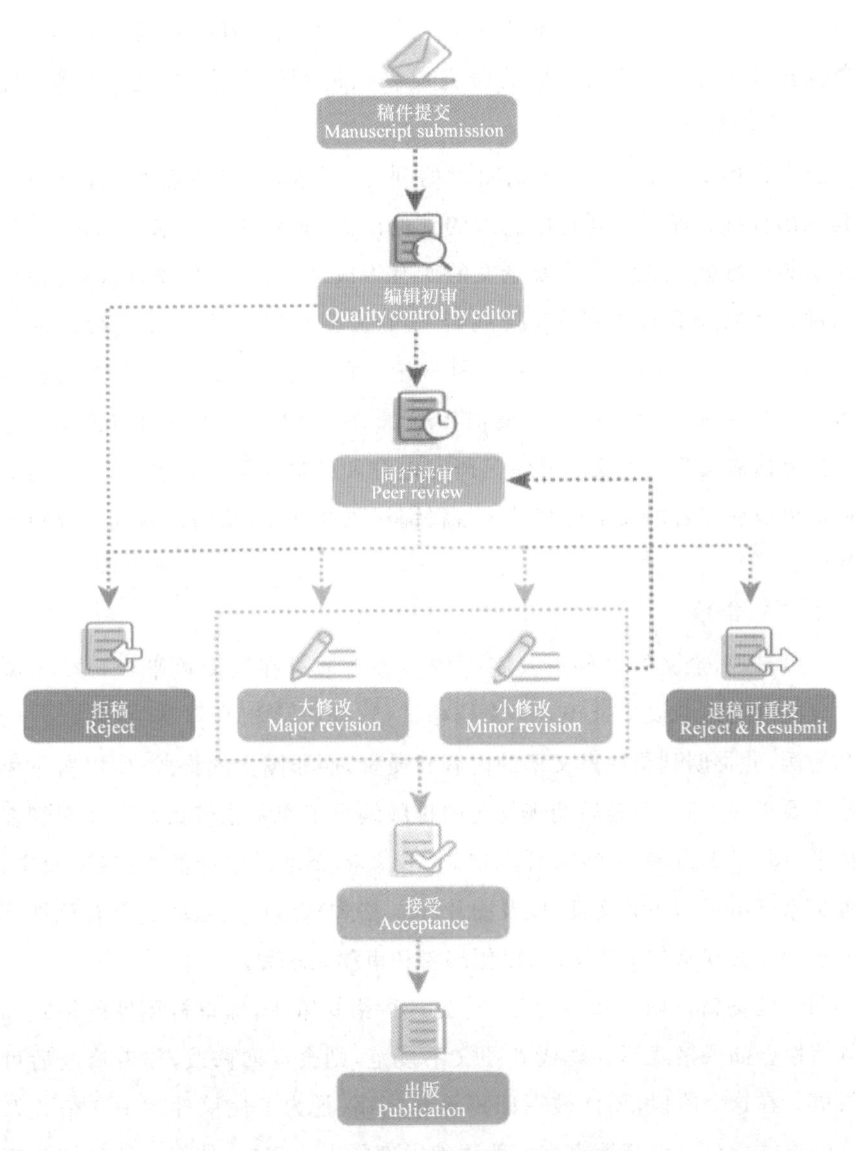

图 1-1 科学论文的投稿和评审过程

力。另外，也不宜胡乱选择期刊，如果研究内容与期刊的定位、读者群体等不符，也容易被拒稿。

有些学科的科研成果能够很快地被该领域消化，判断标准为该成果是被科学和商业界推广或被淘汰，所以该类学科的科学论文一般以会议论文为主，比如计算机、半导体和通信等领域；有些学科的科研结果能持续影响领域几年甚至几十年，所以该领域的研究成果以期刊论文为主，比如数学、经济学、天文学和物理学等。

选定目标期刊后，应当仔细阅读期刊的“投稿须知”或者“作者指南”，了解其录用标准；查阅该刊物已刊载的其他论文，研究其学术水准和写作格式，按照出版标准修改论文；检查论文的所有组成部分，符合投稿标准后，便可投出稿件。多数期刊会提供 Word 或者 LaTeX 模板以供研究人员编排论文格式所用，这样研究人员就可以专注科学论文的内容，而非排版和格式等细枝末节了。投稿前一般应撰写投稿信（cover letter），这份文档须与论文一起提交。投稿信需用简短的文字介绍其研究内容和科学意义。通常来说，一封好的投稿信可以使作者的文章更容易被编辑部接收并阅读，从而进入同行评审和发表环节。

（二）审稿

一般来说，论文的稿件以及附件资料等需通过在线交稿平台提交给编辑部。有些期刊或会议接受 Word 文档格式，这样投稿相对容易一些，以《自然》期刊为例，此类期刊更注重文章的内容和质量，而非图文的格式，所以对于稿件的格式要求并不高，但是后期规整化的排版编辑工作量比较大。有些期刊在线交稿平台具备 LaTeX 在线编译功能，作者须提交可以编译的 LaTeX 源文件、参考文献（bib 或者 bbl 文件）以及图片（eps 格式）等，在线编译成符合该期刊审稿要求的图文规格的 pdf 文件，以便编辑和审稿人审阅。

期刊的编辑部收到稿件之后，首先进行格式审查，即审核稿件的格式和图文规范性。如果格式不合规或者图文不规范，则会退回修改，作者修改后可再次投稿。在这个阶段，稿件被退回不算作拒稿，是为了使稿件的图文格式符合期刊的格式规范。合规性审查一般由编辑部的人员完成，他们一般熟知该期刊的写作规范和格式要求。形式审查之后，稿件则会被分派给该领域相关的编辑。与此同时，作者会被要求签署著作权转让协议，即如果该稿件通过评审顺利发表，则该论文的著作权须排他性地转让给出版社，自此出版社拥有该论文的著作权，而作者只拥有署名权。这就意味着作者想要阅读自己的文章，也需要支付订阅费。有些学者习惯将已经发表的论文上传到个人网页，以供读者下载阅读。从严格意义上说，这是未被出版社授权的行为，出版社可能会要求作者撤销该文件或者承担相关的法律责任。如果作者想免费分享该论文的知识，可以按照最后的定稿内容上传自己编辑的版本，而非出版社正式发行的版本，这样就能以合理使用的方式避免版权追责。

编辑一般是相关领域或者更广领域的专家学者，他们会评估稿件的科学内容和水平以及稿件与该期刊或会议的匹配度。如果稿件的水平不能达到该期刊的要求或者匹配度不高，则编辑有权直接拒稿。如果稿件顺利通过编辑的审核，编辑会在期刊的专家库中寻找审稿人（reviewer 或 referee）。审稿人一般须在该期刊、同水平或更高水平的期刊上发表过科学论文，而且审稿人有很大概率是稿件参考文献的作者。审稿人会仔细评估稿件的科学逻辑与写作内容，该过程称为同行评审（peer review）。评审专家一般为两位或三位，有些期刊则只有一位。

有些期刊可以让投稿人推荐多名同领域具备相关专业知识的审稿人，作者应当尽量利用该机会选择业内的专家，以避免稿件呈送到非专业人士手中，导致审稿次数和周期无意义地增加。推荐的审稿人最好分布在不同的国家和不同的机构，并且具有不同层次的资历架构，同时尽可能给出充分的推荐理由。一般来说，可以推荐一两名资深专家、两三名年轻博士后或科学家。资深科学家一般比较忙，容易导致审稿周期增加；而年轻科学家则有充裕的时间审核稿件并提供中肯的意见。统计显示，推荐审稿人比不推荐审稿人有更高的论文命中率。

在合理且被允许的情况下，作者也可以要求回避某些审稿人，例如竞争对手、潜在利益方、存在学术偏见或者恶意的反对者，或者比较苛刻的审稿人。但是避开的理由最好以学术研究为出发点，避免个人情感或主观原因，例如不要因研究的竞争关系、观点的争议等对文章进行无理由的批判。

同行评审是现阶段比较常见的评审方式，因为研究人员通常都具备高学历，处于科学研究的前沿。很难说研究人员甲一定比研究人员乙对某一项科学研究的熟悉度或专业水平高出很多，所以期刊论文或者会议论文一般以同行评审的形式进行，这样可以从不同方面提升科学论文的水平。常见的同行评审方式有单盲同行评审、双盲同行评审、开放同行评审、合作式同行评审、级联式同行评审等。

单盲同行评审是指论文作者不知道审稿人的身份,而审稿人知道所有作者的信息。

双盲同行评审是指论文作者和审稿人均不知道对方的信息,所有相关的姓名和单位信息要求隐匿。但是双盲同行评审在很多情况下无法完全达到效果,因为经验丰富的审稿人可以根据研究方向和研究背景的参考文献猜测作者的真实身份或团队信息。

开放同行评审是指论文作者和审稿人的身份信息都向对方开放,而审稿人的意见和作者的答复也可以跟稿件一起发表。

合作式同行评审是指论文作者和审稿人都在平台上讨论文章如何提升,一般来说,审稿人是匿名的,但是最后文章发表的时候,审稿人的信息可能会被公开。

级联式同行评审是指当一篇文章被期刊拒绝之后,稿件和评审意见转给另外一个影响力稍低的期刊,通常这类期刊是出版社的系列期刊。例如,《自然》期刊就有主刊、子刊《自然·物理》《自然·天文学》等,以及《自然·通讯》《科学通报》等期刊。被《自然》主刊拒稿的稿件会被推荐到同系列的次级期刊参与评审。这些期刊的版面费一般非常昂贵,很多资深学者认为这是一种商业盈利手段,其科学意义并不大,从而会选择他们研究方向内的其他高水平期刊发表。但是,一些发展中国家的学者愿意花高价在这些期刊上发表论文,以便在本国获得更高的科学声望。

审稿人收到稿件之后,一般会被要求在2～4周内提交评审意见。评审结果一般分为以下几种,见图1-1。

(1) 直接录用(accept without revision)。此类情况很少见,只有少数高水平论文能够直接被录用并发表。大家可以根据论文的投稿日期、接收日期和发表日期甄别此类论文,研习论文的研究水准和写作方法。

(2) 小修改(minor revision)。此类情况一般是作者团队已经对科学研究和稿件内容做过仔细修改和内部提升,并且研究水平和稿件内容已经非常完善。

(3) 大修改(major revision)。此类情况比较常见。一般来说,科研团队可能由于自身知识结构或学术水平的原因，无法确保科学思路或稿件写作的完整性与合理性，从而需要做更多的研究或者测试，以完善稿件内容。

(4) 退稿可重投(reject & resubmit)。此类情况一般是在科学研究中缺乏一些重要数据或测试，科学结论无法自证，但是研究内容或者结论具有一定的科学价值，因此在此阶段拒稿。如果科学研究能够进一步完善，仍然具备在此期刊发表的潜力。

(5) 拒稿(reject)。此类情况一般是研究水平或科学意义无法达到此类期刊或会议的水平，或者研究工作存在重大缺陷，方法或逻辑无科学性可言。

（三）修稿

审稿人会将审稿意见(referee report)提交编辑部，经由期刊编辑审阅之后反馈给作者。经由编辑反馈给作者这个程序十分重要，主要考虑审稿人的经验和审稿意见的语言水准，避免带有情绪化的语言攻击。审稿意见会罗列科学逻辑的漏洞或给出撰写及修改意见。作者应该认真对待，按照审稿人的意见逐一答复，避免跟审稿人争执。答复意见应该不卑不亢、有理有据。作者不应把审稿人当作敌对方，合理的审稿意见对作者的科学研究也是一种良性提升。为了避免多次反复修改，作者应该详细地答复审稿人的意见。如需更多的测试或数据，应及时完成。对于明显不合理的审稿意见，可以提出更换审稿人或者让编辑介入相关评审。

（四）出版

论文稿件被录用后，编辑部会告知作者出版信息和注意事项，例如版面费、发表时间、论文的著作权等。这些操作按照编辑或相关人员的指导即可完成。以英语语言发表的学术论文可能需要经过语言编辑处理，语言编辑人员会按照学术英语的规范修改论文的语言。

论文在出版前还需要排版，按照期刊版面格式修改，但是这一步无须作者参与，期刊会委派专门的格式编辑将论文编排成合规的样式。最终修改和完成的论文还需要作者校对其语言文字与字符的合规性等。这是修改论文最后的机会，作者不应当简单地同意所有修改。记住，学术出版代表着贡献，也意味着责任！另外，语言编辑与格式编辑所依据的规范也是作者提升写作水平的重要资料，青年学者应当认真学习，以积累写作经验。

第二节 科学论文的种类

科学论文是对某学科领域中的问题进行系统、专门的研究和探讨，表述科学研究成果的理论性文章。由于科学论文包含的内容较广，其本身的内容和性质不同，研究领域、对象、方法和表达方法也不尽相同，自然分为许多类型。下面主要介绍一些常见的科学论文。

一、研究性论文

研究性论文(research paper or article)是为了深入研究某一科学现象或问题，通过实验或分析得到具有一定科学意义的研究成果的论文。图1-2展示了研究性论文的样式。和其他科学论文不同的是，研究性论文聚焦科学研究的创新性，要求作者通过科学研究获得有意义的科学结果，以支撑科学论文的主张或假设。

THE ASTROPHYSICAL JOURNAL SUPPLEMENT SERIES, 223:23 (15pp), 2016 April doi:10.3847/0067-0049/223/2/23
© 2016. The American Astronomical Society. All rights reserved.
CrossMark

FORWARD MODELING OF STANDING KINK MODES IN CORONAL LOOPS. I. SYNTHETIC VIEWS

DING YUAN[1,2,3] AND TOM VAN DOORSSELAERE[1]
[1] Centre for Mathematical Plasma Astrophysics, Department of Mathematics, KU Leuven, Celestijnenlaan 200B bus 2400, B-3001 Leuven, Belgium; DYuan2@uclan.ac.uk
[2] Jeremiah Horrocks Institute, University of Central Lancashire, Preston PR1 2HE, UK
[3] Key Laboratory of Solar Activity, National Astronomical Observatories, Chinese Academy of Sciences, Beijing, 100012, China
Received 2015 August 7; accepted 2016 March 7; published 2016 April 14

ABSTRACT
Kink magnetohydrodynamic (MHD) waves are frequently observed in various magnetic structures of the solar atmosphere. They may contribute significantly to coronal heating and could be used as a tool to diagnose the solar plasma. In this study, we synthesize the Fe IX λ171.073 Å emission of a coronal loop supporting a standing kink MHD mode. The kink MHD wave solution of a plasma cylinder is mapped into a semi-torus structure to simulate a curved coronal loop. We decompose the solution into a quasi-rigid kink motion and a quadrupole term, which dominate the plasma inside and outside of the flux tube, respectively. At the loop edges, the line of sight integrates relatively more ambient plasma, and the background emission becomes significant. The plasma motion associated with the quadrupole term causes spectral line broadening and emission suppression. The periodic intensity suppression will modulate the integrated intensity and the effective loop width, which both exhibit oscillatory variations at half of the kink period. The quadrupole term can be directly observed as a pendular motion at the front view.

Key words: magnetohydrodynamics (MHD) – Sun: atmosphere – Sun: corona – Sun: oscillations – waves
Supporting material: animations

图1-2 研究性论文的样式

摘自：Yuan，Van Doorsselaere，Astrophys. J. Suppl. Series，2016，223：23.

二、快报或简讯

快报(letter,或 letter to editor、fast track paper、rapid、express article)或者简讯(communication)是针对原始研究的简短报告,它报道最新的重要发现,可能会引起其他领域科学家的兴趣。快报要求作者以简短的形式发表他们的科学成果,一般具有简短、精要、快速的特点。撰写快报要求作者在简明、准确和清晰中保持平衡。这类论文的要求与期刊有关,有的强调内容短,有的强调时效快,但一般对质量有较高的要求,要求具有较强的创新性,但对理论推导要求不高。例如,《自然》期刊中的快报是相对简短的科学文章,只包含科学问题的一个特定方面,本质上是完整研究论文的缩减版版本,见图 1-3。值得注意的

LETTER

https://doi.org/10.1038/s41586-019-1621-5

Stellar mergers as the origin of magnetic massive stars

Fabian R. N. Schneider[1,2,3,7]*, Sebastian T. Ohlmann[2,4,7]*, Philipp Podsiadlowski[3], Friedrich K. Röpke[2,5], Steven A. Balbus[3], Rüdiger Pakmor[6] & Volker Springel[6]

About ten per cent of 'massive' stars (those of more than 1.5 solar masses) have strong, large-scale surface magnetic fields[1–3]. It has been suggested that merging of main-sequence and pre-main-sequence stars could produce such strong fields[4,5], and the predicted fraction of merged massive stars is also about ten per cent[6,7]. The merger hypothesis is further supported by a lack of magnetic stars in close binaries[8,9], which is as expected if mergers produce magnetic stars. Here we report three-dimensional magnetohydrodynamical simulations of the coalescence of two massive stars and follow the evolution of the merged product. Strong magnetic fields are produced in the simulations, and the merged star rejuvenates such that it appears younger and bluer than other coeval stars. This can explain the properties of the magnetic 'blue straggler' star τ Sco in the Upper Scorpius association that has an observationally inferred, apparent age of less than five million years, which is less than half the age of its birth association[10]. Such massive blue straggler stars seem likely to be progenitors of magnetars, perhaps giving rise to some of the enigmatic fast radio bursts observed[11], and their supernovae may be affected by their strong magnetic fields[12].

We conduct three-dimensional (3D) ideal magnetohydrodynamical (MHD) simulations of the merger of a 9-Myr-old binary consisting of a $9M_{\odot}$ and an $8M_{\odot}$ (where $M_{\odot}$ is the solar mass) core-hydrogen burning star with the moving-mesh code AREPO[13], which is ideally suited for such simulations (see Methods). The binary configuration and evolutionary stage are chosen such that the resulting merger product is expected to have a total mass similar to that of τ Sco (about $17M_{\odot}$; ref. [10]) and that the binary could have formed at the same time as did other

Video 1). The maximum ratio of magnetic to gas pressure reaches 30% in localized regions but is less than 1% in the phase leading up to the merger.

The local conditions in the differentially rotating accretion stream (rotational frequency of $\Omega \approx 10\,d^{-1}$, Alfvén velocity of about $1\,km\,s^{-1}$ and rotational shear of $q = -d\ln\Omega/d\ln r \approx 0.4$) indicate that the magneto-rotational instability[14] is the key agent providing the turbulence needed to exponentially amplify the magnetic fields. In the shearing layer, the fastest-growing mode of the magneto-rotational instability has a characteristic size of $0.1R_{\odot}$ and growth timescale of 0.5 d (ref. [15]), in agreement with the size of the accretion stream and the observed growth timescale of the magnetic fields in our simulation.

Because of the large amount of angular momentum, a torus of $3M_{\odot}$ forms that surrounds the central, spherically symmetric $14M_{\odot}$ core of the merger product (Fig. 1c, l). The central merger remnant is in solid-body rotation while the centrifugally supported torus rotates at sub-Keplerian velocities. The innermost core of the merger remnant consists of material from the former secondary star while the torus is dominated by core material from the former primary star (Fig. 1f).

We continue the 3D MHD simulation for 10 d after the actual merger, that is, about 5 d after the merger remnant has settled into its final core-torus structure. This corresponds to roughly 5 Alfvén crossing timescales through the $14M_{\odot}$ core and we do not observe large changes in the magnetic field structure and strength. The ratio of toroidal to total magnetic field energy is 80%–85%, which is in a regime where magnetic-field configurations are thought to be stable in

图 1-3 快报样式

摘自:Schneider,F. R. N. ,et al. ,Nature,2019,574:211-214.

是，不少期刊既包含标准研究论文也包含快报；有些期刊只发表快报类论文，并且限定快报的篇幅。著名物理学期刊《物理评论快报》(*Physical Review Letters*)仅接受4～5页的短篇文章，要求字数不超过几千字，图表不超过5～6张。

三、会议论文

会议论文(proceeding)是指在学术研讨会上宣讲的学术论文，会议承办者将会议论文汇聚成论文集出版。会议论文集与学术期刊都属于公开发表的学术出版物。会议论文可以有不同的类型，包含综述论文、原创性论文和科学海报。综述论文指会议参加者对会议的主题开展的总结性的综述，当然会议的主题有时不止一个。综述性论文内容丰富，可引导该领域的初学者入门；原创性论文篇幅不长，但一般为原创性成果，相当于研究性期刊论文的会议版；科学海报(scientific poster，又称墙报)可让参会者展示自己的研究成果，也可以是未完成的早期成果。图1-4展示了典型的会议论文的样式。

The 17th Annual International Astrophysics Conference IOP Publishing
IOP Conf. Series: Journal of Physics: Conf. Series **1100** (2018) 012024 doi:10.1088/1742-6596/1100/1/012024

Coronal Jets, and the Jet-CME Connection

Alphonse C. Sterling
NASA/Marshall Space Flight Center, Huntsville, AL, 35806, USA
E-mail: alphonse.sterling@nasa.gov

Abstract.
Solar coronal jets have been observed in detail since the early 1990s. While it is clear that these jets are magnetically driven, the details of the driving process has recently been updated. Previously it was suspected that the jets were a consequence of magnetic flux emergence interacting with ambient coronal field. New evidence however indicates that often the direct driver of the jets is erupting field, often carrying cool material (a "minifilament"), that undergoes interchange magnetic reconnection with preexisting field ([1]). More recent work indicates that the trigger for eruption of the minifilament is frequently cancelation of photospheric magnetic fields at the base of the minifilament. These erupting minifilaments are analogous to the better-known larger-scale filament eruptions that produce solar flares and, frequently, coronal mass ejections (CMEs). A subset of coronal jets drive narrow "white-light jets," which are very narrow CME-like features, and apparently a few jets can drive wider, although relatively weak, "streamer-puff" CMEs. Here we summarize these recent findings.

图1-4 会议论文样式

摘自：Sterling A. IOP conference series：the 17 Annual International Astrophysics Conference，2018，1100：012024.

会议论文由会议审查委员会在一定的时间内进行审查，然后通知作者是否接受该论文。与期刊论文相比，会议论文的审查时间稍短。如果论文被接受，会议承办者就会将此次会议上的论文出版成论文集，并在某正式期刊上作为专辑论文发表。由于参加会议的人员水平各有不同，并且每篇会议论文的审核相对来说没有期刊论文那么严格，因此大多数人认为会议论文不如正式期刊论文规范。但是有一些学科的某些会议论文被认为比期刊论文更加重要。例如，快速发展或者竞争非常激烈的学科，须通过会议的方式在短时间内抢先发表研究成果。

四、学位论文

学位论文(thesis or dissertation)是高等院校毕业生综合运用所学的学科相关知识，针对某一问题或现象进行独立分析和研究所撰写的具有一定学术价值的论文。学位论文包括本科生和研究生的毕业论文，在课程安排中也称为毕业设计，是学位培养方案的重要部分。学生毕业论文应在导师的指导下选定研究课题，开展科学研究，撰写并提交学位论文。高等院校一般会安排毕业设计开题、中期检查和毕业答辩等环节，以监督学生的研究进度。有些院校还要求博士研究生提交年度报告，以便监督博士生的研究进程。图 1-5 展示了本书作者的博士论文封面。

毕业论文的选题需根据实际情况和毕业要求合理选取，不宜过小或者过大，选题时应考虑其科学意义和现实意义，并在符合自身科研能力的情况下选择切实可行的研究问题。毕业论文在内容和形式上体现了学术论文的特点。从内容上看，毕业论文应具有学术性、创新性、规范性、科学性等特点；从形式上看，毕业论文应包括论点、论据、论证三大要素，通过逻辑紧密的事实关系得出科学的结论。毕业论文的目的在于检验学生在读期间对所学专业知识和能力的掌握情况，有助于学生在毕业时对该领域的知识进行综述，归纳研究方法，撰写研究结果和结论。

Compressive magnetohydrodynamic waves in the solar atmosphere

by

Ding Yuan

Thesis

Submitted to the University of Warwick

for the degree of

Doctor of Philosophy

Department of Physics

March 2013

THE UNIVERSITY OF WARWICK

Contents

i

图 1-5 毕业论文封面和目录

摘自：Ding Yuan，PhD dissertation，University of Warwick，2013.

五、展望

展望(perspective)是对某主题现有的问题、基础概念或普遍的观念提出独特的观点、新的假设或是讨论落实创新的意义。前瞻性文章会聚焦特定主题的目前发展和未来方向,该部分可能包含原始数据和个人意见。

六、综述

综述论文(review article,简称综述)是对研究领域或研究方向内近年发表的科学论文的综合性总结,包括历史背景、同行工作、争论焦点、研究现状和发展前景。综述可分为"综"和"述"两个方面,"综"是指综合阅读大量的同行研究资料,归纳整理和综合分析;"述"就是评述,指对提炼的资料进行全面而系统的评价,构建本研究领域内的科学脉络,评价领域内科学研究的因果关系,展望后期科学发展、启迪后续研究工作。综述提供了对某一主题研究的全面总结,并对该领域的现状及其发展方向提出看法,通常由学科内著名学者在期刊编辑的邀请下撰写,具有一定的荣誉特性。

第三节 科学期刊的评估

一、期刊影响因子

期刊影响因子(journal impact factor,JIF)是衡量某一科学期刊影响力的重要指标,是指某一期刊的文章在特定年份或时期的平均引用次数。影响因子由科睿唯安(Clarivate Analytics)定期发布的期刊引证报告(journal citation report,JCR)计算,该报告早期由汤森路透(Thomson Reuters)公司维护。影响因子是一个科学计量指数,现在已成为国际通用的科学期刊影响力排名指标。

影响因子的计算周期一般为两年或五年，选择前两年（或前五年）发表的论文在统计年份——第三年（或第六年）的平均被引次数。两年度影响因子又称为年度影响因子，五年度影响因子就是五年影响因子。

年度影响因子的计算方法：将某期刊在统计年份前两年所发表的文章（原创性论文和综述）总数量作为分母，将所收录文章在统计年份被引用的总次数作为分子，比值即为年度影响因子。比如，某科学期刊的 2018 年度影响因子（JIF_{2018}）可以计算如下：

$$JIF_{2018}=C_{2016—2017}/N_{2016—2017}$$

其中，$N_{2016—2017}$ 代表该期刊在 2016—2017 年两年内所发表的论文总数，而 $C_{2016—2017}$ 代表该期刊 2016—2017 年所发表的论文在统计年份（2018 年）被引用的总次数。

五年影响因子的计算方法：与年度影响因子的计算方法相同，但是时间周期为五年。即某科学期刊在前五年（即相对于统计年份）所收录发表的文章在统计年份被引用的总数量除以此期刊在前五年收录文章（原创性论文和综述）的总数量，计算方法如下：

$$JIF^5_{2018}=C_{2013—2017}/N_{2013—2017}$$

例如，《自然》期刊在 2015 年和 2016 年分别发表了 880 篇和 902 篇文章，而这些文章在统计年份 2017 年的总引用次数为 74 090 次。《自然》期刊的年度影响因子为：

$$JIF_{2017}=74\ 090/(880+902)\approx 41.6$$

该影响因子表明，2015 年和 2016 年发表在《自然》期刊上的论文在 2017 年度平均被引用约 41.6 次。

影响因子能够很好地反映期刊的影响力，即被他人作为重要文献参考借鉴并引用的次数。由于影响因子只简单计算平均引用次数，而没有考虑文章引用次数的分布情况，因而具有一定的局限性。如图 1-6 所示，期刊论文的引用次数并不符合正态分布，简单的几何平均无法反映期刊真正的影响力。由图 1-6 可见，《自然》期刊的影响因子为 38.1，受少数高引论文的影响，该值远大于其峰值引用次数（约为 13）；而普通期刊很少出版高引文章，其影响因子（3.1）与峰值（1.5）相差不大。但是，科学计量没有比影响因子更好的量化指标，所以影响因子仍然是目前最普遍且计算简单的参考指标。

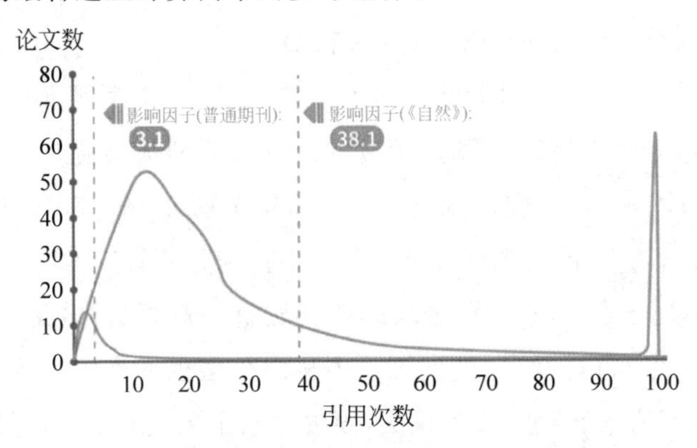

图 1-6 期刊论文的引用次数分布和期刊影响因子的大小

改编自：Callaway,E. ,Nature,2016,535：210-211.

二、 期刊分区

为了区分期刊论文的水平,科学界根据期刊的影响因子对期刊进行了分区。国际通用的期刊分区是汤森路透公司制定的期刊分区；中国科学院文献情报中心也制定了期刊分区标准,即中科院分区。它们都是根据 SCI 期刊引证报告收录期刊的影响因子制定分区标准,具体区别见图 1-7。

如图 1-7 所示,汤森路透分区将期刊引证报告收录的全部期刊分成 176 个学科大类,每个学科内的期刊按照年度影响因子的高低平均分成 4 个区,即 Q1、Q2、Q3 和 Q4。在同一学科门类中,影响因子排在前 25％的期刊归为 Q1

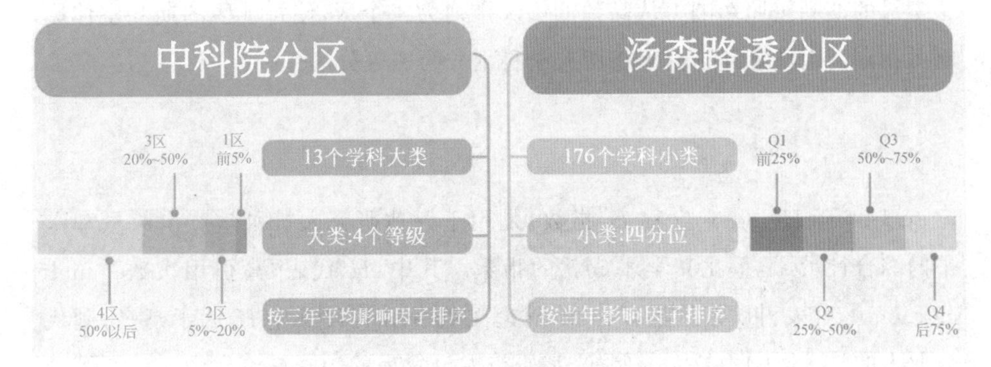

图 1-7 中科院分区和汤森路透分区的比较

区，影响因子排在前 25%～50%的期刊归为 Q2 区，影响因子排在前 50%～75%和 75%以后的期刊分别归为 Q3 区和 Q4 区。

中科院分区将期刊引证报告的所有学科分成 13 个学科大类，以三年内的平均年度影响因子为评级。平均年度影响因子在学科大类前 5%的期刊划分至 1 区，排名前 5%～20%的期刊划分至 2 区，排名前 20%～50%的期刊划分至 3 区，其余(50%以后)的期刊划分至 4 区。中科院分区的门类较少，所以同一个大学科内的期刊非常多，1 区和 2 区的期刊质量相对更高，多是业界的顶级期刊，大多数属于学科内的综述性期刊。中科院分区也考虑国家的政策导向，为了鼓励研究人员在国内期刊发表论文，国内一些主要期刊的分区被适当进行了调整。这样有利于建设中国自己的高影响力期刊，打破发达国家在学术界的历史性优势与垄断性话语权。

汤森路透分区和中科院分区的最大区别就是影响因子 JIF 的计算方法不同。汤森路透分区基于期刊引证报告年度影响因子，即两年影响因子，其计算年限为两年；而在中科院分区中，为了稳定每年的期刊分区，减少期刊分区波动带来的影响，采用三年期平均的年度影响因子$\langle \mathrm{JIF} \rangle_y$在学科大类排序，其计算公式为

$$\langle \mathrm{JIF} \rangle_y = (\mathrm{JIF}_{y-2} + \mathrm{JIF}_{y-1} + \mathrm{JIF}_y)/3$$

其中，JIF_y、JIF_{y-1} 和 JIF_{y-2} 分别为当年、上年和再上年的年度影响因子。

中科院分区的期刊数量呈金字塔形，旨在纠正当时国内科研界对不同学科期刊影响因子数值差异的忽视。中科院分区将学术影响力作为划分标准，把每个学科的期刊按照影响力从高到低依次排列为 4 个区，使每个区的期刊整体影响力相同。而汤森路透分区将所有学科划分为四等分区。

三、*H* 因子

H 因子(*H*-index，又称 *H* 指数)是用于评估研究人员科学产出数量和水平的综合计量，是量化其学术成就的指数。其中，*H* 代表“高引用次数”(high citations)，代表科研人员至多有 *H* 篇论文被引用了 *H* 次。*H* 因子越高，则代表此人的学术影响力越大。例如，某研究人员发表的 100 篇论文中，有 30 篇论文被引用了 30 次以上，那么该科研人员的 *H* 因子为 30。

值得注意的是，H 因子不适用于跨学科比较，因为每个领域的研究人员的数量和所发表期刊的周期均不同。

四、科技文献检索数据库

（一）科学引文索引

科学引文索引（science citation index，SCI）是由美国科学资讯研究所（Institute for Scientific Information）在1964年上线投入使用的期刊文献检索工具，由科睿唯安公司运营，收录世界各国出版的数、理、化、农、林、医、生命科学、天文、地理、环境、材料等自然科学各学科的核心期刊3700多种。SCI基于布拉德福（S. C. Bradford）的文献离散律理论与Eugene Garfield的引文分析理论，通过论文的被引用频次等统计量，对科学期刊和研究成果进行多方位的评价，从而分析某国家、地区、机构或个人的科研产出绩效，反映个人或组织在国际上的学术影响力。SCI的引证途径独特，科学数据综合且全面，通过海量的引文统计，可计算某期刊或某论文在学科内的影响因子、被引频次、即时指数等量化指标。

SCI收录的文献能够全面覆盖全世界最重要和最有影响力的研究成果。它主要收录文献的作者、题目、源期刊、摘要、关键词，不仅可以从文献引证的角度评估文章的学术价值，还可以快速方便地组建研究课题的参考文献网络。

SCI是目前国际上公认的最具权威性的科技文献检索工具之一，也是文献计量学和科学计量学的重要工具。通过引文检索功能不仅可以查找相关研究课题早期、当时和最近的学术文献，同时获取论文摘要，还可以看到所引用参考文献的记录、被引用情况及相关文献的记录。

（二）工程索引

工程索引（engineering index，EI）是美国工程信息公司（Engineering Information Inc.）编辑出版的历史上最悠久的大型综合性检索工具，收录与工程材料有关的科技文献。EI在全球的学术界、工程界、信息界享有盛誉，是工程界公认的重要检索工具。EI数据库每年新增50多万条工程类文献，数据来自

5000 多种工程类期刊、会议论文和技术报告，原始文献来自 40 多个国家，涉及的语言近 40 种，年报道文献量 16 万余条。

（三）社会科学引文索引

社会科学引文索引(social science citation index，SSCI)由美国科学资讯研究所研发，包含世界上主流的社会科学学术期刊，共有 2000 多种期刊，内容覆盖人类学、法律、经济、历史、地理、心理学等 55 个领域，收录的文献类型包括研究论文、书评、专题讨论、社论、人物自传、书信等，选择收录期刊达 1300 多种。

第四节 著作权

一、著作权的认定

知识产权，也称为知识所属权，是指权利人在法定期限内对其智力劳动所创作的成果享有的所有权。各国法律赋予符合条件的著作者、发明者或成果拥有者在一定期限内享有的独占权利一般包括著作权和工业产权。知识产权的赋予主要考虑三种属性：个人劳动(洛克)、人格精神(黑格尔)、社会契约(卢梭)。

著作权(copyright)，又称版权，是指文学、艺术和科学作品的作者及其他著作权人依法对其作品所享有的人身权和财产权的总称。著作人身权的内涵包括公开发表权、姓名表示权，以及禁止他人以扭曲、变更的方式利用著作损害著作人名誉的权利。而财产权是无形的权利，是指著作权人拥有获取经济利益或名誉的权利，包括重置权、公开口述权、公开播送权、公开上映权、公开演出权、公开传输权、公开展示权、改作权、散布权、出租权等。

著作权保障的是思想的表达，而非思想本身。因此，独特的思想本身不能作为著作权的保护对象，但是思想一旦被表达，即在公共场合表演或口述，或者记录在纸质材料上，或者存储在电子媒介上，即视作思想的表达，而无须公开发表。书籍的稿件、计算机代码、策划方案等内容无须通过公共途径发表，一旦固定在某种媒介上，即享有著作权。保障著作财产权，还需要兼顾人类文明的累积以及知识和信息的传播，因而算法、数学方法、技术或机器的设计均不属于著作权保障的对象。

二、 著作权的期限

著作权保护文学、艺术和科学领域内具有独创性并能以某种有形形式复制的智力成果。为了促进艺术和文化的原创发展，著作权法赋予作者一系列专有权：制作和出售其作品的副本，创作衍生作品以及公开表演或展示其作品。而出于保护人类文化和知识的目的，著作权也有一定的时间限制，根据《伯尔尼公约》，大多数作品应当在作者整个在世期间，以及在作者去世之后不少于50年的期限内维持著作权保护，有一些国家将作者逝世之后的保护期限延长至70～90年。

三、 著作权相关的术语

著作权在转让和许可时会涉及一些相关的概念，下面先介绍几个专业术语：

(1) 署名标识(attribution)，即确定作品的来源并给予肯定。

(2) 著作权侵权(copyright infringement)，即侵犯著作权所有者的专有权，如未经许可复制、发行或表演著作权所有者的作品。

(3) 衍生作品(derivative work)，即基于原作的翻译、改编和整理的作品。

(4) 合理使用(fair use)，即允许人们在某些情况下，无须征求著作权所有者的同意，就可以使用受著作权保护的部分内容。

(5) 许可(license)，即授权第三方按照相应的规定使用著作权作品、使用创造性作品。

(6) 转让(transfer)，即著作权所有人将著作权的部分或全部以书面形式转让或授权给第三方。

衍生作品即基于原创作品的再次创造。比如，将原创作品翻译成他国文字出版，将小说改编成舞台剧、写成剧本、拍摄成影视作品，都属于衍生作品。根据我国著作权法的规定，改编、翻译、注释、整理已有作品而产生的作品，其著作权由改编、翻译、注释、整理人享有，但行使著作权时不得侵犯原作品的著作权，须获得原作品作者的许可。

这里介绍一下著作权归属问题。一部作品的著作权到底属于谁？通常情况下，作者要么是一个人，要么是几个实际参与共同创作的人。一般将共同作者的作品分为三种情况：

第一种情况叫共同著作(joint work)，就是几个作者合作完成作品。这种情况下，著作权归所有参与者共有。

第二种情况叫集体著作(collective work)，比如，编辑人将多个作者的作品编辑汇集成有一定创意的著作，而每篇论文由独立的作者创作而成，常见的有会议论文集、画册等。各国著作权法均规定，编辑人对整体编辑作品享有独立的著作权，而其中单一作品的作者仍可保留其作品的著作权，并可单独行使著作权。编辑人在行使其整体作品的著作权时不得侵犯其中各单一作品的著作权。

第三种情况叫雇佣所做的作品(work made for hire)，意思就是员工给雇主做的作品，著作权归雇主所有。

四、著作权的授权与转让

著作权许可是著作权人授权他人以一定的方式在一定的时期和一定的地域范围内商业性使用其作品并收取报酬的行为。著作权许可使用是一种重要的法律行为，通过著作权许可使用可以在许可人和被许可人之间产生一定的权利义务关系。著作权人利用许可使用可以将著作财产权中的一项或多项内容许可他人使用，同时向被许可人收取一定数额的著作权许可使用费。著作权许可使用也被称为著作权许可证贸易，是最常见的著作权贸易。

著作权转让是指著作权所有者将其著作权中的部分或者全部财产权利转让给他人享有。著作权转让的方式有继承、赠予和有偿出让等。著作权的有偿转让是著作权交易的基本内容。著作权转让可以是著作权中部分财产权利的转让，也可以是著作权中全部财产权利的转让；可以是在著作权保护期中某一段时间内的转让，也可以是在整个著作权保护期内的转让。

著作权许可与著作权转让是著作权交易的两种主要形式。两者的主要区别在于：著作权转让一般具有排他性，即著作权转让给受让方之后，不能再转让给他人；而著作权许可一般不具有排他性，即可以同时许可给多方使用。例如，期刊论文发表或者书籍出版一般以排他性转让协议的形式转让给出版社，即作者只拥有署名权，不能享受著作权的其他财产权利，也不能再转让给第三方。著作权许可常见的形式就是作品中需要使用受著作权保护的内容，比如图片、软件等。比如在期刊论文或者书籍中，需要使用受著作权保护的图片时，作者可以通过寻求著作权所有者（出版社或者作者）给予著作权许可。这种许可不具备排他性，即著作权所有者可以同时给多人许可。

（一）著作权授权

未经许可人的许可，其他人一般不能使用受著作权保护的材料。如果使用了合理使用原则未涵盖的部分材料，并且未获得著作权所有者的授权，则可能会遭到诉讼。若要获得受著作权保护材料的使用授权，作者需要联系著作权拥有者，并请求使用该材料的许可。

著作权许可是著作权贸易中最基本、最重要的方式，可分为一般许可和集体许可两类。一般许可包括独占许可、排他许可和普通许可三种形式。其中，独占许可是指在合同规定的时间和地域范围内，著作权所有人不能使用该著作权，也不能再授予第三方使用；排他许可是指著作权所有人自己可以保留一部分著作权，但是不能将著作权再授予第三方使用；普通许可是指著作权人既可以自己保留一部分使用，还可以将著作权授予第三方使用。集体许可通常分为一揽子许可和中心许可。其中，一揽子许可是指著作权双方以集体或者组织的身份出现，两个集体之间签订一揽子许可协议；中心许可是以集体或组织对个人的形式出现，即著作权方以集体形式，引进方以个体身份签订协议。集体许可出现的原因是：当某些作品应用范围很广，同时被使用和传播得很频繁时，避免著作权人签署太多合同。

（二）著作权转让

著作权所有者可以转让部分或者全部权利，但是转让通常以书面形式进行，并由所转让权利的所有者签署或所有者授权代理。非排他性方式转让权利是指将权利转让给第三方时，著作权所有者仍然可以继续将权利转让给其他个体，这种转让则可以不签订书面协议。根据适用的无遗嘱继承法，著作权所有者可以通过遗嘱将著作权遗赠或作为个人财产转移，也可以通过版权局的公共记录和存储库"记录"著作权所有权的转移。尽管不通过版权局的著作权转移也是有效的,但是通过公共途径则能提供法律上的依据。

(三) 著作权转让的终止

在某些情况下,著作权法允许作者或其继承人终止一项转让协议。如需终止授权,作者或作者的继承人必须在被授予人或受让人的利益继承人中预先提供书面的"终止通知",且必须在著作权局记录该通知的副本并支付所需的申请费。终止通知必须在合同规定的终止生效日期之前记录。作家著书时,一般排他性转让书籍的著作权给出版社,期限通常为 10 年。也就是说 10 年之后,著作权转让终止,作者可以将该著作再次转让给其他出版社。

(四) 著作权转让的注意事项

(1) 著作权转让时要注意著作权是部分转让还是全部转让。如果权利人转让作品财产权的全部,受让人则是全部著作权的主体;如果权利人转让的是作品的部分财产权,受让人则是部分著作权的主体。著作权转让意味着权利人拥有的权利发生改变,一旦转让便不再拥有。

(2) 著作权能够进行转让的是财产权,人身权不能转让。著作权中的财产权包括复制权、发行权、出租权、展览权、表演权、放映权、广播权、信息网络传播权、摄制权、改编权、翻译权、汇编权等。著作人身权(即署名权)是指作者因创作作品而依法享有的与作品相关的人身权利。这种人身权与作者的人格利益紧密相关,具有永久性、不可剥夺性,自然不能转让。

(3) 转让时一定要明确转让权利的种类、地域范围和期限。当事人应在合同中明确约定转让部分还是全部权利。对转让后使用的地域范围和期限也应有一个明确的界定,以免发生纠纷。

五、 著作权的合理使用

著作权的合理使用是指人们在某些情况下无须征求著作权所有者的同意,就可以使用受著作权保护的部分内容,主要包括学术使用、教育资源、时事新闻报道或者评论等。在很多情况下公共图书馆以传播知识或者保存珍贵文献为目的而对图书和音像资料的复制,不被看作侵犯著作权。

读者可以分析以下几种情况,并判断著作是否属于合理使用的范畴:

(1)注明了著作权所有者。在判断是否属于合理使用的分析中,"转化性"通常是一个关键因素。但是,单纯注明受著作权保护作品的所有者,并不能将非转化性材料归为合理使用的范畴。添加"所有著作权归作者所有"或"非本人所有"之类的短语,并不能使他人对内容的使用自动进入合理使用的范畴,也不代表他人获得了著作权所有者的许可。

(2)在视频中发布了免责声明。在使用他人受著作权保护的作品时,没有任何说辞能让该作品自动进入合理使用的范畴。加入"无意侵犯著作权"等语句并不表示可以自动免除侵犯著作权的责任。

(3)出于娱乐或者公益目的使用内容。法院会仔细研究使用者的使用目的,以评估是否属于合理使用。例如,在合理使用的裁定标准中,声明使用者上传的视频"仅供娱乐"并不能改变其实质。同样,尽管"非盈利性"的使用在合理使用分析中会被接受,但是并不表示它就属于合理使用。

(4)在他人受著作权保护的作品中添加了自己的原创内容。即使在他人内容的基础上添加了一些作者原创的内容,其使用也不一定是合理使用。例如如果创作并没有在原作品的基础上增添新的表述、含义或信息,那么就不属于合理使用的范畴。正如前文讨论的所有其他情况一样,法院会考虑合理使用评估的全部四项因素,包括对原内容的使用量。

合理使用须视具体情况而定:

(1)必须限于某种特殊情况,常见的情况有教育、品论或学术交流。

(2)不得与受保护的作品或者著作权所有人的正常使用相抵触。

(3)不得损害作者的合法权益。

六、如何避免侵权

著作权是高校和科研院所经常接触的知识产权。著作权涉及教育和科研的每个环节,其中包括教学材料、论文发表、论著出版、网络媒体、报刊和视频、软件等。作为科研人员,除了要知道如何保护自己的作品外,还要知道如何避免侵犯著作权。下面列举一些避免侵权的有效方法:

(1)如果不是自己的原创作品,应谨慎使用。如果要使用图片或者其他已经发表的作品,应该首先获取许可或授权。尽量记录作品来源,以便随时更改。如果是简单的作品,建议自行创作,以避免侵权。

(2) 阅读使用规则。许多创作者确实希望通过付费分享他们的作品。但即使通过付费获取了阅读许可,读者也不能随意传播复制,因为这样也属于未经许可传播。

(3)了解开源的含义。尽管开源代码降低了软件开发成本,但如果使用者不阅读有关商业使用规则的许可,则它也可能成为使用"雷区"。它并不像人们想象的那样开放,某些许可证禁止转售代码。

(4) 寻求合理使用。尽管无知不是辩护的理由,但著作权侵权也有一些例外。有"合理使用"的例外,通常与教育有关。换句话说,合理使用是对著作权侵权主张的抗辩,如果使用者符合合理使用的条件,则不会被视为侵权。

七、 软件和程序著作权

随着计算机的工具化,很多科学研究会用到多种软件,科学研究的衍生作品也可能包含代码或相应的软件程序。下面介绍软件与程序相关的著作权问题。

著作权保护适用于计算机程序中包含的所有受著作权保护的表达。但著作权保护不适用于构想、程序逻辑、算法、系统、方法、概念或布局。这意味着计算机程序的作者不受其他人复制一段代码的著作权保护,也不受他人编写不同代码以实现相同或相似结果的著作权保护。

计算机程序中受著作权保护的表达从"固定在有形介质中"开始。换句话说,从程序员将文件保存到磁盘起,计算机程序便自动获得版权保护。

当前对软件和程序是否侵权的判断比较难界定。根据相关的司法实践,当前普遍采用的侵权判断原则是"实质相似性与可得性"(substantial similarity & access)的基本准则,即在确认两个程序实质相似的基础上,还要考虑被告是否接触或有可能接触了原告的作品。因为实践中有可能出现两个程序构成实质相似,但双方的作品都是独立创作产生的情况。关于实质相似性,往往通过借助专家对程序进行分析比对,并参考专家鉴定意见做出判断。其他详细内容参考各国相应的法律法规。

通用公共许可协议(GNU general public license,GNU GPL 或者 GPL) 是

自由软件运动的协议之一，用于保证算法、代码和软件等电子时代产品的自由传播。GPL是自由软件和开源软件运动中被广泛使用的自由软件许可证，给予终端用户运行、学习、共享和修改软件的自由。GPL是一个copyleft（相对于copyright）许可证，这意味着派生作品只能以相同的许可条款分发。

GPL授予程序接受人以下权利或自由：按用户的意愿运行软件的自由，学习软件如何工作的自由，按用户的意愿修改软件的自由，分发软件副本的自由，将修改版本分发给其他人的自由。

八、知识共享

知识共享（creative commons，CC）是为了让作品更广泛地流通或被修改，可使其他人据此创作及共享，并以所提供的许可方式确保上述理念。这是信息时代赋予知识产权的新意义，在一定的许可形式以及条款组合下，创作者在可以不受著作权限制地与大众分享其创作，授予其他人在一定条件下再散布或者演绎的权利，在不违反著作权保护法律的前提下获得和分享更多创作素材。知识共享协议的简易文本包括允许行为、限制行为、声明三部分，比如在协议中允许进行分享、要求进行署名、禁止用于商业行为等。

知识共享协议允许作者选择不同的许可证并根据不同国家的著作权法制定著作权协议，著作权所有人可以指定表1-1的权益许可，也可以组合使用。常见的组合授权见表1-2。

九、学术界的知识共享模式

（一）开放获取

开放获取（open access）是学术界为了推动知识的传播和共享在互联网公开其学术成果的行为。其初衷是解决当前学术期刊的出版危机，推动科研成果的自由传播，促进学术信息的交流与出版，提高学术研究的公共利用程度，达到学术信息的长期保存。

开放获取包括两层含义：一是指学术信息免费向公众开放，打破价格障碍；二是指学术信息可以获得，打破使用权限障碍。

表 1-1 著作权标识及其代表的权益及使用规则

标识	权 利	使 用 规 则
	CC0	在全球范围内不受限制地发布内容
	署名(attribution,BY)	可以复制、发行、展览、表演、放映、广播或通过信息网络传播本作品；必须按照作者或者许可人指定的方式对作品进行署名
	相同方式共享(share alike,SA)	可以自由复制、散布、展示及演出本作品；若改变、转变或更改本作品,仅在遵守与本作品相同的许可条款下,才能散布由本作品产生的派生作品
	非商业性使用(noncommercial,NC)	可以自由复制、散布、展示及演出本作品；仅能以非商业目的使用本作品
	禁止演绎(no derivative work,ND)	可以自由复制、散布、展示及演出本作品；不得改变、转变或更改本作品

表 1-2 组合标识代表的授权

标识组合	权益许可
CC BY	署名标识(BY)
CC BY SA	署名标识(BY)-相同方式共享(SA)
CC BY ND	署名标识(BY)-禁止演绎(ND)
CC BY NC	署名标识(BY)-非商业性使用(NC)
CC BY NC SA	署名标识(BY)-非商业性使用(NC)-相同方式共享(SA)
CC BY NC ND	署名标识(BY)-非商业性使用(NC)-禁止演绎(ND)

开放获取最大的特点就是作者变成了付费者,而读者无须支付任何费用。即作者发表论文的时候可以向出版社支付版面费之外的额外费用,而读者无须支付订购或租赁费用便可获取全文的电子版。开放获取期刊一般采用作者付费出版、读者免费获取、无限制使用的运作模式。在论文质量控制方面,开放获

取期刊与传统期刊类似,采用严格的同行评审制度。

开放获取文献的来源主要有两大类:

(1) 开放获取期刊,包括新创办的开放期刊和由原有期刊改造转变而来的开放期刊。与传统期刊一样,开放获取期刊对提交的论文实行严格的同行评审,以确保期刊论文的质量。开放获取期刊可以看作纯网络期刊的一种形式。

(2) 开放资料库,不仅存放学术论文,还存放其他各种学术研究资料,包括实验数据和技术报告等。开放资料库包括基于学科的开放资料库和基于机构的开放存取仓库。开放资料库一般不实施内容方面的实质评审工作,只是要求作者提交的论文基于某一特定的标准格式,并符合一定的学术规范。

(二) ArXiv 模式

科研人员都期望自己的科研结果是首次被报道,不希望审稿过程漫长而导致论文延迟发表,所以很多科学家在一些可在线预览的网站上展示自己的科研成果,其目的是宣布成为首次取得该成果的人;同时也期望将最新科研成果提供给同行参考和分享,共同促进科学进步。

ArXiv 模式不要求著作权所有者转让著作权,但是需要足够的相关权利允许 ArXiv 网站永久发布已提交的文章。为了向 ArXiv 提交文章,提交者必须向 ArXiv.org 授予非专有且不可撤销的许可,以便该提交者发布文章,并证明提交者有权授予此许可。作品提交者须选择一种著作权授权许可,在该条件下,作品可以不受严格的著作权的限制在学术界共享。

第五节 学术不端行为

随着中国经济的不断发展,中国的科学产出已位居世界前列。《自然》期刊发表评论文章,统计了中国的科学论文产出和撤稿情况,如图 1-8 所示。由图可以看出,中国的作者发表了全球科学论文总数的 8%,位列世界第二;但是中国作者的撤稿数量占全球的 24%,也是世界第二。这两个比例的严重失衡,表明中国科研人员的学术不端比例是欧美等发达国家的三倍以上。

学术不端常见的行为有虚假同行评审、图像篡改、著作权交易(即论文买卖)。学术不端与职称评定以及相关的利益分不开,更深层的原因则是教育和研究机构的指数化排名和恶性竞争,导致高校和研究机构在论文数量和经费额度等指数上进行无意义的攀比。

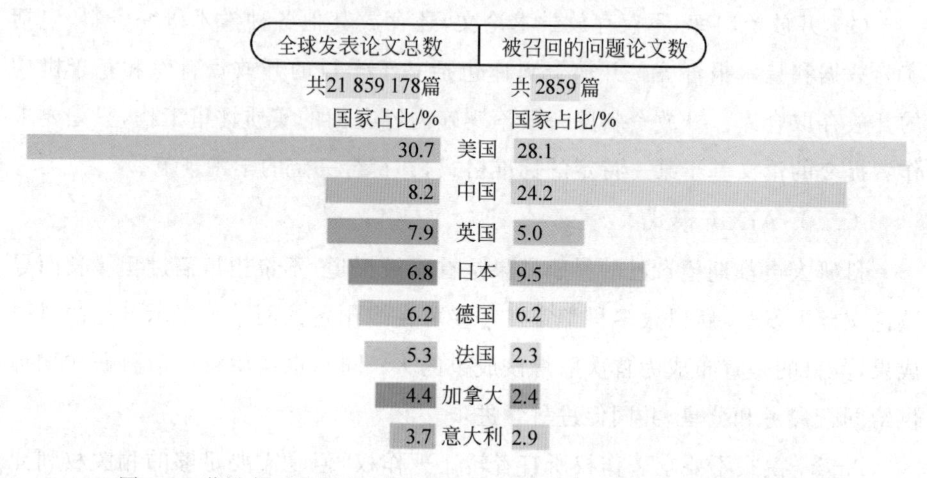

图 1-8 世界主要国家发表的期刊论文和被召回的问题论文占比情况

改编自: Tang L., Nature, 2019, 575: 589-591.

一、 抄袭或剽窃

近年来,随着网络技术的兴起,抄袭别人的成本越来越低,抄袭或剽窃事件屡见不鲜。剽窃指抄袭别人的思想或言辞,用以创作产品,而未标识其来源。剽窃包含但不限于以下情况:没有参考文献支持的引用,大段摘录他人的文章,利用他人已发表的文章再次发布等。抄袭和剽窃是很多学生和未受过学术训练的人最容易犯的错误。

另外一种常见但不明显的学术不端行为则是自我抄袭。修改已经出版的论文重新出版就属于自我抄袭,因为已发表的作品的著作权通常已经转让给了出版社,而重新出版则侵犯了出版社的著作权。抄袭与重述往往只是一线之隔,要避免抄袭,应遵守以下几点规则:

(1) 小段文字放在引号里面,并且提供参考文献。

(2) 大段文字摘录应当寻求许可。

(3) 方法和文献综述应当重新撰写。

二、不当署名

不当使用署名权在中国的科研领域是非常严重的学术不端行为。通常有以下几种情况：

(1) 将没有实际贡献的人员列为作者。通常这些人员都是研究机构的资深科学家。

(2) 篡改作者的顺序，特别是第一作者。例如有指导老师将学生作品据为己有，篡夺学术论文第一作者的署名权，而实际贡献最大的人应该是学生本人，该学生应该被列为第一作者，指导老师列为通信作者即可。

(3) 将有贡献的人排除在作者之外。例如，参与的学生已毕业，而新的学生接手该研究课题，教师则删除了原参与学生的作者署名。

第二章

期刊论文的元素

将期刊论文模块化分解并记录科学论文的背景、研究和意义。摘要须独立且自洽，摘录期刊论文所有章节的要点，而参考文献则建立科学论文与其他文献的传承与关联。

第一节 期刊论文的结构

期刊论文是科学研究中最常见的科学论文形式，也是各大高校和研究机构所追求的重要学术成果。本节以研究型科学论文为例介绍科技类期刊论文的结构框架和写作风格。科学论文以一定的规范格式展示作者的研究结果，既方便读者高效便捷地获取所需信息，又能够帮助作者整理研究过程和科学思路，确保科学研究的可论证性，是科学知识的一种有效记录文法。本节提出"模块化写作"范式，即把科学研究合理地分解成文字模块，组合成研究型科学论文。

研究型科学论文主要包含三部分：标题和摘要、论文主体、参考文献。

标题和摘要是快速了解科学论文的研究内容的关键文字。有经验的科学家和期刊编辑等科研人员往往会首先阅读科学论文的标题和摘要，如果觉得该论文有参考价值，便会转而阅读论文的结论部分。如果希望理解论文的研究过程，则会仔细阅读全文。论文主体须完整地记录科学研究的过程和科学结果，以确保科学研究的可重复性。所谓可重复性，是指科学论文所刊录的内容须完整自证，后续科研人员可以按照论文记录的信息开展相关的研究工作，并得到相同或类似的结果和结论。如果读者希望理解科学研究的过程、逻辑和方法，则会仔细阅读科学论文的主体部分。参考文献也是研究型科学论文不可或缺的重要部分，它建立论文与其他文献的索引关系，是后续研究人员根据索引关系寻找该论文的重要手段。如果读者希望理解更多的研究背景或其他同行的研究，参考文献则是最主要的信息来源，也是读者评判作者知识深度、研究水平和科学洞察力的重要依据。

论文主体部分是科学研究的方法论和研究成果的整体叙述。研究方法和科学思路是否完善，是否隐含假设或者存在缺陷，都可以通过阅读此部分深入理解，所以通过合理的结构和可视化元素展示科研结果十分重要，也是科研人员的必备技能。本节介绍论文主体部分常见的模块化写作结构——IMRaD结构，包括引言（introduction）、方法（method）、结果（result）和讨论（discussion）。

IMRaD结构旨在模块化分解科学论文的科学主体，方便读者寻找所需内容。IMRaD的小节标题不是固定称谓，作者可以根据实际情况更改。例如，"引言"类似于"文献调研"或者"研究背景"等，但是其本身又具备更加广泛的写作用意。"方法"在材料、医学和生物学等领域常被概括为"材料和方法"，在天文学领域则可整合为"数据与方法"，在一些工程领域中也可以叫作"仪器与实验"。作者也可以根据实际情况分解小标题，根据项目任务分解原则（见本书第7章）将科学论文模块化分解，无须根据实验顺序陈述。"结果"部分可以分拆成相对独立的主题写作，也可以把"结果"作为该节的标题，而独立的主题作为次一级标题。"讨论"部分可以用"结论""结论与讨论"等类似标题，但是一定要在文章末尾总结本文的主要结果，并且讨论研究结果的意义，这样便于组成"结论"这种总结性标题。

《自然》与《科学》等期刊的读者具备更加广泛的科学背景，其科学主体也是模块化分解。但是为了确保科学思路的流畅性，也为了让不同背景的读者更透彻地理解论文，"方法"通常分解成独立模块作为附录置于论文的末尾。这样就形成了讲述科学故事的文体风格，以确保科学论文的行文和思路流畅。

快报或者简讯等论文的主体部分跟研究论文一样。不过为了控制篇幅，"引言"部分的字数通常需要缩减，而"方法"和"结果"，或者"结果"和"结论"可以合并成一节。

研究型论文的"引言"一般占科学论文10%～15%的篇幅，"方法"占比20%～30%，"结果"占比30%～35%，而"讨论与结论"占比20%～30%。统计显示，高水平论文"结论与讨论"的篇幅比普通科研论文的对应部分高出10%左右。所以，丰富而有意义的结论与讨论是研究型科学论文成功发表的关键，也代表了作者对论文的研究意义以及对相应科学问题的理解水平。

第二节 标题

一、 标题的要点

标题是一篇论文的首条信息，可给予读者第一印象，所以应当精雕细琢，在文字允许的范围内，明确、简洁地呈现文章的内容。作者和编辑应注意，标题须给出简洁、准确且丰富的信息。标题的措辞不能随性而定或者模糊不清，否则读者很容易对论文失去兴趣或者对作者的研究内容产生偏见。

通常情况下读者搜索和阅读标题的次数最多，因为标题会单独出现在目录、引文和数据库中，为读者提供简短的首要信息。编辑、审稿人和读者一般先通过标题了解论文的关键信息，再决定是否继续阅读论文的摘要或者其他内容。

标题是研究论文的首条语句，也是体现论文水平和研究内容的重要信息。标题需要展示研究人员最期望展示的内容，可以是重要的科学结论、新方法或者重要发现。标题须给出简要的内容信息以便读者识别和归类，常出现在论文首页或每页的短标题（running head）中，读者阅读科学论文所获得的信息通过标题印证增强。

期刊一般不会明确规定标题的字数。但通常情况下，中文论文的标题应当少于 25 个汉字，而英文论文一般要求标题少于 150 个字母。在保持简洁准确的原则下，尽可能展示丰富且全面的信息。标题一般强调研究的主要科学结果，以便读者在“标题”“引言”末尾和“结论”的文字中不断印证科学结果。

标题的重要性很容易被科研人员忽视。主要原因是：部分科研人员在合理展示科学研究的能力方面暂时有所欠缺；很多科研人员虽具备从事科学研究的能力，但由于知识结构或者知识水平所限，并不明确知晓其研究目的，对所研究的问题和科研项目理解不到位，这就导致很多优秀的科研成果被不太合格的标题“拖累”。

标题应当准确、简洁、明确且吸引眼球。

“准确”意味着作者必须精准地表达科研论文的内容，恰当地反映科学研究的范畴和深度。标题不宜偏离研究内容，不宜涵盖更广的研究主题，也不宜只反映部分研究内容。如果标题确实只能描述论文的部分内容，作者应当考虑将原有文章拆分成两篇或多篇论文以合理地撰写主题式科研论文，或者删除部分研究内容。标题应避免使用华丽的副词或形容词过于渲染研究结果。

“简洁”则注重用最少的文字表达最丰富的内容，尽可能地采用简单的词汇和语句。但是另一方面，表达丰富全面的信息又需要一定篇幅的文字，所以总的来说，需要在准确自洽地表达内容的同时，尽量达到“言简意赅”的标准。

“明确”就是要清晰明白地反映科研论文的具体内容和特色，简洁有效，重点突出，尽可能把论文的关键词、主题词及限定词按一定逻辑组合在标题内。

“吸引眼球”旨在保持科学严谨性的同时增加标题语句的美感，总体上做到用词准确，结构合理，详略得当，语序正确，修辞妥当，逻辑通顺，优美自然。

二、标题案例分析

图 2-1 展示了一款计算天文物理的数值模拟程序的论文标题和摘要。标题就是模拟程序的简称“PLUTO”＋注解“A NUMERICAL CODE FOR COMPUTATIONAL ASTROPHYSICS（一款计算天文物理的数值模拟程序）”。摘要详细介绍了数值模拟程序的数学理论、算法、数值测试和功能，而标题采用纲领性文字描述软件的功能，从而概括全文内容，没有用词汇突出优势或者方法和内容。

图 2-2 中的期刊论文发布了一个关于原子辐射模拟的数据库——CHIANTI，是系列文章的第 15 篇。该论文发布了 CHIANTI 数据库的第 9 版，该版提升了模拟原子的 X 射线辐射系数。题目就是数据库的简称“CHIANTI”＋注解“An Atomic Database for Emission Lines（一个模拟原子辐射的数据库）”。

图 2-3 展示了一篇《自然》期刊上的快报，其标题是“A loop-top hard X-ray source in a compact solar flare as evidence for magnetic reconnection（太阳紧凑耀斑中日冕环顶部的硬 X-射线源作为磁重联的证据）”。该标题包含的主要信

The Astrophysical Journal Supplement Series, 170:228–242, 2007 May

PLUTO: A NUMERICAL CODE FOR COMPUTATIONAL ASTROPHYSICS

A. Mignone,[1,2] G. Bodo,[2] S. Massaglia,[1] T. Matsakos,[1] O. Tesileanu,[1] C. Zanni,[3] and A. Ferrari[1]
Received 2006 November 5; accepted 2007 January 28

ABSTRACT

We present a new numerical code, PLUTO, for the solution of hypersonic flows in 1, 2, and 3 spatial dimensions and different systems of coordinates. The code provides a multiphysics, multialgorithm modular environment particularly oriented toward the treatment of astrophysical flows in presence of discontinuities. Different hydrodynamic modules and algorithms may be independently selected to properly describe Newtonian, relativistic, MHD, or relativistic MHD fluids. The modular structure exploits a general framework for integrating a system of conservation laws, built on modern Godunov-type shock-capturing schemes. Although a plethora of numerical methods has been successfully developed over the past two decades, the vast majority shares a common discretization recipe, involving three general steps: a piecewise polynomial reconstruction followed by the solution of Riemann problems at zone interfaces and a final evolution stage. We have checked and validated the code against several benchmarks available in literature. Test problems in 1, 2, and 3 dimensions are discussed.

Subject headings: hydrodynamics — methods: numerical — MHD — relativity–shock waves
Online material: color figures

图 2-1 软件程序的标题

摘自：Mignone,et al. ,ApJS,2007,170：228-242.

The Astrophysical Journal Supplement Series, 241:22 (9pp), 2019 April https://doi.org/10.3847/1538-4365/ab05cf

CHIANTI—An Atomic Database for Emission Lines. XV. Version 9, Improvements for the X-Ray Satellite Lines

K. P. Dere[1], G. Del Zanna[2], P. R. Young[3,4], E. Landi[5], and R. S. Sutherland[6]
[1] College of Science, George Mason University, 4400 University Drive, Fairfax, VA 22030, USA; kdere@gmu.edu
[2] DAMTP, Center for Mathematical Sciences, University of Cambridge, Wilberforce Road, Cambridge, CB3 0WA, UK
[3] NASA Goddard Space Flight Center, Code 671, Greenbelt, MD 20771, USA
[4] Northumbria University, Newcastle Upon Tyne NE1 8ST, UK
[5] Department of Climate, Space Sciences and Engineering, University of Michigan, Ann Arbor, MI 48109, USA
[6] Research School of Astronomy and Astrophysics, Australian National University, Cotter Road, Weston Creek, ACT 2611, Australia
Received 2019 January 2; revised 2019 February 7; accepted 2019 February 7; published 2019 March 27

Abstract

CHIANTI contains a large quantity of atomic data for the analysis of astrophysical spectra. Programs are available in IDL and Python to perform calculation of the expected emergent spectrum from these sources. The database includes atomic energy levels, wavelengths, radiative transition probabilities, rate coefficients for collisional excitation, ionization, and recombination, as well as data to calculate free–free, free–bound, and two-photon continuum emission. In Version 9, we improve the modeling of the satellite lines at X-ray wavelengths by explicitly including autoionization and dielectronic recombination processes in the calculation of level populations for select members of the lithium isoelectronic sequence and Fe XVIII–XXIII. In addition, existing data sets are updated, new ions are added, and new total recombination rates for several Fe ions are included. All data and IDL programs are freely available at http://www.chiantidatabase.org or through SolarSoft, and the Python code ChiantiPy is also freely available at https://github.com/chianti-atomic/ChiantiPy.

Key words: atomic data – atomic processes – ultraviolet: general – X-rays: general

图 2-2 资料数据库的标题

摘自：Dere,et al. ,ApJS,2019,241：22.

息为：研究的重要发现——日冕环顶部存在硬 X 射线源，结论——硬 X 射线源可能由磁重联产生，研究的主题范畴——太阳耀斑。这是典型的强调科学结果的标题。

A loop-top hard X-ray source in a compact solar flare as evidence for magnetic reconnection

S. Masuda, T. Kosugi, H. Hara, S. Tsuneta & Y. Ogawara

Nature **371**, 495–497(1994) | Cite this article

497 Accesses | **836** Citations | **6** Altmetric | Metrics

Abstract

SOLAR flares are thought to be the result of magnetic reconnection – the merging of antiparallel magnetic fields and the consequent release of magnetic energy. Flares are classified into two types[1]: compact and two-ribbon. The two-ribbon flares, which appear as slowly-developing, long-lived large loops, are understood theoretically[2–6] as arising from an eruption of a solar prominence that pulls magnetic field lines upward into the corona. As the field lines form an inverted Y-shaped structure and relax, the reconnection of the field lines takes place. This view has been supported by recent observations[7–10]. A different mechanism seemed to be required, however, to produce the short-lived, impulsive compact flares. Here we report observations made with the Yohkoh[11] Hard X-ray Telescope[12] and Soft X-ray Telescope[13], which show a compact flare with a geometry similar to that of a two-ribbon flare. We identify the reconnection region as the site of particle acceleration, suggesting that the basic physics of the reconnection process (which remains uncertain) may be common to both types of flare.

图 2-3 研究性论文的标题强调重要发现

摘自：Masuda，et al.，Nature，1994，371：495-397.

图 2-4 展示了一篇发表在《物理评论快报》上的论文，描述的是物理学史上重要的科学发现——首次探测到引力波。该标题由引力波事件编号“GW 170814”＋事件描述“A Three-Detector Observation of Gravitational Waves

PRL **119**, 141101 (2017) PHYSICAL REVIEW LETTERS week ending 6 OCTOBER 2017

GW170814: A Three-Detector Observation of Gravitational Waves from a Binary Black Hole Coalescence

B. P. Abbott *et al.**

(LIGO Scientific Collaboration and Virgo Collaboration)

(Received 23 September 2017; published 6 October 2017)

On August 14, 2017 at 10:30:43 UTC, the Advanced Virgo detector and the two Advanced LIGO detectors coherently observed a transient gravitational-wave signal produced by the coalescence of two stellar mass black holes, with a false-alarm rate of $\lesssim 1$ in 27 000 years. The signal was observed with a three-detector network matched-filter signal-to-noise ratio of 18. The inferred masses of the initial black holes are $30.5^{+5.7}_{-3.0}M_\odot$ and $25.3^{+2.8}_{-4.2}M_\odot$ (at the 90% credible level). The luminosity distance of the source is 540^{+130}_{-210} Mpc, corresponding to a redshift of $z = 0.11^{+0.03}_{-0.04}$. A network of three detectors improves the sky localization of the source, reducing the area of the 90% credible region from 1160 deg^2 using only the two LIGO detectors to 60 deg^2 using all three detectors. For the first time, we can test the nature of gravitational-wave polarizations from the antenna response of the LIGO-Virgo network, thus enabling a new class of phenomenological tests of gravity.

DOI: 10.1103/PhysRevLett.119.141101

图 2-4 重大科学发现的标题——引力波

摘自：Abbott，et al.，PRL，2017，119：141101.

from a Binary Black Hole Coalescence（三部探测器联合观测的由双星黑洞泯灭所致的引力波）”组成。标题强调了三个方面：方法——三部探测器联合观测，天文观测的结果——探测到引力波的特征，结论——引力波由双星黑洞泯灭所致。

第三节 作者与署名权

一、作者的种类和贡献

对科学论文有重要贡献的人都具有署名权，主要的贡献有材料制备、设备研发、实验设计、科学思路和论文写作等。作者类型包含第一作者（first author）、通讯作者（corresponding author）和合作作者（co-author）。很多国家评估科学贡献主要统计第一作者和通讯作者，所以这两类作者是最重要的责任作者。国内很多机构严格统计作为第一单位的科学成果，即该单位的研究人员为第一作者，且第一单位为该单位；如果研究人员是通讯作者且非第一作者，则要求第一作者的第一单位是该单位，否则不计入该单位的研究成果。这种统计主要考虑很多大学排名机构将第一单位论文数作为统计参数，导致很多大学追求第一单位论文数量。另外，有些学校和机构考核博士后和学生时，也统计学生或者博士后作为第二作者的文章。因为有些领域论文的指导者，也就是研究导师，将自己署名为第一作者，而非研究工作的主要完成者，即学生或者博士后。这种规定在很大程度上默许了不正当署名的学术不端行为。

第一作者是科学论文的主要责任人，也是贡献最大的作者。其贡献包括：①参与研究的构思、设计或者采集数据，以及分析和解释数据；②参与论文写作或重要内容的修改；③同意最后修改稿的公开发表。

通讯作者是统筹科学研究、论文稿件写作、投稿和答复审稿意见等工作的实际主导作者，也常是稿件所涉及研究工作和相关科学项目的负责人。通讯作者的姓名常位列作者名单的最后，姓名后面通常会加特殊符号（比如 *）标记，并提供通信邮箱和地址。通讯作者的贡献不亚于论文的第一作者，因此对于按作者姓氏首字母排列的期刊来说，通讯作者就显得更为重要。

通讯作者一般是科研项目的负责人，提供科研经费、实验场所和仪器设备等与实验相关的物质资源，也是提供科研思路和进行科学指导的重要作者。通讯作者的身份一般是导师、教授或者研究机构的项目负责人。他们或许不直接参与具体的实验操作，但是在整个实验阶段都会关注实验进程，提供指导性意见。最后作者是排列在最后的作者，一般是机构或者项目负责人，对于不设通讯作者的期刊，最后作者相当于通讯作者。

合作作者是对科研内容有实际贡献的合作者，一般他（她）有部分实验结果或者研究内容纳入正文，撰写或修改过论文的重要内容，但是不包括语言编辑、翻译或者文字润色等非科研内容。论文作者必须是直接参与论文选题、设计、研究、资料分析或解释的全部或部分结果，或写作论文关键内容，能对论文内容负责并进行答辩的人员。只参加过局部工作或某项实验，或为论文提供部分指导及协助者不能列为作者，但可以列在文末致谢。致谢部分中，作者姓名不分单位和职务，一律按对科学论文的贡献大小依次排序。

二、 署名权和排序的原则

署名权意味着对科学论文的贡献，同时也代表着责任。

一般来说，拥有署名权的人员包括：①科学研究的主要完成者；②科学研究的主要指导者；③论文稿件的撰写者。科学论文的排序原则为：①按贡献排序；②按字母排序；③论文结尾列出作者的贡献。

按贡献排序：

按照作者对论文的贡献排序，一般首先确定第一作者和通讯作者，由第一作者或者通讯作者决定排序，当然，团队也可以协商排序。

按字母排序：

通常出现在一些社会科学期刊上，因为论文代表作者的观点和派别，因此也代表团队的集体观点，这种情况下通常按姓氏的首字母排序。

列出贡献：

有些期刊在论文的末尾，要求列出所有作者的贡献，这样可以避免后期的争议，特别是涉及一些可以商业化的项目或者重大科学发现时。

下面看一个署名案例：

科学家A设计实验，指示实验员B完成实验，并获得了有意义的成果。科学家A应当作为作者，实验员B的贡献可以列入致谢。但是，如果实验员B在实验过程中提出了有建设意义的改进措施，并在很大程度上促进了实验的成功，则实验员B应被列为合作者。如果科学家A觉得结果很好，需要科学家C做额外的测试，以证实一些特定的结果，并且最终得到了正面证实，那么文章中便可以这样表述：我们通过某某实验排除了某种可能性。科学家C应当放在致谢中，但是如果科学家C也同样做出了有意义的贡献，例如在文章中额外加入了一些数据和分析等，那么科学家C也应当被列为合作者。

第四节 摘要

摘要，按字面意思理解为“摘录要点”，是摘录期刊论文所有章节内容的要点，包括科学背景、研究意义、研究方法、结果和结论等论文的主要构成元素。摘要是一篇具有独立性和完整性的短文，是对论文的内容不加注释和评论的简短陈述，要求扼要地说明研究工作的目的、研究方法和最终结论等。该原则同样适用于学位论文、基金申请、技术报告、商业报告等。

一、 摘要的功能

摘要是科学论文的微型版，是论文要点信息的总结，应当以简要的文字总结文献的所有内容。摘要能够让读者快速准确地识别文献的基本内容，并且评判文献内容与他们兴趣的匹配度，然后决定是否继续阅读全文。

二、摘要的内容

本节以期刊论文为主体，陈述摘要的内容和组成，其他形式的科技文献可以参考采纳。

摘要须简略地介绍科学论文的科学意义和研究内容，合理地陈述论文的研究方法，总结主要科学结果，摘录重要的结论。按照此原则，摘要可以分解成固定的文字模块。许多期刊已经开始要求作者提交结构化摘要（比如《天文学与天文物理学》(*Astronomy and Astrophysics*)）；一些期刊则坚持传统摘要，即无须参考文献和图表支持的故事讲述风格，比如《自然》和《科学》。图 2-5 对比了结构化摘要和传统摘要的区别。传统摘要其实也是文献各部分要点的逻辑组合。

三、摘要的种类

（一）报道性摘要

报道性摘要（informative abstract，又称 complete abstract）是研究论文内容的总结，包括研究背景、目的、方法、结果和结论，字数为 100～200 字。指导性摘要包含科学论文的主要元素、主题和关键点，常用于研究论文、科学快报、学位论文和技术报告等。

（二）内容提要

内容提要（indicative abstract，又称 limited abstract 或 descriptive abstract）描述了论文讲述的所有内容，功能类似于目录，常用于综述性论文。

（三）执行摘要

执行摘要（executive summary 或 management summary）通常是大篇幅商业报告或建议的总结，主要有助于管理人员快速熟悉文字内容，并用于商业决策。执行摘要通常包含问题陈述、主要建议、背景信息、简要分析和主要结论，可以辅助经理人做决策，被视为商业计划的重要部分。

四、摘要的写作要点

摘要中的每句话都与科学论文的章节内容相对应。因为摘要原本就是对

A&A 594, A101 (2016)
DOI: 10.1051/0004-6361/201629258

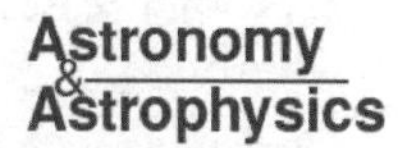

Abnormal oscillation modes in a waning light bridge

Ding Yuan and Robert W. Walsh

Jeremiah Horrocks Institute, University of Central Lancashire, Preston PR1 2HE, UK
e-mail: DYuan2@uclan.ac.uk

Received 6 July 2016 / Accepted 11 September 2016

ABSTRACT

Context. A sunspot acts as a waveguide in response to the dynamics of the solar interior; the trapped waves and oscillations could reveal its thermal and magnetic structures.
Aims. We study the oscillations in a sunspot intruded by a light bridge, and the details of these oscillations could reveal the fine structure of the magnetic topology.
Methods. We used the Solar Dynamics Observatory/Atmospheric Imaging Assembly data to analyse the oscillations in the emission intensity of light bridge plasma at different temperatures, and we investigated their spatial distributions.
Results. The extreme ultraviolet emission intensity exhibits two persistent oscillations at five-minute and sub-minute ranges. The spatial distribution of the five-minute oscillation follows the spine of the bridge, whereas the sub-minute oscillations overlap with two flanks of the bridge. Moreover, the sub-minute oscillations are highly correlated in spatial domain, however, the oscillations at the eastern and western flanks are asymmetric with regard to the lag time. In the meantime, jet-like activities are only found at the eastern flank.
Conclusions. Asymmetries in the form of oscillatory pattern and jet-like activities are found between two flanks of a granular light bridge. Based on our study and recent findings, we propose a new model of twisted magnetic field for a light bridge and its dynamic interactions with the magnetic field of a sunspot.

Key words. Sun: atmosphere – Sun: corona – Sun: oscillations – sunspots

(a) 结构化摘要

THE ASTROPHYSICAL JOURNAL SUPPLEMENT SERIES, 224:30 (12pp), 2016 June
doi:10.3847/0067-0049/224/2/30

STOCHASTIC TRANSIENTS AS A SOURCE OF QUASI-PERIODIC PROCESSES IN THE SOLAR ATMOSPHERE

DING YUAN[1,2], JIANGTAO SU[2], FANGRAN JIAO[3], AND ROBERT W. WALSH[1]
[1] Jeremiah Horrocks Institute, University of Central Lancashire, Preston PR1 2HE, UK; DYuan2@uclan.ac.uk
[2] Key Laboratory of Solar Activity, National Astronomical Observatories, Chinese Academy of Sciences, Beijing, 100012, China
[3] Shandong Provincial Key Laboratory of Optical Astronomy and Solar-Terrestrial Environment, Institute of Space Sciences, Shandong University, Weihai, 264209 Shandong, China
Received 2016 February 18; accepted 2016 March 31; published 2016 June 8

ABSTRACT

Solar dynamics and turbulence occur at all heights of the solar atmosphere and could be described as stochastic processes. We propose that finite-lifetime transients recurring at a certain place could trigger quasi-periodic processes in the associated structures. In this study, we developed a mathematical model for finite-lifetime and randomly occurring transients, and found that quasi-periodic processes with periods longer than the timescale of the transients, are detectable intrinsically in the form of trains. We simulate their propagation in an empirical solar atmospheric model with chromosphere, transition region, and corona. We found that, due to the filtering effect of the chromospheric cavity, only the resonance period of the acoustic resonator is able to propagate to the upper atmosphere; such a scenario is applicable to slow magnetoacoustic waves in sunspots and active regions. If the thermal structure of the atmosphere is less wild and acoustic resonance does not take place, the long-period oscillations could propagate to the upper atmosphere. Such a case would be more likely to occur in polar plumes.

Key words: magnetohydrodynamics (MHD) – Sun: atmosphere – Sun: corona – Sun: oscillations – waves

(b) 传统摘要

图 2-5　结构化摘要和传统摘要的对比(传统摘要的不同颜色标记了摘要的主要组成)

摘自：Yuan & Walsh, A&A, 2016, 594: A101; Yuan et al., ApJS, 2016, 224: 23.

科学论文的凝练性总结，所以必须跟论文的章节一一对应。摘要需完整自洽，不宜包含过多或冗余的细节，否则会让摘要冗长、难以阅读，使读者难以识别重要信息，从而降低对论文的总体印象。

摘要无须参考文献和图表的支撑，因为摘要的主要风格就是脱离科学论据讲述故事，所以不必跟论文的其他章节一样，需要参考文献和图表作为科学论述的论据。

另外，摘要应避免出现针对潜在读者的专业语言或模糊的缩略语。专业术语或者相关的缩略语只有部分读者能够理解，会增加阅读的难度，降低论文的传播属性。

摘要的语句需要仔细组织，避免语法错误，用词须科学、精准，不宜过多渲染语言，因为科学论文须实事求是，不夸大事实或者刻意吸引读者。

五、 英文摘要的撰写

科学论文的英文摘要起着补充标题、缩微全文、方便索引和检阅的作用。现代规范化的科技文献不管用何种文字形式写成，常增加一篇短小精悍的英文摘要。许多中文学术期刊要求中文摘要之后附有英文摘要，高校的学位论文也通常作此要求。因此，英文摘要的规范撰写是科学写作的重要环节，也是科研人员必须掌握的重要技能。各种学科论文的英文一般符合相似的语言结构和文体风格。

本书建议英文摘要分为四个模块，即背景句、主题句、支撑句和结论句。

摘要通常需要用两三句话讲述科学论文的研究背景和意义，称为“背景句”。这几句话其实是对引言部分的总结和凝练，以总结学科背景的意义、研究方向的难点。

摘要的第二部分为“主题句”，回答“研究什么”的问题，是科学论文针对学科内的关键科学问题提出的解决方案。主题句要开门见山，简明扼要地介绍研究的内容。常见的句型有：

- This paper summarizes...
- This paper deals with...
- The design...

- The experiment aims at...
- An aim of our experiment(paper...) is that...
- The objective of this paper is to...

由以上句型可以看出，主题句应尽量采用第三人称来描述，最好不出现I和We等第一人称主语，也建议不要使用We report、This paper reports等主动词汇。

紧随主题句之后的是支撑句，主要叙述研究的方法、途径、手段或过程等，总结研究方法和方案。常见支撑句的句型如下：

- The procedure could be briefly described as...
- Detailed information was acquired by...
- The fundamental feature was...
- This work involved...
- The data were derived by...

作为摘要的结尾，结论句一般用来表明结果、解释用途，并指出该研究的意义，用于总结论文的结果和结论部分。常用的句型如下：

- The results that light on the nature of...
- It is concluded that...
- This research contributes to the present understanding of...
- It is found (observed, suggested) that...
- It implies that...
- The results show (illustrate, indicate, suggest) that...
- This experiment indicates that...

中文科技写作和英文写作有很大的不同，如果中文原文的摘要翻译成英文，无论整体布局还是遣词用字都有显著的翻译特征，因而建议作者对论文整体内容有充分的理解和掌握，独立组织英语摘要。在撰写过程中，语言表达形式不能过于简单，以免让读者感到单调乏味。总之，在语言结构和文体风格方面要尽可能丰富，内容要完整，这可以起到事半功倍的作用，有助于读者检索及理解，从而提升论文的价值，也有利于扩大论文的传播影响。

六、谓语的时态问题

摘要中谓语动词的时态不是千篇一律的，而应根据每句话的具体情况恰当地使用。一般来说，一般现在时用于介绍论文的主要内容，用于说明研究目的、叙述研究内容、描述结果、得出结论、提出建议或讨论等。另外，涉及的公认事实、自然规律、客观现象、永恒真理等也要用一般现在时。而一般过去时用于叙述过去某一时段的发现、观察、调查、实验等过程，适合描述研究方法。完成时态则较少使用，现在完成时把过去发生的或过去已完成的事情与现在联系起来；而过去完成时可用来表示过去某一时间以前已经完成的事情，或在过去一件事情完成之前就已完成的另一过去行为。

第五节 引言

一、引言的目的

引言(introduction)，也称为绪言，相当于一些期刊论文的文献调研，其目的在于讲述科学研究的背景知识，这样读者无须阅读其他文献也能够很好地理解和评估该论文的结果。

引言须仔细选择参考文献以科学论文的研究思路，介绍科学研究的根本原因，简单、清晰地阐述论文的研究目的。引言须阐述本领域前沿科学的难题，世界同行的研究工作及其结论，以及本文如何针对科学难题开展工作。

引言对研究背景和研究目标的论述可展现的科学层次与学术格调，往往反映了作者的学品、学力和学养。文献调研反映了科研人员对研究领域的认识和理解，以及对其中关键科学问题或者空白领域的洞察力；而研究目标则真实地映射了科学家以怎样的手段和思路解决科学问题。

二、引言的结构

在介绍引言结构之前，先介绍本节需要用到的词汇——“研究主题”“研究方向”和“研究领域”三个由小到大的研究范畴。研究主题是指科学论文所研究的科学内容，研究方向是指科学论文以及其他同行针对同一科学问题所研究的泛化的主题，而研究领域是指科学论文以及更广泛的同行所研究的更大的科学方向。例如，“太阳等离子体物理”属于研究领域，而“等离子体的加热问题”属于研究方向，“等离子体的磁活动加热机制”则属于研究主题。高水平的科学论文所定位的研究问题可能是领域内的重大突破，此时研究主题和研究方向相同，这表明该论文直接定位于解决该研究方向的关键科学问题。

引言可分解为以下四个模块：

（1）科学背景：即科学领域的科学意义，科学论文所研究的方向或者更高一级的研究领域。其阐述该研究领域的科学意义，是否有重要科学问题亟须解决，能否推动人类的认知，是否有广阔的应用前景等。

（2）同行研究：即评述同行科学家针对该主题的重要研究，如首次探索、主要发现、关键突破等。

（3）待解决问题：批判性地分析本研究方向，是否有未解决的问题，是否有待改进或攻关的难题，是否有应用的前景，是否需要改进研究方法等。

（4）本研究的方案：即本文如何研究新方法、新思路、新应用等。

上述四部分的文字篇幅一般呈漏斗形分布，如图2-6所示，从上到下篇幅逐渐递减。

三、如何撰写引言

（一）科学背景——宣布研究主题

此部分将研究领域内更加宽泛的重要科学问题作为科学背景，阐述研究领域的科学意义，如理论的突破、方法的出现、应用的效应等，逐渐缩小讨论范畴到研究领域。

图 2-6 引言的漏斗形结构

该部分无须深度介绍研究的细节，也无须做批判性评论，只需使用陈述性语言，清晰地阐述科学领域和研究意义，凸显重大科学问题和科学难题，合理地借助参考文献，构建科学思路和脉络。

如果专业术语比较晦涩难懂，措辞应当有所调整或者额外解释关键词汇，以便让更多的读者理解论文的科学背景。参考文献选择应当少而精，不要影响行文的流畅性。应采用最原始的参考文献或代表性文献，同时指向具有代表性的综述论文，以便读者查阅和深入研究。

（二）同行研究——批判性文献综述

此部分应从科学背景和研究领域专注到研究方向，需要分析在该研究方向内的重要贡献。研究领域内同行的重要研究须按一定的逻辑择要评述，不按照时间轴整理写作思路，可按照研究内容的不同侧面展开论述。写作时应当按照科学思路适当引用做出重要贡献的文献。写作形式应当采用评述风格，建议用批判性写作风格，可参考本书第五章第四节批判性写作。

如果研究主题支持某种观点或看法，应当适当引用相关文献，必要时应佐以著名科学家、作者、哲学家的观点，以便支持该观点。另需适当提及反对方，让文章更加客观,也彰显作者的学术包容性和公正性。此处避免大量摘录其他文献,应当理解同行研究的思路,用自己的语言组织行文,无须引用冗余的文献,避免影响文章的可读性和原创性。

(三) 待解决问题——强调科学原理

此处,作者须将讨论范围聚焦研究主题。通过对同行研究的评述,发掘同行研究中未考虑全面的问题、暂未分析过的内容,或者研究中的不足之处。针对待解决的科学问题提出自己的解决方案或者思路。前面两部分,即"科学背景"和"同行研究"的主要功能是给读者呈现完善的科学背景知识,以便读者便捷高效地理解和评估科学研究的重要性和合理性。

这部分内容应当严格遵循科学原理,一则评判其他研究的不足或者未涉及的部分,二则展示预期研究内容的科学思路的正确性与合理性。这也是审稿人和其他同行读者评判该工作的正确性和前沿性的重要参考内容。

科学原理是论文引言的关键元素,必须确保逻辑正确,定标明确且重要的问题,并处于研究的前沿或者属空白领域。科学原理必须简洁清晰地阐述文章的重要性和对待解决问题的态度。

(四) 本研究的方案——如何研究待解决的问题

此处,作者应当根据前面的科学原理,针对待解决的问题设计合理的研究方案。注意此处不必深度描述研究方案的细节,因为研究细节属于"方法",只需讲明研究方案的科学性、合理性和优越性即可,以强调科学研究的创新点和可能的突破点,预测潜在的结果或结论。

(五) 论文结构简介——介绍本文的章节结构

引言的结尾部分可以强调本文重要的结论。这样,重要的结论可分别在摘要、引言的末尾和结论三处以不同的语句印证和强化。

最后用小段简短的文字(3～4 句话)介绍科学论文的结构,例如,"本文第 2 节详细介绍了实验仪器和方法,第 3 节总结了本文的主要结果,第 4 节分析了结论。"作者可以根据具体的论文内容,更加翔实明确地进一步填充这部分内容。

四、引言的写作要点

优秀的引言无须给读者留悬念，但应当注重行文逻辑，让读者沿着论据陈列的逻辑理解科学结果和结论。意外的结局可以出现在一篇优秀的文学作品中，但很难成为科学论文的范本。很多欠缺经验的作者往往错误地将重要发现写在论文的最后——“结论”，这是不太可取的写作方法。

引言的主要目的是介绍科学论文的研究背景和选题的意义，因此应当能够吸引读者的关注，阐述选择论文课题的原因，证明研究主题的重要性。主要结果和结论的简述也是引言的核心部分，虽然跟摘要和结论的部分内容会重复，但可以让读者逐步印证论文的结论和观点。但需避免文字的直接重复，可采用不同的方式叙述。优秀的引言应当明确论文所探索问题的本质和范围，合理地综述相关文献以引导读者，阐述研究方法，解释选择该方法的原因等。

作者可以按照以下原则撰写引言部分：

(1) 讲述故事，即讲述科学论文的研究思路，引导读者的思路，在研究中遇到的困难、停滞之处，讲述本研究如何解决该问题，以及如何设计研究思路；还可讲述以往研究的设计问题，以及如何引进新的方法，严谨地设计故事主线。

(2) 批判性写作，即写作时从多角度分析主题，评价同行的不同思路与观点，重要的是明确展示本研究的观点和立场。

引言应避免简单的文献堆砌，此类论文很容易辨识。例如：

“作者甲做了某工作，发现了×××成果[参考文献 A,B,C,D,E,F]；作者乙做了某工作，获得了×××结果[参考文献 G,H,I,J,K]。我们计划做×××工作。”

高水平的读者会发现这是简单的文献堆砌，而且作者对文献的内容并不熟悉，须仔细阅读参考文献，理解科学思路和脉络，重新组织语言撰写。建议采用批评性写作，改述如下。

“作者甲做了某工作，首次发现了某现象，但由于对某方向的资料缺乏，该发现很可能有其他解释 [作者甲的系列文献]；而作者乙针对以上不足，增加了多方面的测试，获得了某结果，跟作者甲的结论显然不同[作者乙的系列工作]。

我们比较了作者甲与乙的工作,发现可以通过某项交叉实验排除以上不同结论。本文期望通过某交叉实现,在该方向实现关键性突破。”

文献调研应当是批判性的学习与总结。批判性写作一般需要遵守文献评价的一些基本原则:①引用最新的文献;②引用高水平的论文;③寻找最原始的研究内容,而非综述;④公正、客观、正确地评价科学研究。

五、 文献综述的步骤

很多期刊,特别是社会科学期刊,将引言的研究背景和同行研究独立为“文献综述”章节。同行研究被称为“狭义文献综述”,而研究背景和同行研究则统称为“广义文献综述”或者“文献综述”。文献综述主要回顾研究领域的重要文献,完备地整合研究领域的内容,批判性地分析现有知识的缺口、理论和观点的局限性,选择可研究的重要方向,评述研究领域的争议。文献综述可以让读者很好地评估作者在该领域的知识深度和专业水平,建立作者专业知识的权威性和信任度。

文献综述的写作须遵循相关流程,有一定的复杂性与时效性。对于作者而言,随着研究思路的变化,需提供的参考文献也要随时调整。这就意味着文献综述的撰写无法一次完成。要根据研究的不同环节组织修改,直至研究完成。

下面对文献综述的写作步骤进行具体说明:

(1) 选题。选取写作主题,围绕这一主题确定写作方向。选择的主题最好是作者熟悉且对其富有浓厚兴趣的,同时该主题要具有大量的数据支撑以及文献基础,可以让作者明确主题的关键所在,顺利开题。

(2) 调研。经过查阅相关资料,搜集整理与主题内容相符合的科学研究。前沿的研究涉及更多的内容,包含各种学术文章、相关书籍和论文等,凡是与论文主题研究相关的学术性文章都属于搜集的范围。

(3) 拓展。对这一研究领域相关文献的信息延伸网络进行分析,仔细阅读相关的、最显著的研究结果和数据最翔实的文章。建议利用思维导图,利用图表等形式明确研究的重点内容,从中挑选对写作最有用的信息。

(4) 总结。对文章进行总结,为写作奠定坚实的信息基础。根据文章篇幅大小选择两三个关键概念,并对研究相关的重要问题予以详细阐述。举例来说,当研究中涉及三个主要概念时,必须对这些概念进行分别说明并合理举例。

(5) 关联。将符合研究内容的相关文献的概念予以展现,并探究文献与研究主题之间的关联性。对于某一文章文献的评价,不仅要包含对研究结果的总结,还要囊括与研究相关的研究方法。而针对独立的文献探讨,要阐述所有文献中的概念,同时描述这些概念是怎样强化假说的。对于之前研究中尚未涉及的议题部分,应该在文献方面进行探索,确保研究有足够的文献依据,这是研究不可缺少的重要内容。

(6) 对各文献之间的关联性进行有效区分,同时根据个人观点将所有文献结合起来。这一步骤与上一步骤具有相似性,但这一步骤更注重现有文献和现有研究之间的关系。作者的论点作为支撑整篇研究的核心,把全部的文献结合起来可以表明文献的重要作用。对于文献的探讨不仅要体现个人研究的主题,还要体现个人的观点与论文的贡献点。

按照上述步骤完成文献综述的写作更具有逻辑性与条理性,可以体现出研究的重点所在,也能够强调研究的重要作用,使得读者可以顺畅地阅读并理解论文。

第六节 方法

发明方法的出现使得发明本身成为系统的科学研究,而非聪明人的偶然创造。研究方法就是说明如何研究该课题,可以是材料的准备、实验平台的搭建、仪器设备的研发、数据的采集和分析、相关的测试化验等以科学研究方法为基础的内容。不同学科的方法部分所阐述的内容也不同,所使用的小标题须根据学科制定,还可以分次级标题。其内容可以是:

(1) 该研究的背景和安排。

(2) 详细介绍研究的设计。

(3) 介绍研究对象(病人、动物、观测目标等)。

(4) 详细描述取样策略,因为取样会影响结论。

(5) 是否有干预性措施,是主动实验还是被动实验(观测)。

(6) 识别主要研究变量。

(7) 数据采集仪器和步骤。

(8) 分析和测试方法。

一、方法的目的

详细阐述科学论文所使用的方法是整篇论文中十分重要的环节。如果有必要,须陈述使用该方法而不使用其他同类方法的原因。方法通常是按时间顺序或者实验步骤叙述,可使用次级标题模块化分解方法。如果是新方法,则需提供所有详尽的细节;如果是行业内同行熟知的方法,则可提供相应的参考文献,这样读者便可以阅读相关文献以理解该方法;如果方法是已有方法但并不常见,则须在指向参考文献的同时,简单介绍该方法的原理、功能和优势等。为更清晰地描述方法,可采用图形或者示意图等可视化工具辅助文字讲解。

如用英文写作,应用过去时态来描述实验设计的细节,这样符合科学方法论可重复性的特征。如果同行想重复该实验,可以依据该小节的详尽描述重现该实验作为学习手段或者在此基础上进一步展开研究。此外,读者和审稿人会仔细阅读该部分内容,以便判断论文所用方法和科学思路是否完善合理,同时评估该方法的适用性,是否可以用来研究其他类似的课题。研究方法论保证了科学结果的可重复性,审稿人会仔细阅读这部分细节,以确保科学论文的正确性和先进性。

二、如何交代研究方法

期刊对研究方法都有相应的格式规定,在投稿前了解期刊的格式和排版要求，明确研究方法的格式与范围。通常情况下，研究方法的写作会涉及以下几点：

(1) 研究路线。根据科学目标的顶层设计，清晰完备地展示研究路线，严谨地检验科学结果。

(2) 研究对象。科学研究所针对的研究对象的特征，以及如何控制或者约束实验对象的选择。

(3) 资料收集。如何采集数据或资料，以便后续分析。

(4) 资料分析。如何科学有效的分析研究对象，采用怎样的科学或技术手段。

（一）写作建议

合理运用副标题，以便读者准确区分研究方法的技术手段或者方法步骤。研究方法的写作要符合科学逻辑或模块化展示。其他建议如下：

(1) 由于研究方法是过去开展的，因此英文期刊论文须采用过去式。

(2) 明确区分研究方法与研究结果，方法步骤和流程部分必须涵盖在研究方法内。

(3) 除了讨论部分以外，其他部分尽可能不要出现过于复杂的释义与背景介绍。

(4) 正确使用度量、数学公式和图表。

(5) 对于已有且成熟的方法，只需指明参考文献即可；对于已有但无广泛应用的方法，须简述并指明出处；对于研究人员自己研发的方法，须详细解释说明。

（二）常见的误区

(1) 复述已经发布过的方法，而非直接引用。

(2) 严格按照时间顺序写作，按重要性写作。

(3) 方法和结构不吻合，或者不加以筛选地提供全部实验内容。

(4) 遗漏指引读者阅读的描述（比如缺少“见 3.4 节”“见图 1”“参考表 3”此类描述）。

(5) 大段文字展示，而不采用副标题模块化分解。

三、 案例分析

（一） 材料与实验(材料类)

图 2-7 展示了材料学领域文章的摘要和方法。该论文发表在 *ACS Nano* 期刊。该文章研究微米尺度的颗粒在超声波中的旋转运动机制，这种运动机制在微纳米及其领域有潜在的应用价值。图 2-7 的研究方法“METHODS”(方法)为标题，次级标题分为“ Sample Synthesis and Fabrication”(样本合成和制作)和“Ultrasound Experiment”(超声波实验)。这种写作属于模块化分解的研究方法：前者介绍样本合成的流程和参数控制，后者则详细给出了超声波实验测试所使用的仪器设备和实验步骤。

（二） 方法与数据 (天文观测类)

图 2-8 展示了发表在 *Astrophysical Journal* 期刊的天文数据分析文章。第二节为研究方法，标题为“DATA ANALYSIS”(数据分析)，共分解为 13 个次级标题，分别简述了仪器的参数和观测模式、所观测事件的时间和位置、日冕环几何参数的测量、横向运动的观测、等离子体参数的测量和磁场模拟等所采用的各类方法，从不同角度分析了太阳中磁流体波的观测特征和诊断应用。

（三） 初始和边界条件(数值模拟类)

图 2-9 展示了 *Astrophysical Journal* 期刊中一篇关于数值模拟的论文。该论文利用磁流体波数值模拟研究太阳日冕环顶部的开尔文-亥姆霍兹不稳定性现象。方法部分以“COMPUTATIONAL ASPECTS”(计算方面)为标题。次级标题 2.1 为“Initial Setup”(初始条件)，给出了数值模拟的初始条件，即描述磁场分布的方程、磁场参量的设置、等离子体的温度和密度分布等重要初始条件。次级标题 2.2“Triggering Chromosphere Evaporation”(激发色球层蒸发)介绍了如何利用时变的边界条件加热色球层，导致色球层低温等离子体蒸发。

Cite This: ACS Nano 2017, 11, 12668–12676 www.acsnano.org

ARTICLE

Twists and Turns of Orbiting and Spinning Metallic Microparticles Powered by Megahertz Ultrasound

Chao Zhou,[†] Leilei Zhao,[†] Mengshi Wei, and Wei Wang*

Harbin Institute of Technology (Shenzhen), Shenzhen, Guangdong 518055, China

Supporting Information

ABSTRACT: Micromotors powered by megahertz ultrasound, first reported about 5 years ago, have lately been considered a promising platform for a wide range of microscale applications, yet we are only at the early stage of understanding their operating mechanisms. Through carefully designed experiments, and by comparing the results to acoustic theories, we present here an in-depth study of the behaviors of particles activated by ultrasound, especially their in-plane orbiting and spinning dynamics. Experiments suggest that metallic microrods orbit in tight circles near the resonance ultrasound frequency, likely driven by localized acoustic streaming due to slightly bent particle shapes. On the other hand, particle spins around their long axes on nodal lines, where phase-mismatched orthogonal sound waves possibly produce a viscous torque. Intriguingly, such a torque spins metal-dielectric Janus microspheres back and forth in an unusual "rocking chair" fashion. Overall, our observations and analysis provide fresh and much needed insights on the interesting particle dynamics in resonating ultrasound and could help with developing more powerful and controllable micromachines with biocompatible energy sources.

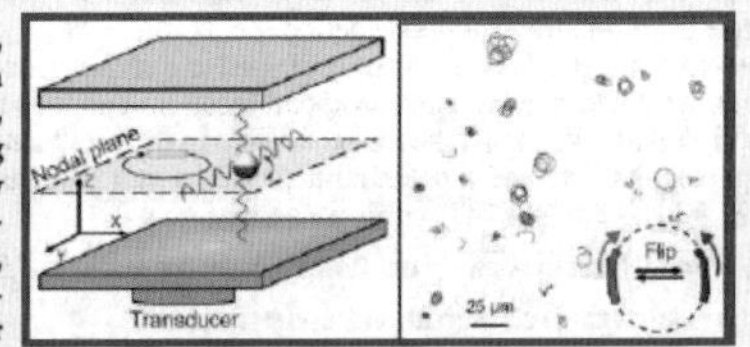

KEYWORDS: micromotors, nanomotors, mechanisms, ultrasound manipulation, external fields, biocompatible, Janus

METHODS

Sample Synthesis and Fabrication. Gold microrods were synthesized by electrodeposition in alumina templates following a procedure adapted from an earlier study.[48] Porous AAO membranes (Whatman) with a nominal pore diameter of 200 nm were used. Before electrodeposition, 200−300 nm of silver was thermally evaporated on one side of the membrane as the working electrode. The membrane was then assembled into an electrochemical cell with the pore openings immersed in the metal plating solution. Silver plating solution (Alfa Aesar) and homemade gold solution (gold content 28.7 g/L) were used. In a typical experiment, 5−10 μm of silver was first electrodeposited into the pores at −5 mA/cm^2, followed by gold at −0.2 mA/cm^2, the length of which can be controlled by monitoring the charges passed. The silver segment and the membrane were then dissolved in HNO_3 and NaOH solution, respectively, and gold rods were released and cleaned in DI water. Silver microrod samples were provided by Prof. Yejun Qiu and were synthesized following a classic technique published previously.[49]

Ultrasound Experiment. A typical ultrasound experiment cell (see Figure S1) is assembled by a silicon wafer, a PZT ceramic transducer (Steminc, part no. SMD12T06R412WL, resonance frequency 3.4 MHz), and a silicone spacer of 250 μm in height with a hole of 5 mm in diameter (Grace Biolabs). A piece of silicon wafer was used as the substrate, and the ceramic disk was fixed to its rough back by epoxy and connected to a waveform generator (Keysight 33510B). On the front (smooth) side of the wafer sits the silicone spacer, with a glass coverslip on the top. Particle suspension was then loaded into the chamber by micropipet, and ultrasound frequency was tuned to achieve half-wavelength standing waves (i.e., resonance frequency). A few layers of Kapton tape, or rectangular glass capillary tubes (Vitrocom, part no. 3520), can also be used as the experimental chamber, provided that proper height was obtained. Pulsing ultrasound was applied by setting up the waveform generator in burst mode (see Supporting Information for details). Experiments were conducted on an Olympus BX51 M upright microscope, and videos were recorded with a CMOS camera (Point Gray, model Grasshopper 3). Particle coordinates were tracked by homebrew MATLAB codes courtesy of Hepeng Zhang from SHJT University.

图 2-7　材料学期刊论文的方法部分

摘自：Zhou,et al. ,ACS Nano,2017,11：12668-12676.

THE ASTROPHYSICAL JOURNAL, 736:102 (20pp), 2011 August 1 doi:10.1088/0004-637X/736/2/102

CORONAL LOOP OSCILLATIONS OBSERVED WITH ATMOSPHERIC IMAGING ASSEMBLY—KINK MODE WITH CROSS-SECTIONAL AND DENSITY OSCILLATIONS

MARKUS J. ASCHWANDEN AND CAROLUS J. SCHRIJVER
Lockheed Martin Advanced Technology Center, Solar & Astrophysics Laboratory, Org. ADBS, Bldg. 252, 3251 Hanover St., Palo Alto, CA 94304, USA; aschwanden@lmsal.com
Received 2011 February 8; accepted 2011 May 9; published 2011 July 13

ABSTRACT

A detailed analysis of a coronal loop oscillation event is presented, using data from the Atmospheric Imaging Assembly on board the *Solar Dynamics Observatory* (*SDO*) for the first time. The loop oscillation event occurred on 2010 October 16, 19:05–19:35 UT and was triggered by an M2.9 GOES-class flare, located inside a highly inclined cone of a narrow-angle coronal mass ejection. This oscillation event had a number of unusual features: (1) excitation of kink-mode oscillations in vertical polarization (in the loop plane), (2) coupled cross-sectional and density oscillations with identical periods, (3) no detectable kink amplitude damping over the observed duration of four kink-mode periods (P=6.3 minutes), (4) multi-loop oscillations with slightly (≈10%) different periods, and (5) a relatively cool loop temperature of $T \approx 0.5$ MK. We employ a novel method of deriving the electron density ratio external and internal to the oscillating loop from the ratio of Alfvénic speeds deduced from the flare trigger delay and the kink-mode period, i.e., $n_e/n_i = (v_A/v_{Ae})^2 = 0.08 \pm 0.01$. The coupling of the kink mode and cross-sectional oscillations can be explained as a consequence of the loop length variation in the vertical polarization mode. We determine the exact footpoint locations and loop length with stereoscopic triangulation using *STEREO*/EUVI/A data. We model the magnetic field in the oscillating loop using Helioseismic and Magnetic Imager/*SDO* magnetogram data and a potential-field model and find agreement with the seismological value of the magnetic field, $B_{\rm kink} = 4.0 \pm 0.7$ G, within a factor of two.

Key words: Sun: corona – Sun: flares – Sun: oscillations – Sun: UV radiation – waves

Online-only material: animations, color figures

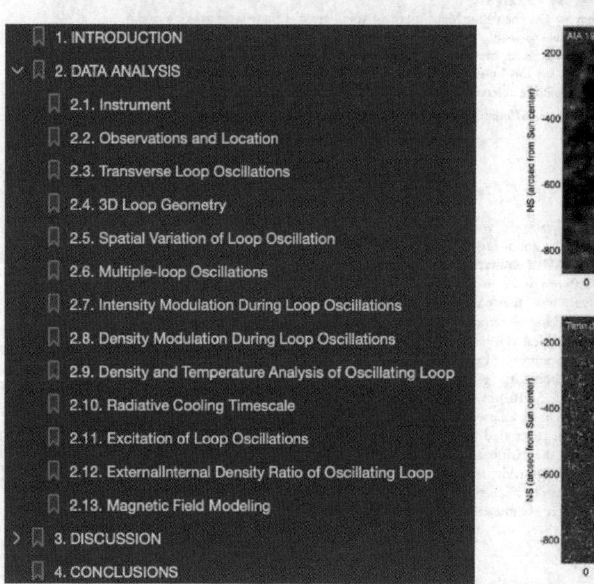

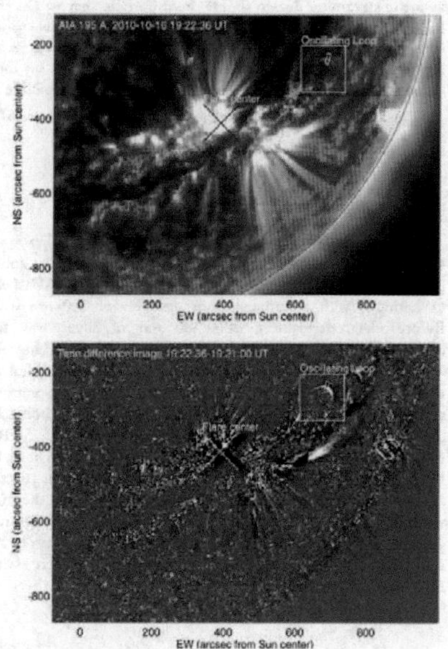

图 2-8　仪器数据分析类论文的方法部分

摘自：Aschwanden，Schrijver，ApJ，2011，736：102.

The Astrophysical Journal, 833:36 (8pp), 2016 December 10 doi:10.3847/1538-4357/833/1/36

THE ROLE OF KELVIN–HELMHOLTZ INSTABILITY FOR PRODUCING LOOP-TOP HARD X-RAY SOURCES IN SOLAR FLARES

Xia Fang, Ding Yuan, Chun Xia, Tom Van Doorsselaere, and Rony Keppens
Centre for Mathematical Plasma Astrophysics, Department of Mathematics, KU Leuven, Celestijnenlaan 200B, 3001 Leuven, Belgium
Received 2016 February 5; revised 2016 September 6; accepted 2016 October 9; published 2016 December 6

ABSTRACT

We propose a model for the formation of loop-top hard X-ray (HXR) sources in solar flares through the inverse Compton mechanism, scattering the surrounding soft X-ray (SXR) photons to higher energy HXR photons. We simulate the consequences of a flare-driven energy deposit in the upper chromosphere in the impulsive phase of single loop flares. The consequent chromosphere evaporation flows from both footpoints reach speeds up to hundreds of kilometers per second, and we demonstrate how this triggers Kelvin–Helmholtz instability (KHI) in the loop top, under mildly asymmetric conditions, or more toward the loop flank for strongly asymmetric cases. The KHI vortices further fragment the magnetic topology into multiple magnetic islands and current sheets, and the hot plasma within leads to a bright loop-top SXR source region. We argue that the magnetohydrodynamic turbulence that appears at the loop apex could be an efficient accelerator of non-thermal particles, which the island structures can trap at the loop-top. These accelerated non-thermal particles can upscatter the surrounding thermal SXR photons emitted by the extremely hot evaporated plasma to HXR photons.

Key words: magnetohydrodynamics (MHD) – Sun: corona – Sun: flares – Sun: X-rays, gamma rays

Supporting material: animation

2. COMPUTATIONAL ASPECTS

2.1. Initial Setup

Our numerical setup, and initial and boundary conditions follow the model in Fang et al. (2015), using a single-fluid MHD plasma description on a two-dimensional (2D) domain of size 80 by 50 Mm (in x–y). We initialize with a linear force-free magnetic field given by

$$B_x = -B_0 \cos\left(\frac{\pi x}{L_0}\right) \sin\theta_0 \exp\left(-\frac{\pi y \sin\theta_0}{L_0}\right),$$
$$B_y = B_0 \sin\left(\frac{\pi x}{L_0}\right) \exp\left(-\frac{\pi y \sin\theta_0}{L_0}\right),$$
$$B_z = -B_0 \cos\left(\frac{\pi x}{L_0}\right) \cos\theta_0 \exp\left(-\frac{\pi y \sin\theta_0}{L_0}\right), \quad (1)$$

with the angle $\theta_0 = 30°$ between the arcade and the neutral line ($x = 0$, $y = 0$) and the horizontal size of our domain setting $L_0 = 80$ Mm. An important difference from the setup in Fang et al. (2015) is that we adopt a higher magnetic field strength of $B_0 = 80$ G, instead of 50 G in Fang et al. (2015). The 80 G value brings our coronal field strength more in line with values found from direct nonlinear force-free field extrapolations in active regions from observed magnetograms (Guo et al. 2016), and is meant to represent a realistic flare loop magnetic field.

2.2. Triggering Chromosphere Evaporation

The effect of the solar flare is modeled by its chromospheric energy deposit, handled as a finite duration heat pulse located at the loop footpoints. The temporal evolution of the heat pulse is controlled by $f(t)$, a piecewise linear ramping function to add and complete the sudden heating within 180 s. The precise choice of ramping function $f(t)$ should mimic its sudden and brief character: adopting other than piecewise linear behavior leads to similar evolutions. The asymmetric energy input is handled by a function $g(x)$, which sets the ratio of energy deposition at the left footpoint ($x < 0$) to the right footpoint ($x > 0$) to 0.8. Both functions appear in heat pulse functional form $H_1(x, y, t)$ (which is an extra energy source term in addition to the background heating $H_0(x, y)$) specified as

$$H_1 = c_1 \exp(-(y - y_c)^2/\lambda^2) f(t) g(x) \quad \text{if } A(x_1, 0) < A(x, y) < A(x_2, 0) \quad (2)$$

$$A(x, y) = \frac{B_0 L_0}{\pi} \cos\left(\frac{\pi x}{L_0}\right) \exp\left(-\frac{\pi y \sin\theta_0}{L_0}\right), \quad (3)$$

$$f(t) = \begin{cases} t/30, & 0 \leqslant t < 30\ \text{s} \\ 1, & 30 \leqslant t < 150\ \text{s} \\ (180 - t)/30, & 150 \leqslant t < 180\ \text{s} \end{cases} \quad (4)$$

图 2-9　数值模拟类论文的方法

摘自：Fang, et al., ApJ, 2016, 833: 36.

（四）数学方程和离散算法(数值软件类)

图 2-10 展示了 *Astrophysical Journal Supplementary Series* 上的软件类论文，详尽地讲解了模拟太阳和天文物理过程的磁流体波动力学的程序——MPI-AMRVAC。方法部分的次级标题 2.1“Short Primer in Conservative Finite Differences”(守恒有限差分简介)，介绍了利用有限差分方法离散化磁流体动力学守恒方程的算法；次级标题 2.2“Applied Flux Splitting”(应用通量分

解法)，介绍了在磁流体波动力学离散化过程中如何处理多维度通量分解；次标题 2.3“Temporal Discretizations”(时间离散化)，介绍了在时间维度上有限差分的离散化方法。

The Astrophysical Journal Supplement Series, 214:4 (26pp), 2014 September doi:10.1088/0067-0049/214/1/4

MPI-AMRVAC FOR SOLAR AND ASTROPHYSICS

O. Porth[1,2], C. Xia[2], T. Hendrix[2], S. P. Moschou[2], and R. Keppens[2]
[1] Department of Applied Mathematics, The University of Leeds, Leeds LS2 9JT, UK; o.porth@leeds.ac.uk
[2] Centre for mathematical Plasma Astrophysics, Department of Mathematics, KU Leuven, Celestijnenlaan 200B, B-3001 Leuven, Belgium
Received 2014 April 3; accepted 2014 June 22; published 2014 August 20

ABSTRACT

In this paper, we present an update to the open source MPI-AMRVAC simulation toolkit where we focus on solar and non-relativistic astrophysical magnetofluid dynamics. We highlight recent developments in terms of physics modules, such as hydrodynamics with dust coupling and the conservative implementation of Hall magnetohydrodynamics. A simple conservative high-order finite difference scheme that works in combination with all available physics modules is introduced and demonstrated with the example of monotonicity-preserving fifth-order reconstruction. Strong stability-preserving high-order Runge–Kutta time steppers are used to obtain stable evolutions in multi-dimensional applications, realizing up to fourth-order accuracy in space and time. With the new distinction between active and passive grid cells, MPI-AMRVAC is ideally suited to simulate evolutions where parts of the solution are controlled analytically or have a tendency to progress into or out of a stationary state. Typical test problems and representative applications are discussed with an outlook toward follow-up research. Finally, we discuss the parallel scaling of the code and demonstrate excellent weak scaling up to 30,000 processors, allowing us to exploit modern peta-scale infrastructure.

Key words: hydrodynamics – magnetohydrodynamics (MHD) – methods: numerical

Online-only material: color figures

2.1. Short Primer in Conservative Finite Differences

Given a set of (near-) conservation laws in Cartesian coordinates,

$$\partial_t \mathbf{U} + \nabla \cdot \mathbf{F}(\mathbf{U}) = \mathbf{S}(\mathbf{U}); \Leftrightarrow \partial_t U_l + \sum_j \partial F_{jl}(\mathbf{U})/\partial x_j = S_l(\mathbf{U}), \quad (1)$$

we seek the conservative FD discretization of the flux in the j direction $\partial F_{jl}/\partial x_j$. Regarding only one component of the solution vector U and dropping the index l, the point-wise value at grid index i reads

$$\left.\frac{\partial F_j}{\partial x_j}\right|_i = \frac{1}{\Delta x_j}(\hat{F}_j|_{i+1/2} - \hat{F}_j|_{i-1/2}); \; F_j|_i = \frac{1}{\Delta x_j}\int_{x_j|_{i-1/2}}^{x_j|_{i+1/2}} \hat{F}_j(\chi)d\chi. \quad (2)$$

2.2. Applied Flux Splitting

therein), and the Lax–Friedrichs split (Rusanov 1961) to name the most common ones. Here, we settle for the fairly diffusive but easy to implement global Lax–Friedrich splitting. Hence, for each interface, the flux is reconstructed twice, once with a left-biased stencil $[L]$ and once with a right-biased stencil $[R]$. In particular, we split the flux as

$$F_j^- = \frac{1}{2}(F_j - c_{\max} U); \quad F_j^+ = \frac{1}{2}(F_j + c_{\max} U), \quad (5)$$

where $c_{\max}$ is the grid-global maximal characteristic velocity of the hyperbolic system, and we reconstruct

$$\hat{F}_j^{+L}|_{i+1/2} = \mathcal{R}_{[L]}(F_j^+); \quad \hat{F}_j^{-R}|_{i+1/2} = \mathcal{R}_{[R]}(F_j^-). \quad (6)$$

Finally, the interface flux is obtained as

$$\hat{F}_j|_{i+1/2} = \hat{F}_j^{+L}|_{i+1/2} + \hat{F}_j^{-R}|_{i+1/2}. \quad (7)$$

2.3. Temporal Discretizations

Apart from the standard one-step, two-step predictor-corrector, and third-order Runge–Kutta (Gottlieb & Shu 1998, RK3), we have implemented two multistep, high-order, strong stability-preserving (SSP) schemes introduced by Spiteri & Ruuth (2002). These yield an explicit numerical solution to the ODE given by Equation (4). Adopting a general s-step Runge–Kutta scheme in the notation of Spiteri & Ruuth (2002) (their Equation (2.1) (a–c)),

$$\mathbf{U}^{(0)} = \mathbf{U}^n \quad (8)$$

$$\mathbf{U}^{(i)} = \sum_{k=0}^{i-1} \alpha_{ik}\mathbf{U}^{(k)} + \Delta t \beta_{ik} \mathcal{L}(\mathbf{U}^{(k)}), \quad i = 1, 2, \ldots, s \quad (9)$$

$$\mathbf{U}^{n+1} = \mathbf{U}^{(s)}, \quad (10)$$

the available optimal s-step, p-order, SSP Runge–Kutta (SSPRK(s,p)) schemes read.

图 2-10 数值算法类论文的方法

摘自：Porth，et al.，ApJS，2014，214：4.

第七节 结果

结果是通过研究方法所获取的科学结果，是按照严谨的科学逻辑整理或归纳的科学内容，也是结论中科学原理和因果关联的重要论据。常见的结果有数学统计、数据分析、实验测试或者特征总结等。

结果的写作目的是总结通过研究方法所获得的研究结果，并以一定的规律分解编排以便作为科学原理的论据，也为后面阐释因果逻辑的结论部分提供支撑。此部分只需客观展示研究结果即可，无须对所获得的科学结果进行评论或者比较，更无须根据内容做主观推测、展望或者遐想。结果的形式十分多样，可以用文字描述，可以用数据展示，也可以借助图表或公式形象化表述。需要注意的是，无论形式如何，其主体思路仍然是文字叙述，可以在某些位置指向图表等可视化元素以辅助解析数据或特征。而这些行文手法只是借助图表或公式等内容的直观表述，以增强文字的形象性和行文的流畅性，而非完全依赖可视化元素让读者自己理解或者揣度。所以，这就要求可视化元素必须完整且独立，读者无须借助科学论文中的文字就能够理解；而文字部分也应简明流畅，以独立的语言凝练可视化元素所表达的意义，而无须详细解释图表内容。

一、 结果的内容

结果须对实验数据所得的结果进行事实陈述，简洁且中肯地描述数据表征的内容，无须过多渲染或修饰。值得注意的是，结果部分只需根据期刊论文的科学主体，陈述具有代表性的数据。选择数据时应当注意数据之间的关联性及数据的遍历性，即数据之间须符合一定的筛选逻辑，且从不同的侧面证实科学结果和结论，也应当避免重复冗余的数据。常见的误区是，复述所有的实验内容和数据，而不注重实验内容和数据的重要性和关联性。

对于必须添加在期刊论文中的数据，如果用文字很难简单地描述，则可以考虑制作成表格，以便读者查阅，而文中只需描述具有代表性的数据，或者陈述有意义的统计结果即可。在陈述实验结果时，应当讨论有影响的论据，无论被证实还是否决假设，都要无偏颇地描述，这样有助于提高论文的可信度。

结果部分最好按小节编排。结果部分的分解可以根据问题的不同方面、假设的可行性、模型使用、统计方法、测试项目等开展。

期刊论文可以使用图表强化结果部分的陈述。在信息时代，任何好的期刊论文都应当有效地使用图表。其主要目的是提供清晰的视觉信息增强读者的印象，利用图表的制作原理凸显关键的特征或者属性，利用图表的色彩或者几何元素引导读者注意关键信息等。

结果部分应遵循一定的逻辑撰写，佐以图表解释结果的原则，并且描述它们如何解答引言中提出的关键科学问题。证据不会自己解释自己，结果的目的就是将证据以合理的方式自我展现，展示其解决问题各方面的逻辑。比如“通过某某实验，我们可以看到×××”“图3展示了×××，其趋势明显×××”“表3列出了某参数的测试，表明第5项非常显著地×××”。

二、撰写研究结果的步骤

任何研究都具有独特性，对于研究结果的设计，要结合研究情况选择相应的方法，不能简单地套用其他方法。一般来说，要基于具体研究领域与期刊的实际要求来选择相应的研究方法。

下文对研究结果写作的具体步骤予以详细介绍，不仅可以为有论文发表需求的科研人员提供帮助，还有利于相关研究人员进一步理解研究结果架构。

（一）参阅期刊规范

明确投稿期刊提出的标准与要求，查阅该期刊以往发表的论文，要仔细阅读并了解其研究内容与方法。一般来说，各个期刊会在准则中明确展示其相关要求，因此参考已经发表的论文是非常有效的方法。同时还要明确期刊所要求的论文篇幅，部分期刊对此会作出相关限制。另外，理解并掌握期刊中“Guide for authors”的目标与范围，整理期刊读者的重点关注内容，有利于进行论文研究结果的撰写。

（二）规划内容框架

以目标期刊的相关规定为前提，对研究结果的写作内容加以限制，按照具体要求分别列出研究成果。如果有些研究结果尚未达到预期目标，或者与相关假设不符，应该予以说明。合理运用副标题，模块化分解研究结果，按照一定的科学逻辑或者角度编排研究结果。运用这种方法，还能够清晰明了地展现研究的关键部分，删减不必要的部分，让读者更加深入地掌握研究内容并加深对该研究的印象。为研究而增加的附录说明能够提高同领域专家对该文章的阅读兴趣，不过从普通读者的角度来说，这种方式会让论文内容增加，过于繁冗，不利于读者集中注意力。关于研究结果的架构设计，通常根据研究问题与假设提出的顺序一一展现，也可以根据研究方法的编排顺序进行设计。在实际运用过程中，按照科学思路写作是较为普遍的编排顺序。除此之外，还可以依据问题的重要程度进行编排，也可以按照各类主题分别予以展示。对于研究结果的架构编排，应衡量多个因素，包括潜在读者、依据与研究目的等。

（三）整编图表和数据

通过图形或表格等方式展现研究数据，并且对于图表的排列要按论文中所提及的顺序进行编号。充分利用标题明确展示图表中的相关信息。图表中不仅要涉及定义部分，还要涵盖其他信息，让读者通过图表就能够明确研究结果。利用图表这种方式，不仅能够清晰地展现研究结构，还可以避免信息重复出现。值得注意的是，尽管利用图表能够为研究内容提供依据，但是图表不能完全替代文字展示研究内容。

（四）结合图表陈述科学结果

以科学思路为基础，结合相关图表设计研究结果架构。为了清晰、准确地展现复杂繁琐的信息数据，必须选择准确精炼的语言加以概述。对于研究结果架构的设计，首先要重申本次研究的科学问题与研究目的，避免读者的关注点在此处被分散。此处，概述研究结果和发现，为后文奠定讨论的基础建立有效的衔接。在撰写研究结果时，由于这些研究已经完成且相关内容得到明确展示，因此多使用主动语态，采用过去式。通过这种写作手法能够清楚明了地概述相关问题，具备较强的逻辑性与条理性，同时能够保证对研究中所涉及的术语部分有详细的解释。

（五）修改稿件，校验索引

须不断检查并修改稿件，确保研究结果的完整性与准确性，并达到期刊的预期要求。对于研究中所涉及的数据与图表部分要反复核查，确保上下文数据的一致性。在检查稿件时，可以选择朗读的方式，这样有利于找出语法的错误，确保文字运用的准确性与句式的顺畅。当研究结果达到最佳结构时，读者可以更为明确地了解研究目的，理解研究内容，掌握研究方法。另外，再次审阅论文的引言部分，反复思考科学构思部分，以确保论文研究结果的可靠性与可信性。

论文结果在一定程度上体现出论文数据研究的成功与否。从这方面来说，在论文结果部分需要说明论文研究的关键信息，并通过简洁明了的概述对相关发现进行介绍，让作者的研究著作更具有影响力。

（六）核验写作要点

完成结果部分后，检查以下研究结果的要点是否得以体现。如果没有，须尽量补充。

(1) 结果部分的开头复述研究的目的，把读者重新带回期刊论文的核心科学问题。

(2) 制作高质量的表格和图形，以辅助展示研究结果。

(3) 明确包含数据分析及其解析，以及统计数据的显著性测试，增强文章的严谨性。

(4) 对于统计不显著的结果同样予以报道，以增加学术文章的可信度。

(5) 建立文字内容和图表等可视化元素之间的交叉索引，增加两者之间的交叉印证。

(6) 末尾以小篇幅文字总结主要发现和结果。

第八节 结论

一、写作目的

撰写结论的目的是评述期刊论文的科学研究，将科学研究置于更大的科学背景中讨论其研究意义，理顺研究结果的基础科学原理。一般来说，好多高水平的期刊论文研究的科学原理是最基础的。结论的写作风格是脱离数据支撑的故事讲述。此部分无须通过交叉索引(即指向图表)增加论据和结论的衔接，因为该环节已经在方法和结果章节实现了，而结论应以行文和思路的流畅性以及科学原理的严谨性为宗旨。通常来说，结论部分被认为是最难写的章节，同时也是论文中的精华部分。在结论部分的写作过程中，应该根据引言中的研究背景和科学研究的结果展开讨论。此处应当避免复述结果的内容，这是最容易犯的错误。很多学者会误认为得到科学结果就已经完成了论文的主要工作，没有深层思考研究的意义，也没有评述科学研究，所以结论的写作仅停留在对结果的复述层面。结论部分在措辞上应该让读者看到作者的逻辑与推理，增加论文的深度与层次感，引导读者深度思考。

二、 结果与结论的区别

结果只需按照一定的逻辑客观且严谨地陈述通过研究方法得到的研究结果即可；而结论则须阐述研究结果的意义，推理数据所揭示的原理，比较科学结果的优劣，评估方法的优势或者不足，推测研究结果的应用前景，建议后续研究的方向。

例如，在科学实验中，发现两个变量之间存在异常的相关性。“方法”部分要详细描述如何根据数据计算表征相关性的指数，即数据采样、数据分析和计算公式等；“结果”部分只需陈述所获得的相关性论据，图形或者表格须展示相关内容，相关性指数的大小和显著性参数；而“结论”部分则须分析异常相关性的来源，阐述相关性所揭示的原理，预测潜在的应用情形等。

三、 写作方法

结论是作者在本领域对科学研究全局的把控，即作者既能利用合理的研究方法获得有意义的研究结果，又能够评述研究内容的意义，发掘科学研究的基础原理。这样作者就在引导读者进行一场思想风暴，让读者感受研究的重要性。相反，如果读者认可研究方法和结果的正确性，但不认可科学研究的意义，反而通过利用自己的学识和认知自行评估研究的意义，就会大大降低论文的影响力。这也意味着读者对该主题的认识在作者之上，或者与作者存在很大的认知偏差。

结论主要包含以下内容：①展示科学的原理、内容的关联、结果的泛化；②提出与结论不同的例外或者方法的不周全之处；③指出本文结果与以往文章结果吻合或不吻合的地方；④讨论本研究的理论意义或者实际应用范围；⑤清晰地陈述结论，总结支持结论的证据；⑥讨论研究结果的意义。

结论部分的写作可以按照以下逻辑开展：①以不同的文字表述科学论文的研究目的，简短地总结主要研究结果；②对同行的研究与本文的结果进行比较，讨论结果是否符合早期的知识预期；③解读并分析研究结果是否符合或者违背早期的理论或者模型；④讨论研究结果是否可以修改模型，或者方法部分是否有某些缺失导致与早期模型相违背，或者本文的方法或模型是否隐含一些假设；⑤讨论研究结果是否可以泛化，是否可以应用到相关领域，展望后续研究工作。

第九节　参考文献

一、参考文献的使用

在科学论文写作中，凡是引用前人（包括作者自己）已发表文献中的观点、数据和材料等，都要对其在文中出现的地方予以标注，并在文末列出参考文献列表（references 或 bibliography）。科学论文的写作需要减少抄录或者复述已发表或可以查找到的内容，包括段落和语句。论文涉及已有成果的地方无须重抄已有的内容，而是指出登载该成果的文献出处即可，这种做法叫作引用参考文献。凡是引用了参考文献，就要在涉及前人成果的地方做一个标记，这样读者就知道这里引用了参考文献，按照该标记在参考文献列表中就能找到刊登该成果详细内容的文章。对于一篇完整的学术论文，参考文献的著录是论文的重要组成部分，其主要目的与作用体现在以下方面。

（一）科学传承

著录参考文献可以反映论文作者的科学态度，表征科学论文具有真实、广泛的科学依据,也反映了该论文的起点和深度。科学技术都有继承性,现行的科学研究一般是前人研究的继续和发展,因此,科学论文的引言、方法、结论部分必然评述或者介绍过去的工作。著录参考文献即能表明文中的陈述言之有据,并展现科学论文的背景知识和研究深度。这在一定程度上为论文审阅者、编辑和读者评估论文的价值及水平提供了客观依据。

（二）标注贡献

著录参考文献能方便地把论文作者的成果与前人的成果区别开来。论文报道的研究成果虽然属于论文作者,但在阐述和论证过程中免不了要引用前人的成果,包括观点、方法、数据和其他资料,若对引用部分加以标注,则他人的成果将体现得十分清晰。这不仅表明了论文作者尊重他人的劳动,也免除了抄袭、剽窃他人成果的嫌疑。

（三）避免重复

著录参考文献可以节省论文篇幅。论文中需要表述的某些内容,凡已有文献所载者不必详述,只在相应之处注明文献即可。这不仅精炼了语言,节省了篇幅,还避免了一般性表述和资料堆积,使论文容易达到篇幅短、内容精的要求。

（四）建立索引

著录参考文献能起到索引作用。读者通过著录的参考文献,可以方便地检索和查找有关图书资料,以对该论文中的引文有更详细的了解。著录参考文献有助于科技情报人员进行情报研究和文摘计量学研究。

参考文献的标注经常被人忽视,特别是初步入门的科研人员,他们甚至将参考文献的标注工作看作一种负担。其实,合理的引用是学者必备的科学素养。现代科学是建立在前人研究基础之上的,科学论文中的任何论述都需要论据支持。论据可以是作者自己的研究或者观测,也可以是公众认可的常识,还可以是他人的研究,而论述他人的研究或者常识的行为就是引用。合理的引用可以增加文章的严谨性、客观性和可信度。另外,在大数据时代,建立科学论文与其他论文的关联,不仅可以成为他人进行科学研究的参考资料,还可以方便读者寻找类似的研究或者论文中的方法细节。合理的引用能够构建文献的索引网络,增加论文的显示度和影响力,科学评估中的期刊被引次数、影响因子以及作者的 H 因子都会受此影响。图 2-11 展示了研究论文的索引网络关系,由此可以看到论文的影响力、学术广度和深度都可以通过索引关联得以体现。

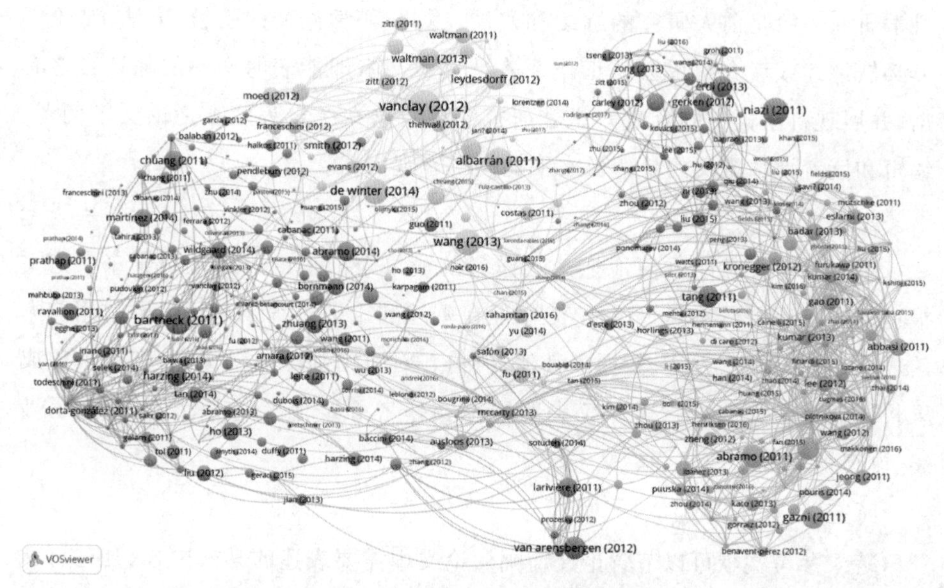

图 2-11　科学论文的引文网网络

来源：VOSviewer①，经许可转载

二、 参考文献的格式

在正文中引用参考文献的地方加一个标记，称为参考文献的标注。标注是指在科学论文的文字中插入的标识编码，常用的标注方式分为顺序编码制和“著者＋出版年”制两类，而参考文献是论文中使用的所有引用文献的详细列表，可以按在文中出现的先后或者作者姓氏排列。

参考文献一般这样标注：文中标注参考文献编码或标识，文章末尾添加参考文献列表。参考文献常用的格式有温哥华格式（数字编码）和哈佛格式（著者＋年份）。温哥华格式在物理学和医学界使用较多。参考文献用数字 1，2，3，…标记，数字设置为上标，放置于括号中或者两者结合，例如，“(1)”或者“1”，或者“[1]”，参考文献列表按首次出现的顺序排列。而哈佛格式在社会与经济类期刊中被广泛使用。其使用方式如下：文内注用“著者＋年份”的格式标记，而参

① https://www.cwts.nl/blog?article=n-r2r294.

考文献列表按作者姓氏的首字母排序。如果同一作者在某年发表了多篇文章，则按首次出现的顺序额外加入字母标记，比如，作者甲 2020a、作者甲 2020b，以此类推。中文出版物可按姓氏拼音或者笔画排列。如果参考文献是书籍等大篇幅文献，还要额外标识章节或页码。详细的参考文献格式见附表 1-1。

（一）温哥华格式

在温哥华格式中，标注单篇参考文献时用[1]，标注多篇参考文献时用[1,4,7]，或者连续标注[1-3]。如果文内注出现在句子的开头，则作为主语或者宾语成分与其他文字形成完整的句子，须符合行文的语法习惯。一般这样标注：Rich *et al*. [1] find that...如果是中文，则用“张等人[1]发现……”。而参考文献列表按照一定的格式标记，比如：编码. 著者. 篇名(可选). 刊名. 出版年份，卷号(期号)：起止页码(或论文编码)。注意：中文的参考文献格式常用点(.)分隔参考文献的元素，而英文则常用逗号(,)或者分号(;)分隔。

由于在数字化时代，研究人员阅读期刊只需下载电子版即可，所以页码索引的意义远不如纸质期刊重要，因此很多期刊改用论文编码替代起止页码。这样每一篇论文重新编码页数，即每篇文章用 1、2、3、… 编排页码，但是各有自己的论文代码。比如 *Astrophysics & Astronomy* 用 L21 表示该期刊的第 21 篇快报，用 A32 表示第 32 篇研究性论文。这样，参考文献的格式就可以利用论文编码代替了。

（二）哈佛格式

在哈佛格式中，这样标注单篇参考文献：“Zhang *et al*. 2015”；这样标注多篇参考文献：“Zhang *et al*. 2015，2019，Pascoe *et al*. 2012。”如果引文出现在句子的开头，则文内注(整体式引用形式)这样标注：Liu et al. (2015a，2015b) find that...而参考文献列表格式跟温哥华格式一样，不同之处在于编码数字被“著者＋出版年”替代。

不同的期刊要求略有不同，但都是基于以上两种格式的延伸或者变化。期刊、书籍、毕业论文以及其他参考资料的格式可参考附表 1-1。读者也可以借助在线工具辅助整理参考文献格式，比如 Cite This For Me[①] 可以根据用户

---

① https://www.citethis forme.com.

录入的信息规范引用格式，用户可以直接复制到文内使用。用户也可以利用 Cite This For Me 将网络资源、书籍、多媒体等参考资料整理成规范的引文格式。

三、 参考文献著录的原则与方法

（1）著录刊载原始研究或者观点的参考文献。著录的文献须精选，对于重要观点或者研究须引用最重要或者最原始的研究，而不是综述或者其他复述该成果的文献。通常这些文献作者均阅读过并理解文章的观点。

（2）只著录公开发表的文献。公开发表是指在国内外公开发行的报刊或正式出版的图书上发表。在供内部交流的刊物上发表的文章和内部使用的资料，尤其是不宜公开的资料，均不能作为参考文献引用。一些特别权威的人物未发表的研究或者判断经由他们本人同意也可以作为依据，比如仪器设备的负责人，可以标注为“T. Johnson，private communication”。

（3）引述论据必须准确无误。引用论文时不能过度解读其结论，也不能有偏差地阐述参考文献的观点。这就要求作者要阅读原始文献，并理解其研究成果和重要观点。

（4）采用规范化的著录格式。关于文后参考文献的著录格式已有国际标准和国家标准，论文作者和期刊编者都应熟练掌握，严格执行。中文文献写作可参考国家标准《信息与文献参考文献著录规则》(GB/T 7714—2015)，而英文参考文献标准可参考附表 1-1。

第十节 可视化元素

可视化元素(visual element)是指期刊论文的图形(figure)、表格(table)或者动画(animation)等浮动元素(floating object)。可视化元素是对大量数据信息的非文字呈现，是论文思路的场景式凝练，必须跟论文的文字建立佐证和思辨联系。另外，可视化元素必须完整自洽，让读者能够脱离文章而独立理解其展现的意义，而且该意义必须科学、简单、明确。

可视化元素在论文中的位置不要求固定，但是文字一定会提及并指向该元素（交叉索引）。可视化元素的总原则是：可视化元素能够让读者脱离文字而独立理解其中的内容，而论文须按首次出现的顺序描述每一个可视化元素，行文逻辑符合语法要求。本书第四章将详细讲述图表等可视化元素的应用。

第三章

常见的科学文体

学位论文是学位申请者对所学知识和所做科学研究的考核性总结。

技术报告是对于科技主题的调研性或者总结性报告。

科学海报是科学研究与美学的结合体。

第一节 学位论文

一、学位论文概述

学位论文是学位申请人为了获得专业学位或资质而提交的介绍其学习研究期间研究和发现的论文。学位论文根据所申请的学位等级分为本科论文、硕士论文和博士论文，英文称为 thesis 或者 dissertation。Thesis 一般指本科或者硕士研究生所撰写的毕业论文，而 dissertation 一般专指博士学位论文。学位培养方案里所说的毕业设计是指为了准备学位论文而开展的研究工作。理工科专业一般要求做一定的原创性科学研究，而社会科学类专业要求做一定水准的户外调查或者调研。

毕业论文是学生攻读学位期间的总结性作业，一般也是原创性研究的总结。其写作目的在于总结专业知识学习的成果，同时培养学生综合运用所学知识解决实际问题的能力，考察学生对专业基础理论的掌握程度。它是毕业生专业素质高低的标尺之一，也是决定能否授予学生相应学位的标准。毕业论文的写作训练有助于提升学生各方面的综合能力，培养学生发现和解决问题的意识和能力。无论学生以后是否从事科学研究，它都将为学生职业能力的提高提供基础支持和强劲的动力。

各高校对毕业论文的要求不尽相同，但是学位论文代表学位申请人在攻读学位期间的专业知识积累和汇总，也就意味着申请人须对本专业的学科背景和本研究领域的前沿知识进行深度学习，从而掌握扎实的知识；同时要求申请人具有一定的原创性研究成果，这就要求申请人须开展科学研究并获得一定的成果。

学位申请人在最终提交学位论文进入毕业答辩环节之前，一般须经过学位答辩委员会的 2～3 次审查：开题报告—中期报告—毕业答辩。开题报告要求学生充分调研本学科前沿领域，明确待研究的问题和研究方法，制订合理的研究计划和论文写作计划。中期报告则要求学生已经熟练掌握研究方法，并取得一定的进展，同时汇报科学研究是否按计划进行，预计能否如期完成学位论文。如果遇到问题，是否具备应对方案，是否需要调整研究课题。毕业答辩则需要展示取得的研究成果，是否验证或者否定了早期的假设，是否取得了计划之外的研究成果等。硕士论文和博士论文需要额外展示已经公开发表的期刊或者会议论文。

值得注意的是，有些科学研究没有证实其他科学家的假设或模型，因此学生会感觉进展不顺利甚至是失败。但是，只要研究方法合理，研究思路科学且严谨，能够否定其他科学家的假设，就是有效的科学研究，可作为学位论文参加答辩。

二、 学位论文的种类

学位论文一般分为三类，即学士学位论文、硕士学位论文和博士学位论文，分别对高等教育中本科生、硕士研究生和博士研究生所申请的学位进行考核。通过毕业答辩之后，学位申请人将分别获得学士学位、硕士学位和博士学位。

不同层级的学位论文对学生的要求各有不同，其专业度和学术水平随着学位的进阶越来越高。

学士学位论文要求本科生已较好地掌握本门学科的基础理论、专门知识和基本技能，具备从事科学研究工作或担负专门技术工作的初步能力。这就意味着，“科学研究的过程”本身是本科生学习和初步了解科研的重要因素，并不一定要取得原创性成果。

硕士学位论文则要求硕士研究生掌握本领域的前沿知识，掌握科学研究的方法和手段，获得一定的原创性知识。所以，在硕士阶段，研究生须在本学科的前沿领域从事科学研究，掌握本领域的科学研究方法，并且需提出并解决前人没有探索过的问题，以满足先进性和原创性等条件。如果成果水平较高，则可在学术期刊上发表该成果。很多高校要求学生在国内外重要期刊上发表一或两篇学术论文作为毕业答辩的前提条件。

博士研究生则必须掌握先进的科学研究方法，全面了解本学科的前沿领域，具备独立从事科学研究工作的能力，在关键科学领域取得重要的原创性成果，并且以一定的形式获得同行的认可。同行认可一般指在学科领域的重要期刊或者会议上发表论文，或在国内外重要会议上发表演说或进行展示。

三、学位论文的特征

一般来说，不同层级学位论文的要求主要体现在研究周期、选题、学术贡献、知识深度和独立研究能力等方面。

（一）研究周期

本科毕业设计的项目周期为3～6个月；硕士毕业论文的项目周期为6～18个月；博士研究生的研究周期为2～5年及以上，最长可达5年或8年。

（二）选题

学士学位论文的选题一般由导师指定，必须是一个独立的小项目，毕业设计期间能够执行完毕，可以具备一定的创新性，也可以是对知识的再次探索，是利用科学严谨的方法探索科学成果的过程。

硕士学位论文的选题必须具备一定的原创性，须是相对完整的研究主题，研究生从事科学研究阶段能完成并且取得一定原创性的成果。研究方法或者研究内容两者或者其中之一须是原创，可以利用新方法验证已经被证实的结果或者利用已经存在的方法探索新的方向，或者两者兼备。研究成果须有所突破，具备发表在学术期刊上的潜力。

博士学位论文的选题须定位在特定的学科领域。博士研究生的研究可以分解成独立的课题分阶段完成，这些课题项目须紧密相关且相对独立，在学科领域内有所突破，并且必须完成项目后发表期刊论文或者会议论文，或在国内外重要会议上展示。

（三）学术贡献

本科毕业设计须完整地按照设定的研究方法从事科学研究并获得预期的结果，科学项目可以是对已经存在的项目的重复，也可以进行小的改进，还可以有重要的成果。但是后面两种情况是属于优秀学士学位论文的进阶研究，而非基础要求。

硕士学位论文须通过具有原创性的研究获得一定的研究成果，优秀成果可以在领域内的期刊上发表或者申请国家专利实现商业化。研究成果的原创性一般由毕业论文答辩委员会评审。一些高校则将硕士研究生在读期间发表期刊论文或者申请发明专利作为毕业的前提条件。

博士学位论文须开展高度原创性的研究，在现有知识的基础上具备原创性突破，研究内容取得重要的原创性成果或者能够推动领域的发展。高校一般要求博士研究生在读期间发表一定数量的会议论文或者期刊论文，作为科学界认可的标志。

（四）知识深度

学士学位论文要求学生正确掌握与毕业设计课题相关的知识，并可以正确应用于科学研究或者技术研发领域。所谓的"正确掌握"，就是要求本科生学会科学研究的过程。

硕士学位论文要求学生掌握本领域的基础知识和系统的专业领域，也就意味着硕士研究生需要掌握本领域先进的研究方法，能够在导师的指导下正确且完整地从事本领域前沿的科学研究。

博士学位论文不仅要求学生掌握本领域内系统的基础知识和深度的专业知识，还需要在原有的知识体系中具有新的发现或者突破。

（五）独立研究能力

本科生须在导师的指导和帮助下完整且正确地完成科学研究，并且锻炼从事科学研究的过程和逻辑思维；硕士研究生须在导师的指导下独立完成相关的科学研究任务，且具备一定的探索发现能力；博士研究生要求逐步具备独立从事科学研究的能力，并且能够发现新的研究方向，取得一定的研究成果。

（六）学位论文的特征

通常情况下，学士学位论文的字数为8000～15 000字，篇幅20～50页，对于原创性要求不高，只要求毕业论文结构合理且正确规范。硕士学位论文的字数应在30 000～40 000字，篇幅为40～100页，而原创性成果应占篇幅的30%～50%。博士学位论文的字数应在50 000～80 000字，篇幅为100～300页，原创性工作内容须达到篇幅的50%～80%或者更高。三类高等教育的学位论文要求如图3-1所示。

学士论文类型	其他名称	英语名称	对象/学位类型	原创性内容	字数/篇幅
学士学位论文	毕业设计 综合论文训练	Bachelor's thesis	本科生/学士学位	无要求	8 000~15 000字 20~50页
硕士学位论文	硕士论文	Master's thesis	硕士生/硕士学位	30%~50%	30 000~40 000字 40~100页
博士学位论文	博士论文	Doctoral dissertation PhD thesis	博士生/博士学位	50%~80%	50 000~80 000字 100~300页

图 3-1 学位论文的类型与要求

四、学位论文与期刊论文的区别

首先,二者的写作目的不同。期刊论文公开发表定型的原创性知识或汇编的系统性知识,是学术研究与人类知识的实质性存档。按照目标期刊要求,有字数和格式方面的限制,篇幅相对于学位论文来说较短,须通过同行评审和期刊编辑审核。毕业论文的写作目的在于培养学生的科学研究能力,总体上考查学生阶段性学习所取得的成果。学位论文是衡量学生是否符合该学位要求的重要依据,在一定程度上决定了该学生是否能通过毕业答辩并被授予学位。

其次,原创性要求不同。期刊论文是学术研究的主题式总结,代表原创性知识的发表和认定。学位论文是学习与研究的阶段性总结和考核,要求展示学生对本领域专业知识的熟悉和理解状况,掌握业内重要的研究方法,获得一定的科学结果,代表学业与研究工作的学位毕业总结,其研究工作可以包含期刊发表的论文与其他未发表的研究。但是须注意,无论是学位论文还是期刊论文都属于正式出版物,所涉及的著作权、专利和保密事宜均须考虑申请顺序,特别是学位论文的内容需要申请专利,发表为会议或者期刊论文。另外,学位论文中的图片、数据和相关程序均须考虑后期版权和专利权事宜。一般来说,学校和科研院所允许学位论文中的图片和数据再次发表为期刊或者会议论文,反之则不可,因为期刊和会议论文一般都需要作者转让版权给出版社。

最后,面对的读者群体和评委不同。期刊论文的读者是科研同行,评审工作由编辑和匿名审稿人完成。而学位论文的读者可能是同专业的学生,由于学位论文一般会在期刊或会议论文集中出版，科研同行会首先搜索这类原创性的文献，其次才是阅读学位论文，所以学位论文对于科研同行的重要性较低。学位论文的评审人是导师，然后通过学位答辩委员会的书面和会议评审即可，属于资质评审。

五、 高等教育的学位

现代高等教育越来越趋向国际化，所颁发的学位逐渐脱离中世纪宗教的影响，也越来越趋同于相似的体制。综合性大学一般授予三种级别的学位：学士学位、硕士学位和博士学位。

学士学位(bachelor's degree)需要本科学生通过 3～4 年全日制的课程学习，完成毕业设计，提交学位论文，并通过学位委员会的答辩。通常学士学位分为文学学士学位(bachelor of arts，B. A.)和理学学士学位(bachelor of science，B. S.)。文学学士一般授予人文科学和社会科学的本科毕业生，而理学学士一般授予传统的理工科本科毕业生。当然也有专业性学士学位，比如工程学学士(bachelor of engineering，B. E.)、建筑学学士(bachelor of architecture，B. Arch.)和医学学士(bachelor of medecine，B. M.)等。本科学位获得者可以申请更高阶段的研究生项目，即硕士研究生和博士研究生。

硕士学位要求硕士研究生接受 1～2 年的全日制课程学习，完成毕业论文并通过学位委员会的答辩。所授予学位跟学士学位的分类相同，一般分为文学硕士学位(master of arts，M. A.)和理学硕士学位(master of science，M. S.)，分别授予人文科学及社会科学和理工科硕士毕业生。常见的专业性硕士与本科相同，另外一个常见的硕士是工商管理硕士(master of business adminstration，MBA)和公共管理硕士(master of public administration，MPA)。根据硕士的学制长短一般分为授课型硕士(taught master)和研究型硕士(research master)，课程体制分别为 1～2 年。哲学硕士(master of philosophy，M. Phil.)的课程最长，可达 3 年，一般要求参与研究工作并且发表科学论文。我国的硕士体制一般为 2～3 年，分为专业硕士和学术硕士，在培养方案上分别以职业应用和学术研究为导向，均须通过学位论文答辩，才能获得硕士学位。

哲学博士(doctor of philosophy,Ph. D或D. Phil.)为绝大多数国家高校可以授予的最高学位。博士学位获得者须作出有独创性的研究,将研究结果写成学位论文,并通过论文答辩。哲学博士并不是指博士生须攻读哲学这一门学科,而是由于历史原因沿用哲学这一名词,哲学博士是博士的统称。博士学位一般在细分领域授予,比如物理学博士称为doctor of philosophy in physics。

六、学位论文的结构

学位论文的主体结构与期刊论文比较类似,因为二者都是报道科学研究的文献。但是期刊论文针对的读者是科研同行,写作时默认他们都懂得该领域较为高深的知识,一般都是同领域或相近领域的博士研究生、博士后或者资深专家,所以期刊论文的读者可以通过参考文献以及他们自身多年的研究积累获得期刊论文的基础知识。但是学位论文不能作此假设,因为其本身是提交给学位论文评审委员会评审的考核性文献,须完整地叙述本领域的基础知识和研究背景,撰写比较全面的引言(或绪言),以便读者深入理解学位申请人的研究项目,然后再分章节介绍研究方法、结果和结论。另外,学位论文须建立完整的知识结构,所涉及的图表、专业术语和缩略语以及论文结构目录等须建立完整且合理的交叉索引。

国内不同高校对毕业论文的要求均不相同,但是学位论文的写法须符合中文学术写作的要求,其具体结构如下:

(一)论文封面

学位论文一般包含带有学校名称和学位论文种类标识的封面,信息内容包含了标题、学生姓名、导师姓名、学科、答辩日期、学位授予学校等。这些信息一般为图书馆和档案馆归类存档所用。如果学生或者导师在准备毕业论文时出现了学术不端行为,那么学位论文也是学校纠察违规行为的重要依据。

(二)摘要

中国的学位论文摘要和关键词一般包含中文和英文两个版本,并分页独立排版。关键词是标记学位论文主题内容的重要词语或词组,是论文索引所找寻的关键词汇。所以作者应当正确合理地标记学位论文的关键词,这样其他研究人员便可以通过数据库精准地搜索该文献。

（三）目录

目录是学位论文区别于研究性期刊论文的重要模块。学位论文应当像书籍一样罗列论文中的所有章节内容，这是对论文基本架构的概括性提纲，应包括所有章节的标题与小标题及其页码，一般罗列章、节和小节三级标题即可。另外，学位论文中的中英文摘要、图表索引、参考文献、致谢、附录等内容也应列入目录。

（四）图表目录

论文中的图形和表格需要独立组合成图表目录。目录中罗列图形的编号和图注，同时标记图形所在的页码；表格也须作同样的处理。图表目录在Word软件中比较难处理，因为这需要将所有的图表制作成交叉索引并添加超链接，然后可以利用宏操作插入图表目录。但是在LaTeX文档中，加入目录和图表目录则非常容易，只需在合适的位置加入一句代码即可。使用\tableofcontents、\listoffigures和\listoftables命令可以分别生成章节目录、图形目录和表格目录，如需调整参数格式，读者可以查找相应的命令参数设计。

（五）引言

引言，又称绪论，在某些领域也称为文献调研，是介绍研究背景的章节。第二章第五节引言中所述期刊论文的基本原则和结构仍然适用学位论文，即由科学背景—同行研究—待解决问题—本研究的方案四部分组成的漏斗形结构。但对学位论文来说，期刊论文引言结构中的科学背景应该替换成学科背景，即介绍本学科的基础知识，而非研究背景。因为后续的原创性研究部分中，每章对应一个相对独立的科研项目，而每章的第一节则介绍研究背景。因此，学位论文的引言应当介绍大学科背景，为后续科学研究做铺垫。

（六）研究方法

学位论文的主体部分一般由独立的科研项目组成，这些研究项目会归纳为论文的独立章节，而且会运用多种研究方法。实验设备、样本制作、光谱测试、数据采集、数据分析等应提炼成研究方法的章节做详尽的介绍，可按照一定的逻辑和关联性组合成1～2章。每章的次标题则分别介绍毕业论文中所用到的研究方法，须按照一定的逻辑和关联性有效组合研究方法，而后续的科学项目部分则无须再介绍研究方法，可直接按照讲述故事的原则描述各自的科研项目、研究成果和科学结论。

（七）科学项目

为了准备学位论文，毕业生须完整地执行 1 个或几个研究项目。一般来说，本科生只需完成 1 个完整且独立的研究项目即可，硕士研究生须完成 1 个或 2 个完整的项目；博士研究生须执行完 3 个或 4 个科研项目，至少公开发表 1 篇或 2 篇期刊论文。这些研究项目就是学位论文中科研项目的章节，一般来说，一个研究项目写作成一章，当然如果两个项目的关联性很强，可融合为一章。

这些科研项目的研究方法部分整合在学位论文的研究方法章节做普适性介绍。但是，该方法如何应用到科学项目中，需要在科学项目的章节做简单而有针对性的讲述。所以，科学项目的章节与期刊论文的写作类似，一般包含引言、方法、结果和结论四部分，具体的写作思路可参考第二章。

（八）总结与展望

总结与展望部分可以用简单的语言概述性地描述学位论文的选题由来、研究方法、研究成果和结论。

该部分开头可以先用一段话回顾引言所描述的研究问题，以及研究的目标；接着讲述本论文如何分析问题，如何开展研究，获得了怎样的结果；然后讨论本研究获得了哪些结论，可以把研究结论凝练成几个要点；最后指出论文的研究和贡献如何解决了学科领域内的关键科学问题，以及其理论意义或者应用前景如何。

正如图 3-1 所示，学士学位、硕士学位和博士学位的要求不同，要点的表述方式也有所不同，可以按照如下要求展开：

(1) 对于学士学位论文而言，没有要求包含原创性内容，可以介绍本论文做了哪些研究，得到了什么结果，用 2～4 条要点总结即可。

(2) 对于硕士学位论文而言，主要介绍所做的科学研究结果和主要贡献，可以总结为 3～4 条要点。

(3) 对于博士学位论文而言，其原创性工作和创新点要求很高，一般需要在期刊论文上发表重要的科研结果，所以可用 3～5 条要点总结其主要结论。

展望即预见本论文可拓展的后续研究或者本研究待完善的部分。展望是批判性和预测性文字，是作者与读者以及其他可能基于本论文从事后续研究的人所进行的一次交流，告诉读者本研究的实验方法或者科学思路存在哪些欠缺，哪些科研可以进一步完善本研究。展望部分可以包括以下内容：

(1) 本文解决了什么问题，结论可能有哪些局限。

(2) 应该如何完善或补充后续工作。

(3) 本文所涉及的重要且待完善的科学问题。

(4) 本文可能发掘了哪些新问题。

(5) 结尾可以适当畅想问题解决了会带来什么，激励并启发后来的研究人员。

（九） 参考文献

学位论文的参考文献须整合学位论文的所有参考文献，其引用的原则和方法可参考第二章第九节。

七、 论文查重

科学论文的写作过程中一定会参考同行的研究，作者应当理解参考文献的研究思路、研究方法和研究成果，然后再组织自己的语言改述(paraphrase)参考文献的内容，形成严谨的科学思路和流畅的行文风格。规范的引用和独立的语言一般不会被判定为剽窃和抄袭等学术不端行为。

近几年来，各高校非常重视学术道德教育，并制定相关的文件制度，开设学术道德教育讲座，但是在制度的执行和学术道德系统教育方面还难免缺乏严谨，使高校学生入学后在学术道德养成方面缺乏系统、严格的指导和培训。学校管理者包括导师一般比较注重培养学生的科研能力和研究成果，而忽视学生的职业道德与学术道德教育。即使开设相应的教育课程也不够深入，没有从心理和道德层面上引起学生对学术道德的重视，也没有将学术道德作为学术研究的底线固化到学生的思想和学术行为中。很多学生没有得到系统的学术规范指导，不清楚哪些行为属于学术失范和如何界定学术失范行为，容易发生学术道德失范行为。此原因造成的主要失范行为包括：在引用他人研究成果时，粗制滥造、弄虚作假、随意添加、伪造参考文献；盗用发表别人材料上的文字或概念，故意省略对他人成果引用的事实，剽窃他人成果；篡改他人学术成果；捏造事实，伪造调查数据；在项目申请、成果申报以及职位申请中做虚假的陈述；等等。

我国高校一般会严格审查毕业论文之类的正式出版物，检查毕业论文的语言文字与数据库内期刊论文和学位论文文字之间的重复率，即进行论文查重。论文查重系统，即学术不端行为检测系统，是为了应对学术论文不端行为而推出的检测系统，可以监测学位论文剽窃、篡改、一稿多投等学术不端行为。

目前国内应用较为广泛的查重系统有 CNKI 知网科研诚信管理系统、万方数据文献相似性检测系统、Gocheck 论文引用检测系统、维普论文检测系统等。而比较权威的英文查重系统为 Turnitin 检测系统。在论文查重阶段，学生可以自行修改论文以降低重复率。如将重复率过高的论文提交，可能会导致学生延期毕业甚至退学。

如果严格按照学术写作的原则，将参考文献的内容改述为学位论文的内容，则很少被判定为抄袭或者剽窃。如果存在一定的重复率，不能通过学校的论文查重审查，则学生须修改论文以降低重复率。符合学术规范的降重方法包括以下几种。

（一）语句重组法

此方法即理解语句的句意，然后按照作者自己的理解重新组织词汇改写语句。应保持语义相同，尽量不用原来的词汇。

（二）结构调整法

调整语句的结构，既可以将语句前后调整，又可以将主动和被动语态互易，增加连接词，替换一些关键词。

（三）扩句法

将短句修改为长句，即将语句的意思适当拓展和衍生，更加详细地描述原理和现象。比如，原理性语句中增加案例，事实描述的语句后面增加总结性语句等。

（四）缩句法

删除长句中的形容词、副词和无关紧要的词汇，将原长句缩短成短句，但须保留原句的语义。

（五）分解法

将文章中的长句分解为若干短句，也符合学术写作的原则。应尽量用简短的语句和语法，而非太多复杂的句型。

八、阶段性报告

在学位论文的整个准备过程中，各高校规定学位论文评审委员会全程指导并监督科学研究的可行性、执行进度和研究质量。通常该行为由一系列正式的汇报组成，一般分为开题报告、中期报告和毕业答辩三部分。博士学位论文一般按照流程开展，有些高校要求博士生额外提交年度报告，无须经过正式的口头答辩，只需 1 名或 2 名校内专家审核通过即可。

（一）开题报告

开题报告是学位申请人完成文献调研后撰写的关于学位论文选题和实施方案的论证性报告。其主要作用是论证论文选题的科学性、研究方案的可行性和研究计划的合理性，即向学位委员会证明本论文的研究课题具有一定的原创性，本人调研了可行的研究方法，并制订了合理的研究计划，能够顺利实施并且完成学位论文，达到学位的基本要求。

一个清晰的选题往往已经隐含了学位论文的基本结论。学位论文的开题报告实际上就是一份完整的研究背景和文献调研，用于介绍研究方法，制订执行方案，论证实验条件，预测可能的困难及解决方案。其重点是论证学位论文选题的可行性，建立科学合理的研究思路，而完善的科学背景和文献调研可以成为学位论文的绪论（引言）章节。所以，无论高校如何规定学位论文开题报告的结构和章节标题，开题报告基本遵循如下结构：课题名称—科学背景—文献综述—论文选题—执行方案—可行性分析—预期成果。

1. 课题名称

课题名称[①]是用一句话总结开题报告以及学位论文研究的内容。课题名称应该符合项目管理的 SMART 原则（参考第七章），即须明确化（specific）、可量

① 随着研究项目的深入和细化，课题名称可以作适当的调整，不是一成不变的。

化(measurable)、可实现(achievable)、相关性(relevant)、时限性(time-bound)。这样才能达到学位论文作为科研项目的基本要求,即在规定的研究周期内实现明确的科学目标。

课题的名称不应太大或者太宽泛,选一个小的题目入手,容易集中笔墨,展开论述,而不至于顾此失彼。很多学生在论文撰写初期并不明确课题的研究内容,往往采用比较宽泛的研究方向作为题名,这样一来很难驾驭,二来题目跟明确的研究内容不符,而且会导致下一届学生很难命名选题。另外,学位论文的题目名称须准确、规范。其中,准确就是课题的名称要把课题研究的问题是什么、研究的对象是什么交代清楚;规范就是所用的词语、句型要规范、科学。

2. 科学背景

开题报告的科学背景无须完全与学位论文相同,可以从更小的研究主题开始。学位论文的科学背景须从大学科背景着手,逐渐细化到研究主题背景。而开题报告则从研究主题的科学背景开始,逐渐细化到研究项目。

例如,"太阳高层大气"属于大学科背景,"太阳等离子体加热"属于研究主题,而"日冕环中交流加热机制"则可作为研究项目。如果是学位论文,科学背景则须从"太阳高层大气"开始论述,逐渐细化到"太阳等离子体加热"这一主题,然后再细化到"日冕环中纳耀斑加热机制"的问题。而开题报告无须从大学科背景开始,只需以"太阳等离子体加热"研究主题为科学背景,细化到"日冕环中交流加热机制"作为本项目需探索的关键科学主题即可。

3. 文献综述

文献综述主要调查领域内同行对于类似问题的研究,分析其他团队的研究结果及研究现状与趋势,探索本课题与其他研究的联系和区别,指出其他研究没有覆盖的方向或者研究的欠缺之处,从而引申到本课题的研究方案和可能的成果。

4. 论文选题

论文选题就是阐述论文课题的研究目的和科学意义,明确课题项目的科学目标。首先,分析本项目如何应对文献综述中所讨论的研究领域的欠缺或者空白。讨论研究项目的创新性,阐明研究该课题的意义和研究价值,以及如何解决科学问题或者具备怎样的应用前景。确认课题项目的创意点,从而凸显本研究的特色或突破点。其次，明确课题项目的科学目标，通过本研究期望实现怎样的科学目标，可以分2～3点展开罗列。

5. 执行方案

执行方案分为三部分：研究内容、研究方法和研究计划。

首先，明确研究内容。研究内容须按照科学目标确定，任务目标须非常明确且相互独立，一般分解为更小的工作包。本科毕业设计可分解为1～2个工作包；硕士项目可以分解为2～4个独立的工作包，可以组合成1篇或2篇期刊论文；博士项目则须由3～5个独立可发表的项目组成，须符合3～5篇期刊论文的研究内容。

其次，制定研究方法。根据研究内容制定研究方法，明确完成研究内容所需的步骤和实验内容。很多学科的研究方法不是很明显，须根据研究内容发掘，且总结成显性的研究方法，这也是很多专业人士容易忽略的问题，因为很多步骤对他们而言是想当然的事情，然而对于外行或者领域内其他人员而言则须十分明确。

最后，规划研究计划。按照研究内容分解成的工作包和研究项目的时间周期规划项目进程。本科论文一般为3～6个月，须按周次制定；硕士项目周期为6～18个月，可按月份或者季度规划项目进程；博士项目周期为24～60个月，可按半年安排项目进程。

6. 可行性分析

可行性分析是指分析毕业设计作为科学项目的可行性。一般分析课题组的实验条件和设备，前期的研究积累(论文、专利或者设备研发等)，所掌握的技能和手段，已有的实验材料、数据或程序，预测可能的困难及应对方法，能否在固定的研究周期内实现科学目标等。

7. 预期成果

预期成果一般由中间成果、可交付成果和附属成果三部分组成。中间成果是在项目执行中所完成的成果，比如搭建或研发的实验设备、程序代码、实验数据等。可交付成果须是比较正规且被外界认可的成果，可以是会议论文、发明专利、期刊论文、可交付产品、技术报告、书籍等。附属成果可以是会议报告、学生培养、科普成果、获奖情况等。

（二）中期报告

中期报告主要考核学生的项目进展情况，所以学生的中期报告须突出以下几个要点：①本人已经完全理解科研项目的意义和目标；②本人已经熟练掌握研究手段；③本项目是否进展顺利或者是否需要调整；④本项目能否如期完成。这就要求学生须对研究项目的科学意义和同行研究有一个完整且清晰的了解，熟练掌握研究方法，并且已经取得了一定的进展，确保项目能够如期完成。

中期报告一般包括：①课题简介。该部分需要简要概述课题的起源、研究目标和研究内容等。②研究情况。建议按照时间顺序或者内容版块有条理地介绍研究工作的开展情况，有主次地陈述目前的实验过程中做了什么以及是怎么做的。③已完成的内容。客观地阐明本课题项目已经完成的研究内容、达成研究目标的情况；简要说明已经形成的基本观点，以及已经或者将要产生的客观效果。④后期计划或调整。该部分主要客观地讨论前期研究工作中面临的困难如何解决，接下来的研究思路如何调整，以及后期的研究活动怎么安排等。

（三）毕业答辩

毕业答辩是对学生攻读学位期间所掌握的基础知识、科学研究的方法和技能、对科学问题的研究和探索过程，以及所取得的科研成果等方面的整体考核。

毕业答辩是一种有组织、有准备、有计划、有鉴定且正规的审查论文的重要形式。为了准备毕业答辩，答辩委员会和答辩者（即学位申请人）要做好充分的准备工作。毕业答辩需要汇报的内容是毕业论文的所有章节，包括：①科学研究的背景和意义；②研究方法和手段；③研究结果和结论；④可交付的成果——专利、论文、产品、软件或代码等。

毕业答辩的汇报内容就是毕业论文的所有内容，但是答辩过程中，答辩委员会可以考查学生对基础知识的掌握程度、对研究方法和手段的熟悉程度、对科学研究的意义和目的的认识，以及是否能够评估研究的影响力等内容。学生需要明白，自己并不需要完美地回答所有问题，只要给出合理的答复即可。对于一些拓展性或者开放性问题，可以选择不回答、巧妙回避或者答复“不知道”，这样也不会影响答辩结果。答辩委员会考核的是学生答辩的整体表现，而非对所有细节的掌控，这样可以确保毕业论文的真实性和科学性。

第二节 技术报告

一、技术报告的定义

技术报告是一种以清晰、简洁的形式表达技术信息的正式报告,或描述一项技术研究的结果或进展,或是一项技术研制试验和评价的结果,或是论述某项科学技术问题现状和发展情况的文件。美国技术传播协会(Society for Technical Communication)将技术报告归纳为以下几类:①关于技术或专门的主题,例如计算机应用程序、医疗流程或环境保护法规;②使用纸质文档或技术手段传播咨询,例如,网页、帮助文件或社交媒体网站;③提供技术性业务的指导说明。

技术报告能够使研究人员快速获取科学研究领域的新进展。技术报告有多种写作目的,常见的目的有:①汇报研究项目的进展或结果;②作为潜在或关键研究主题的背景资料;③为技术产品或工艺提供技术指导或操作步骤;④进行技术的可行性分析或决策是否继续研究;⑤详细汇报技术细节(材料、功能、特征、操作、市场潜力等)。

技术报告一般呈送科学技术工作的主管机构或科学基金会等组织,或主持大型研究项目的人员等。科学技术报告中应该系统地提供项目进展中所需的信息和数据,可以包括正反两方面的结果和经验,以便有关人员及读者判断和评价,还可以对报告中的结论和建议提出修正意见。所以,技术报告的写作应当根据读者的种类和层次调整语言与写作风格,同时也要考虑汇报部门呈送给其他部门的第二类读者。

技术报告的写作方法既不同于实验报告,也不同于一般的科技论文。它具有以下特点:①系统性,即技术报告是对研究或研制工作进行的系统而全面的总结。②综合性,即一是指将各项研究有机地组成一个整体,二是指对研究成果进行综合介绍。③对比性,即须全面比较国外同类技术。撰写技术报告须符合的基本原则和要求是：实事求是，科学严谨，逻辑性强，观点鲜明，技术用语规范，数据准确可靠，计量单位统一且符合规范，图表清晰等。

举例来说，美国国家航空航天局（NASA）汇编了很多技术报告，为支持其航空宇航方面的任务和研究而专门设立了科学与技术信息项目，其目的是支持航空宇航知识的进步，保持美国在航空宇航领域研究与发展的竞争力。此项目还帮助 NASA 分析科学与技术信息，避免重复性研究或调研，提升了 NASA 在航空宇航产业与教育方面的影响力。其技术报告的格式与写作风格可作为重要参考①。美国国会图书馆存档了美国主要部门的 500 多万份技术报告②，感兴趣的读者可以查询这些网站学习相关的知识和写作风格。

二、 技术报告的结构

技术报告由标题、摘要、目录、图表列表、术语解释、报告正文（引言、技术或实验详情、结论与讨论）、执行总结、参考文献、附录（可选）等部分组成，详细要求可参考表 3-1。其与期刊论文的不同之处在于，技术报告须提供详细的目录以供读者快速了解技术报告的章节内容。另外，须提供执行总结，为决策者提供快速了解关键信息的汇总。

表 3-1 技术报告的基础结构

章节	内容
标题	少于 150 个英文字母或者 25 个汉字
摘要	摘录技术报告所有章节的要点，包括引言、方法（理论）、结果和结论以及建议
目录	编号并罗列所有章节的标题和页码
图表列表	罗列图形和表格的编码、题注及其所在的页码
术语解释	解释报告中提到的符号、缩略词和专业术语等，并标记它们在文中出现的页码
报告正文	包括引言、方法（原理）、结果和结论部分
执行总结	总结主要结论，并提供决策意见
参考文献	列出文中提及或引用的已发布材料来源的详细信息（包括使用的任何网站的任何讲稿和 URL 地址）
附录（可选）	可包括任何对进一步全面了解技术报告有帮助的报告（材料），例如放大的比例图、计算机代码、原始数据、规格等

① https://sti.nasa.gov/.

② https://www.loc.gov/rr/scitech/trs/trswhatare.html.

三、执行总结

执行总结是对长篇幅技术报告的简短总结和决策建议，通过它使读者不用阅读全文就能快速熟悉该报告的要点和建议。执行总结与摘要稍有不同，摘要一般便于读者迅速浏览并判断是否继续阅读全文；而执行总结是技术报告的缩略版，可以方便读者或者决策者快速理解报告的要点。

执行总结通常占技术报告5%～10%的篇幅，一般为1～2页，语言须根据潜在读者调整。执行总结一般由简短凝练的段落组成，顺序与报告主体一致，而且只包含报告中的材料，须完整自证且提供决策建议，这样读者或决策者不用阅读技术报告主体也能够理解其中的内容。

执行总结的要点是技术关键点与创新点，也是反映成果技术水平的重要内容，因此，对这部分要进行详细描述，凸显该研究所获得的"三新"（新发现、新发明或新的改进和提高）特征。通过采用综合对比法，与国内外同类研究的主要结果进行比较，说明本研究的创新程度与技术水平。在此基础上，应进一步阐明技术关键点和创新点在生产或科技进步中的作用。"三新"特征的内容可从如下几个方面提炼：

（1）基础理论和应用基础研究的重新认识，即基础理论研究中的自然现象、特征或规律的新见解、新理论。

（2）应用技术研究的新内容，即应用技术研究中的新发明、新创造。

（3）发展研究的改进与提高，即对原有技术的局部创新，或在前人研究或某项应用技术的基础上改变了的环境条件，或通过可行性试验和示范，在某些环节上的改进并能使其技术效能显著提高。

（4）确定适宜的范围，即依据本研究主要技术内容的特点确定适宜的范围，并阐明其在生产或科研中的实施措施或操作技术、注意事项以及具备的条件等。

（5）推广应用与经济效益，即总结技术成果在实践中的应用情况，包括在全国、省、市或地区近几年的推广情况，并列举出有代表性的推广实例，说明成果在实践中的技术经济效果以及推动科技进步的作用。

四、写作建议

技术报告与其他科学论文相比具有一定的独特性,其独特性主要体现在写作目的上。其他的学术论文一般用于总结其研究过程和成果,写作内容和风格相对固定,目的十分明确,须获得审稿人或者学位委员会的认可和通过。而技术报告的内容和写作形式完全自由,一般须根据主管部门或者项目负责人的要求写作,作者可以按照自己的风格进行发挥,只需控制好写作的篇幅和掌握好知识的深浅即可。撰写技术报告时,应当注意以下方面:

(1) 确定报告的背景信息。作者应该清楚地了解技术报告的目的和内容,在接到任务时,应当与主管部门或者项目负责人进行充分沟通。在写作期间也需要良性互动,不要偏离主题,以便节省时间,及时完成写作任务。

(2) 明确受众。在撰写技术报告之前,首先明确目标受众,根据读者调整写作内容和语言风格。如果报告对象是本领域的专业人员,报告的深度则可以更加专业,语言中可以增加专业术语,使得报告更加完整而有深度。而如果报告对象是非专业人员,则应适当控制报告中知识的深度和专业用语,以使非专业人员理解报告的内容。

(3) 规划纲领。技术报告,最好采用自上而下的写作顺序,这样更容易控制写作的范畴。如果随性写作,很容易迷失写作方向,而不易控制语言风格和知识深度。如果首先罗列大纲,细化章节内容,明确段落顺序,确定图表的安排,就能够很好地控制篇幅和知识的深浅。因此技术报告应当有条理且逻辑清晰,使用规划好的逻辑序列,使用标题和副标题列出报告的详细大纲,系统及规范地写作。

(4) 随时记录。在写作过程中,随时记录有创意的主题和想法,将这些内容归纳到相关的章节中。如果产生暂时看起来不适合主题的想法,也可以将其记录下来,以方便后期使用。可以考虑利用思维导图组织可视化的章节内容和图表元素。

(5) 限定范畴。技术报告中最难控制的因素就是知识的范畴,因为任何知识点都可以罗列出相当篇幅的技术报告。所以,在写作初期就应当确定技术报告的篇幅和写作内容,根据受众组织语言控制知识的深浅,明确知晓何时停止,不再深入赘述。

第三节　科学海报

一、国际会议报告的形式

国际会议报告的主要形式有大会特邀报告(plenary talk)、分会邀请报告(invited talk 或 keynote talk)、口头报告(oral talk)和科学海报(scientific poster)等。另外,有些国际会议也安排科普报告(outreaching talk),其主要的目标观众为非科研人员的公众群体。

国际会议的大会特邀报告一般邀请所涵盖的研究领域内有相当研究积累且作出突出贡献的资深科学家。另外,这类报告也可能邀请同年或者近年来获得重要奖项的科学家。报告的演讲期间不会安排其他分会报告,所以总的来说,听众是某科研领域的高一级的学科同行。比如,国际天文学大会的大会特邀报告针对的通常是天文领域的所有专家同行。此类报告的时长一般为 60 分钟,报告的内容覆盖面比较广,往往涵盖了领域内几个主要研究方向。报告须高瞻远瞩、提纲挈领,总结近年研究方向的重要发现,展望该领域的后期发展或潜在新热点。

分会邀请报告一般邀请分会场领域内有足够研究积累且近年热门的知名科学家。报告内容是某个具体研究方向上比较重要的成果,所以,面向的对象不是全体会议人员,而是对该具体研究方向感兴趣的人。这类报告的时长一般是 30 分钟或者 45 分钟。报告人员一般是某个项目的负责人,基本上属于在第一线工作的科研人员,他们可以分析当前同领域的研究热点和重要的项目工作。这类报告适合年轻的博士和博士后们快速了解本领域的研究热点。报告之后通常会有问答环节,此环节是在做完报告后当面回答听众提出的问题,进行面对面的交流。问答环节提出的问题多种多样,有些可能是关于作者的报告,而有些则是相关的延伸问题。由于参会者众多,因此作者必须有所准备，在问答环节上展示个人魅力，吸引听众。同时，参会专家提出来的问题也能够帮助作者厘清研究中的不足。

口头报告一般是参会人员所提交的最新研究成果，一般报告一个科学项目或者数个关联紧密的科学项目成果。此类报告人一般是直接从事科学研究的博士、博士后或者较为年轻的项目负责人，听众通过报告能够了解具体的研究过程和主要结论，这是学习研究方法和科学逻辑的好材料。很多高端的学术会议要求贡献者将研究内容撰写成会议论文，编撰会议论文集(proceeding)正式出版。如果会议属于某类新的大型科学设备的首次展示，比如大型粒子对撞机、科学卫星、大口径地面望远镜等，会联合著名期刊发表专刊(topical issue)，例如《自然》和《科学》期刊。

二、 科学海报设计

科学海报是科学会议上展示研究课题的简洁美观的纸质媒介，主要用以展示尚未完成但非常新颖的研究项目或者完整、新颖且简短的课题研究，通常适用于年轻的博士或者不计划做口头报告的参会人员。国际会议一般会利用茶歇或者午餐时间，让参会人员在休息的时候也可以阅读科学海报。所以科学海报也是科学家交流合作和结识其他科学家的重要媒介。

科学海报的显著特点在于其展示风格，通常以直观的图表与简洁的文字传达信息。不同于学术论文，科学海报不追求对主题面面俱到地展开论述，而是着重于总结信息，在尽可能短的篇幅中阐述要点，比如研究的意义、方法、结果和结论等。在国际会议上，同时展示的科学海报一般有几十张甚至上百张。所以，一张优秀的科学海报应该像故事一样，能迅速引起读者的阅读兴趣，并且能传达有价值的信息，让读者有所收获。

科学海报的组成要素为说明性文字、表格、图形及其他展示形式。科学海报不宜采用大段文字，应尽可能多用可视化工具帮助表达。海报应呈现科研课题的重点信息，形式简洁吸睛，以确保达到宣传效果。在一场会议中，科学海报还能起到引出话题的作用，便于研究人员就该研究内容展开进一步的对话和讨论。

（一）海报的内容

科学海报是对一个研究项目的图文化总结，应在控制篇幅的情况下保留研究内容的重要信息，它与学术论文的内容基本一致。科学海报一般由以下几部分组成。

1. 标题

海报的标题应当简短而且能够吸引读者，可以适当地加以文字修饰和采取夸张的手法，以吸引读者进一步阅读。

2. 署名

学术海报的署名与期刊论文的要求一样，须添加作者和合作者、工作单位（以及机构的 Logo）和邮箱等重要信息。潜在读者一般驻足时阅读海报，而且停留时间不长。而海报的作者也是参会人员，同样是其他海报的潜在读者，有时候会离开自己的海报，转而阅读同行的海报。有些机智的作者会将自己的照片和机构的 Logo 添加在海报上，方便感兴趣的读者在参会人员中辨识作者，这样他们就可以给潜在读者讲解海报的内容。

3. 科学主体

科学主体的格式与期刊论文一致，不过无须严谨详细地描述所有内容，只需以简短的文字配合图表，简述研究项目各部分的要点即可。科学主体的撰写风格须符合科学思路并采用模块化写作：科学背景—研究方法—研究结果—科学结论—参考文献。

4. 图表

为了使科学海报美观，须有效地排布图表和文字。一般来说，科学海报结合了会议口头报告和期刊论文的基本特征，所以，海报最好以图表为导向组织科学思路，文字配合图表可以给读者介绍完整的内容，图文的交替使用也能够让海报简洁而美观。

因受限于篇幅，科学海报可以展示简单的文字和精心筛选的信息及图形。无须在海报上添加为科学论文准备的全部图表和数据等素材，因此保持海报的简洁性至关重要。在设计科学海报时，可以思考以下几个问题：该研究项目中最重要、最吸引人的部分是什么？该怎么展示数据与成果？图表如何选择与设计？哪些信息不必呈现在海报上，可通过与读者交谈来补充完善？弄清以上问题后，即可初步确定海报的呈现内容与布局脉络。

（二）设计与布局

1. 海报的尺寸

国际会议的组织者一般根据会议场地展板的尺寸规定参会者海报的大小。按照惯例，学术会议一般采用 A0（841 mm × 1 189 mm）或者 A1（594 mm × 841 mm）尺寸的纸张印刷海报，具体尺寸可参考图 3-2。A0 版的海报一般用横版（landscape）模式，可以设计为三栏或四栏；而 A1 版海报则采用竖版（portrait）模式，可分隔为两栏，以确保字体和图片的尺寸合适。

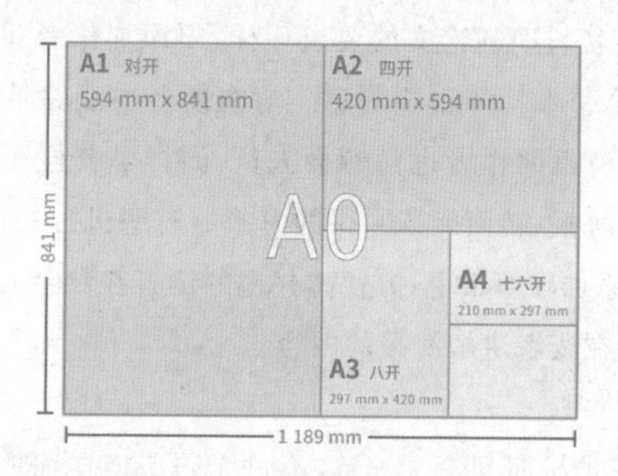

图 3-2 常见纸张的尺寸关系

2. 排版与设计

设计科学海报须符合一些基本原则：①保持简洁；②突出重点；③模块对齐；④分布合理。这样的海报条理清晰、分布合理、简单而大方。

科学海报由标题和科学内容组成，可以分解为基础的小节。海报可以分割为独立的模块，一些基础的设计风格可以参考图 3-3。科学海报在追求美感的同时，也应保持其科学属性，所以图文模块应根据网格严格对齐，使海报看起来更加专业。图表的尺寸应当大小适当，而且分布均匀合理。

另外，海报的图文元素间隔和排列不能太紧凑，否则视觉上会显得拥挤，所以适当的留白能够让海报更加简洁而美观。重要的数据或者图形周围应当合理留白，这样可以凸显其地位和重要性，不然容易跟说明性的文字融为一体。海报四周和栏目之间也应适当留白，一般来说，保持 40％的区域没有图表和文字的海报可以给人以视觉上简单美观之感觉，具体可参考图 3-3。

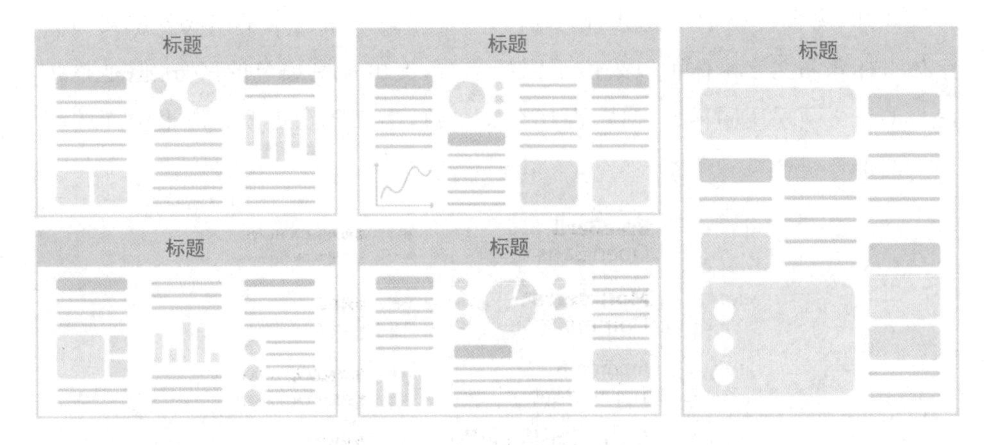

图 3-3 海报的排版风格

3. 字体与字号

科学海报在展示严谨科学内容的同时，也需要适当融入美学元素，所以可以在布局、字体和颜色上下功夫。字体的基本要求是能够清晰可见，读者一般会站在 1～2 m 远的地方阅读海报，所以科学主体和图表的字体要确保该处可见即可。而标题应能够让 10 m 以外的读者看清，所以应该更大，推荐的字体大小可参考图 3-4。

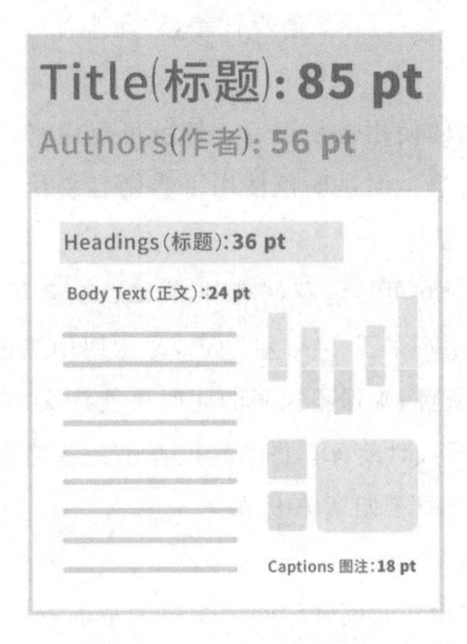

图 3-4 建议的海报字体大小

此外，为了使科学海报更加美观，可以适当地采用艺术字体或者中文书法字体。标题和文字主体可以采用不同的字体，突出一些细节的区分，但是整张海报的正文须采用同样的字体，保持全文一致，不宜随意更改。海报中标题和正文的推荐组合可参考图 3-5。

Title/Headings:	Bree Serif	标题：	思源宋体 CN Heavy
Body Text:	Open Sans	正文：	思源黑体 CN Normal
Title/Headings:	Montserrat	标题：	华光粗圆
Body Text:	Domine	正文：	华文细黑
Title/Headings:	Amaranth	标题：	华光标题宋_CNKI
Body Text:	Titillium Web	正文：	思源黑体 CN Normal
Title/Headings:	Libre Baskerville	标题：	台北黑体粗
Body Text:	Montserrat	正文：	思源宋体CN Regular
Title/Headings:	Quattrocento	标题：	思源黑体 CN Bold
Body Text:	Quattrocento Sans	正文：	思源宋体CN Regular
Title/Headings:	Nunito	标题：	方正榜书楷简体
Body Text:	Open Sans	正文：	楷体

图 3-5　标题和正文字体的推荐组合

科学海报在排版与布局时，应注意字体的调整与图表的选择。文章题目、章节标题与正文的字体大小应依次降低。文字与图表应呈现一个恰当的比例，文字过多则可读性差，文字过少则解释性差，对此作者可自行权衡。

4. 色彩搭配

海报设计中，颜色的使用也须讲究。颜色可以用来强调一些元素，吸引读者的注意力，以增强美感。但是颜色使用不当则容易让读者分散注意力，或者使海报看起来不太美观。

选择海报配色的时候可尽量避免使用红、绿、黄、蓝等主色调的鲜艳色彩组合。配色时应注意使用不多于 2～3 种颜色，尽量使用黑色字体，海报背景则建议设为白色或雅致的灰色，确保不抢眼的同时又能让文字清楚呈现，方便阅读。花哨的色彩会使海报可读性变差。图 3-6 推荐了一些简单的颜色搭配案例，而色彩学的使用可参考本书第四章第七节。

5. 图表元素

通常来说，读者很少花时间仔细阅读海报的全部内容，因此展示数据时，应

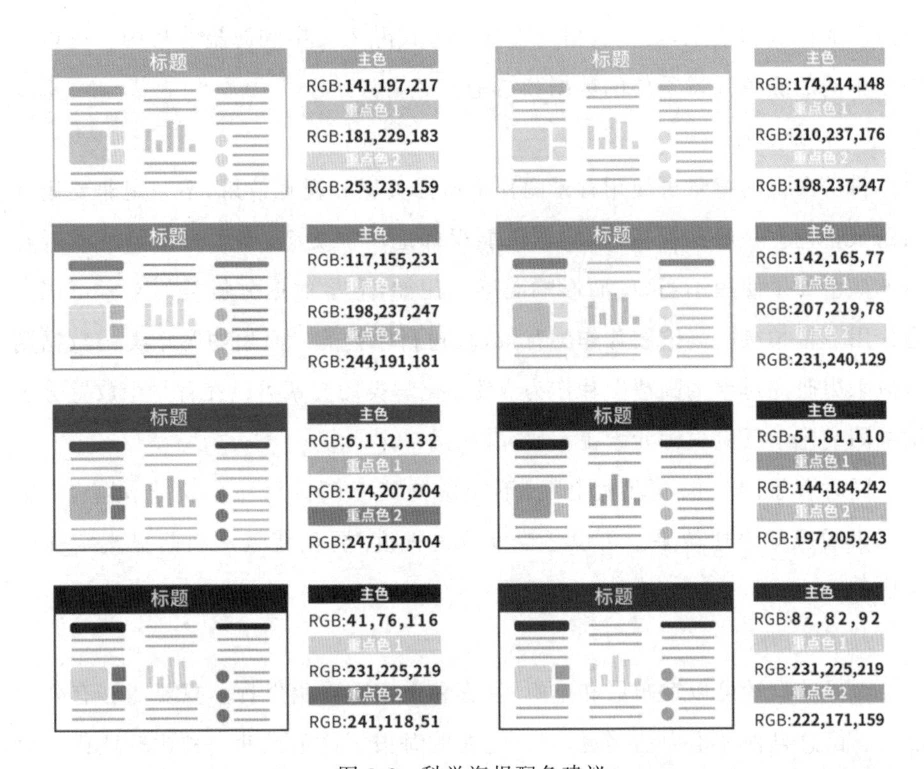

图 3-6 科学海报配色建议

对数据进行可视化，减少不必要的文字描述，多用图表发声。在进行数字可视化时，应以简洁为主，定性描述即可，不必一味地追求全面。所以海报应当以图表元素为主导，配合简短的文字讲述课题的研究，同时图表元素还应适当调整以适应海报的尺寸和读者的阅读模式。

分辨率有限的位图，比如卫星成像数据、医学照片、扫描电镜图片等，应尽可能地保持高分辨率，这样在海报上放大时就不会导致图像失真。海报制作完成之后，可以按 100%的比例在计算机上显示，检查图像的表达，不要出现图像失真现象。

海报尽可能采用矢量图，因为矢量图可以无限缩放，而不影响分辨率。其常见的格式有 svg、eps、wmf 和 emf 等，这几类矢量图不会出现失真现象。常见的数据图都能绘制成此类图片格式。

海报中的表格也尽量保持简单整洁，不要用抢眼的背景颜色和线条，不要用过多的标签和指示，要让表格以素雅的方式融入文字和海报背景中。可以考虑用不同的颜色强调重要的数据和结论。

6. 背景图片

科学海报的背景可使用背景图片来增强美感和视觉效果，不一定非要用纯白的纸张色。一般来说，素雅的颜色能很好地增加美感，而太过于鲜艳或者花哨的颜色如果使用不当，反而影响美感。比如，卫星数据分析类的文章可以考虑使用卫星拍摄的高清图片作为背景，映衬科学内容；而生物医学类的数据则可以采用研究对象的高清图片作为点缀；化学类的文章可以在背景中放置分子结构图或化学反应式等元素提示研究内容。

同时背景图片也不宜太抢眼，不能影响读者阅读海报的文字，也不应影响图表的视觉表达效果。可以适当修改透视度，弱化背景从而凸显文字和图表内容。

7. 现代海报

海报的设计可以在布局和排版、色彩和文字上自由发挥。只要能够有效传播科学信息且视觉上简洁美观，就是优秀的海报。这里推荐一种比较现代的海报格式，如图 3-7 所示。海报由以下四部分组成：

(1) 速记要点。总结项目研究的关键结论、重要方法、新发现以及潜在应用等关键项目信息，以便读者快速浏览并且迅速记住。这部分约占海报篇幅的一半。

(2) 辅助信息。该部分包括海报的题目、作者、引言、方法、结果、结论等科学写作必备的逻辑元素。

(3) 快捷扫码。将一些重要元素制作成二维码[①]，读者可以用智能手机扫码获取电子版的海报、对应的期刊或会议论文、作者的联系方式等信息元素。这样可以建立持续性的影响，方便读者后期联络或者继续阅读原文。

(4) 额外阅读。提供额外的图表等数据性论据，作为海报所讲述的故事的科学支撑。

---

① 常见的二维码生成器有 QR 二维码、二维斑马、联图网、草料二维码等。

图 3-7 现代海报的内容布局建议

（三）海报的要点

1. 简洁

学术会议的参会者通常在短暂的休息时间阅读展览的科学海报，每人浏览每张海报大概只会花费一两分钟的时间，显然内容繁杂且文字过多的科学海报很难吸引读者，因此一定要突出显示重点信息，确保参会者能立刻从中了解作者的单位以及重点内容。大型国际会议的参会人员通常来自许多不同的领域，所以科学海报的展示内容应当考虑更广泛的同行，不宜晦涩难懂，应尽可能让非专业领域的人读懂。简言之，科学海报可视为对科研工作所做的一个广告，优秀的广告要求简洁、明确、易懂，有效传递信息。

2. 高效

科学海报须高效地呈现科研项目的内容，而且研究须新颖有趣。摘要或引言部分总领海报全篇内容，所以文字和语句应保持高效，突出对现有知识的贡献，阐明新方法、新发现与新观点。

3. 可读性

过于抽象的理论表达难免有些枯燥，很难吸引非专业领域的读者。科学海报应尽可能吸引更多的读者，让更多的人关注研究人员的工作，故其可读性十分重要。海报应采用一个简短的故事，条理清晰，激发读者的兴趣。篇幅应尽量简短，多用图表传递信息。

4. 制作海报的工具

制作海报的工具非常多，大家可以根据自己的习惯和喜好选择合适的软件。选择一款功能齐全、适合自己的工具，更有利于制作出优秀的科学海报。直观地看，科学海报即文本与图表的有序排列，任何一款能够插图并配文字的排版工具均可用于科学海报的制作。下面介绍几款常见的软件：

(1) PowerPoint 是常用的制作海报的软件，可以将版面尺寸设计成海报尺寸，以方便输入图片和文字。网络上有很多模板可以下载使用，使用它们能很快制作出一幅科学海报。

(2) LaTeX 也可以用来制作海报，且编译之后能生成 pdf 格式，适合熟悉 LaTeX 软件的人群使用。初期使用该软件的人可能感到略有困难，但是一旦掌握了 LaTeX 的命令和技巧，就能够利用其强大的图文处理功能制作出非常专业且美观的海报。

(3) Adobe Illustrator（AI）是全球最著名的矢量图形软件，以其强大的功能和体贴用户的界面，已经占据了全球矢量编辑软件中的大部分份额，很多艺术设计师使用 AI 进行艺术设计。利用 AI 的图形和文字处理功能能够实现很好的艺术效果，让海报专业而美观。

三、案例评析

图 3-8 所示为竖版 A1 尺寸的海报。整体分为三栏，图文模块没有完全对齐。背景为白色，文字内容模块使用天青色，图形的背景为灰色。总体色调给人的感觉很舒服，色彩学使用很到位。唯一需要指出的是，左上图中的地图颜色过于突出，但如果该处是作者想强调的内容，则无不妥；如果不是，则最好调整为邻近色。另外，该海报的文字内容略多，建议酌情删减。

Using a Windbreak Habitat Model Across Broad Landscapes: The Effect of Local Landscape Composition and Geographic Location

George Hess[1], John Poulsen[2], Raymond O'Connor[2], Jeff Bay[3]

1. Windbreaks as Habitat

2. Regional Evaluation of Windbreaks

3. Bird Species Richness Index

- Forty windbreaks were sampled using two-stage sampling with a frame stratified by intensity of cultivation.
- Most sample windbreaks fell in or near extensive cropland.
- Habitat characteristics of each windbreak were measured in 1994.
- Thirty-five farmers allowed ornithologists to return in 1995.

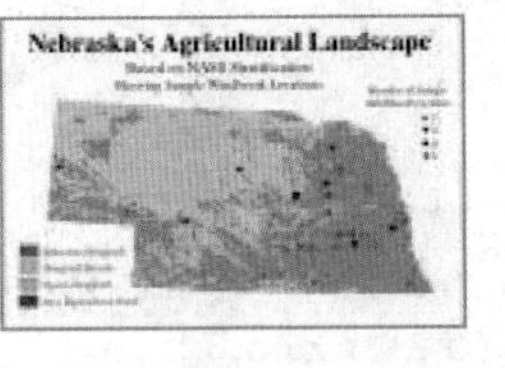

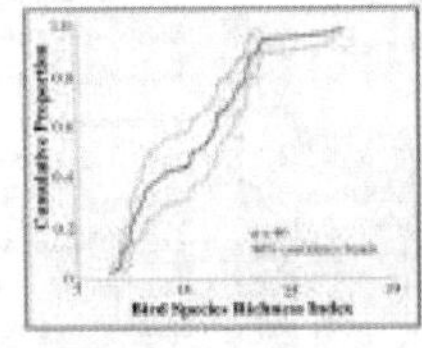

- Using expansion factors associated with each sample, we estimated the habitat value of windbreaks for the region (graph left).
- We estimated that half of Nebraska's windbreaks support fewer than 16 breeding bird species (graph left).

4. Validating BSRI Model

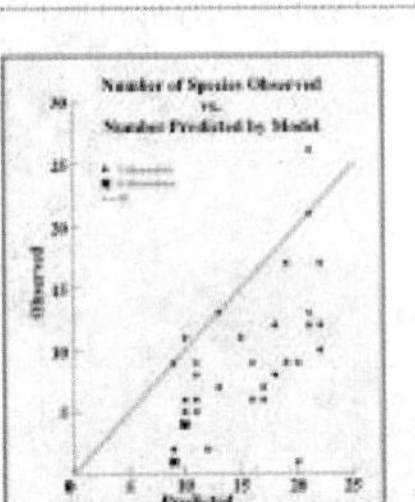

5. Results of Validation

6. Failure of the Model

7. Local Landscape-Scale Effects

8. Conclusions

Acknowledgements: This work could not have been done without the many dedicated people at the National Agricultural Statistics Service ...

1. North Carolina State University, Forestry Department, Raleigh, NC
2. University of Maine, Department of Wildlife Ecology, Orono, ME
3. North Carolina State University, Statistics Department, Raleigh, NC

图 3-8 案例 1：竖版海报（A1 尺寸）

图 3-9 所示的海报也是竖版 A1 尺寸的海报。整体分为三栏，总体布局合理，图文比例恰当。图中背景颜色为上青色下天青色的渐变色，显得头重脚轻，影响整体美观。标题栏采用三原色的黄色，右下角的结论模块也使用黄色，显

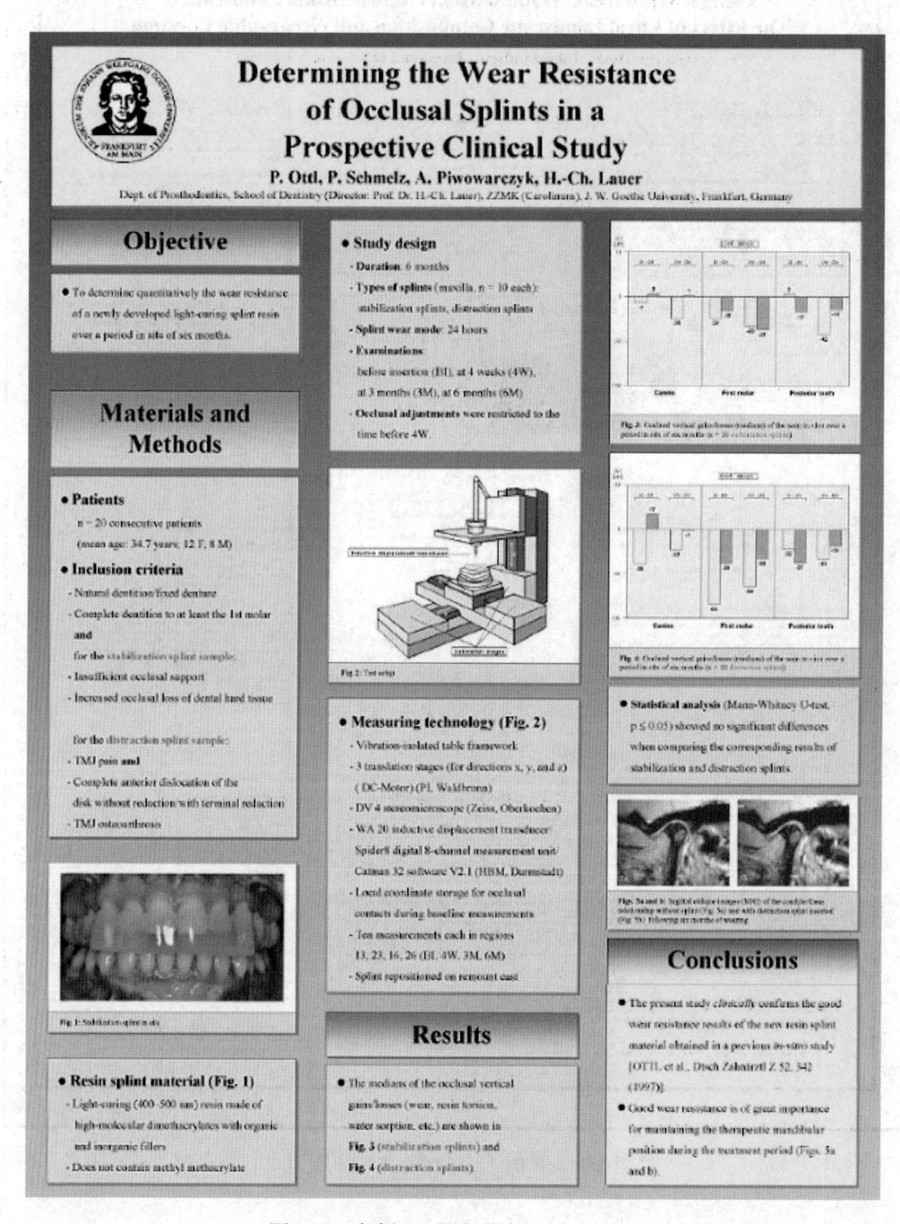

图 3-9 案例 2：竖版海报（A1 尺寸）

得比较突出，与左侧牙齿的照片颜色（浅粉红和白色）和背景颜色差异非常大。因此，这张海报的配色有待改进。文字部分相对比较简洁，可以借鉴。但是总体来说，图文之间的排列有点杂乱，无法形成整体相对美观的布局。

图 3-10 所示也是竖版 A1 尺寸的海报。其颜色和图文布局相对美观，创意较好。但是整体的专业度略显缺乏，降低了科学海报的严谨性。文字模块的字

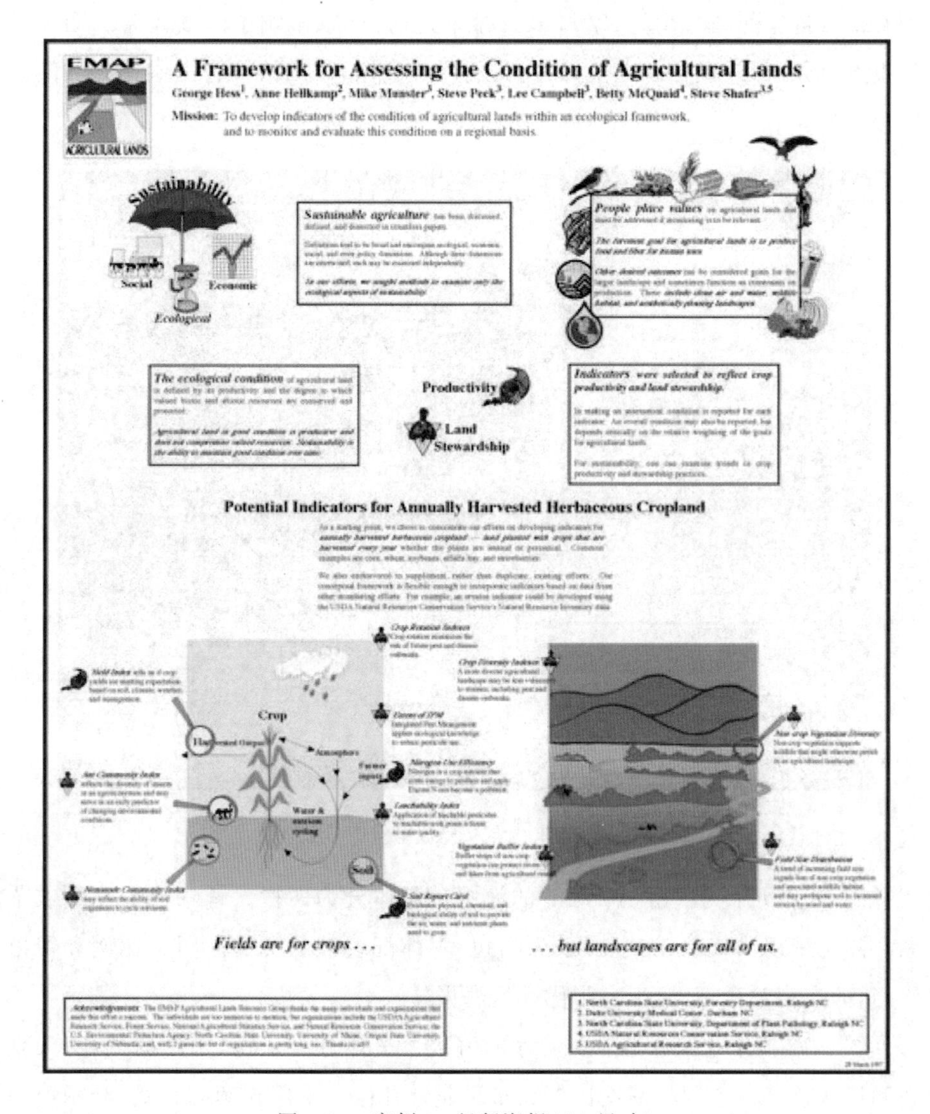

图 3-10 案例 3：竖版海报（A1 尺寸）

体太小，增加了阅读难度，而且尺寸大小不一。文字框也没有上下或者左右对齐，整体布局松散，读者比较难寻找其中的科学逻辑思维，因此该海报的阅读性也不强。

图 3-11 所示为横版 A0 尺寸的海报。整体分为三栏。背景颜色为三原色之一——蓝色，配以深蓝色条纹作为装饰，表格模块也以深蓝色为背景，色彩使用有待改进。配图过少，文字过多且排列过密，严重影响了阅读体验。图表没有重点，而且都放置在右上角，图文比例严重失调，无法给读者提供良好的阅读体验。

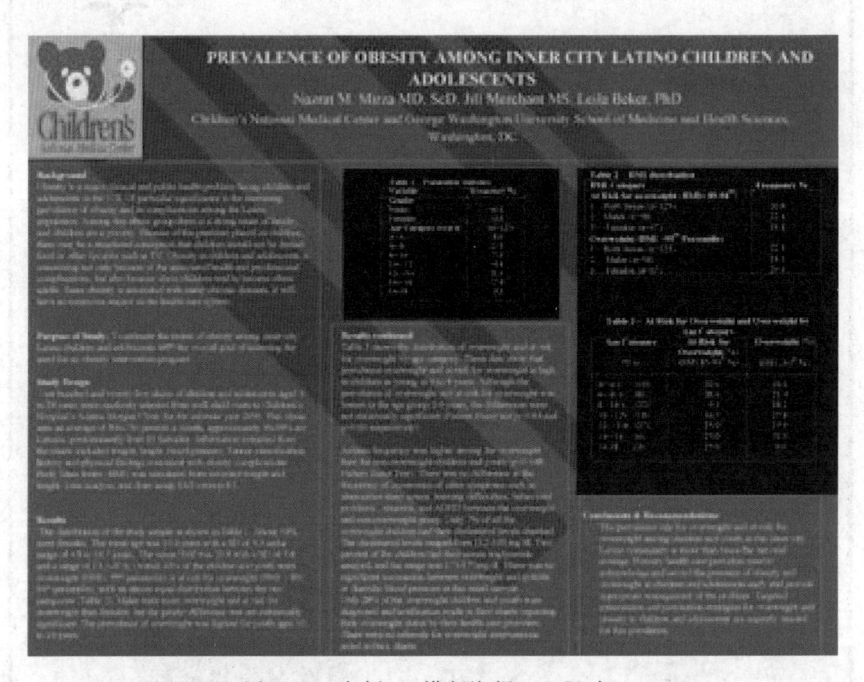

图 3-11　案例 4：横版海报(A0 尺寸)

图 3-12 所示为横版 A0 尺寸的海报。整体分为四栏。背景色采用薰衣草紫。图片采用浅灰色，文字背景为白色，整体配色较为优秀。图文比例和留白恰当，分布相对合理，属于一张优秀的海报。

图 3-13 所示也是横版 A0 尺寸的海报。整体分为三栏，采用紫褐色、天青色和浅灰色三种色调。图文比例和布局非常到位。采用新颖的方式，利用第一栏强调重要的科学结论和成果图片。第二、第三栏利用简洁的文字，按照科学

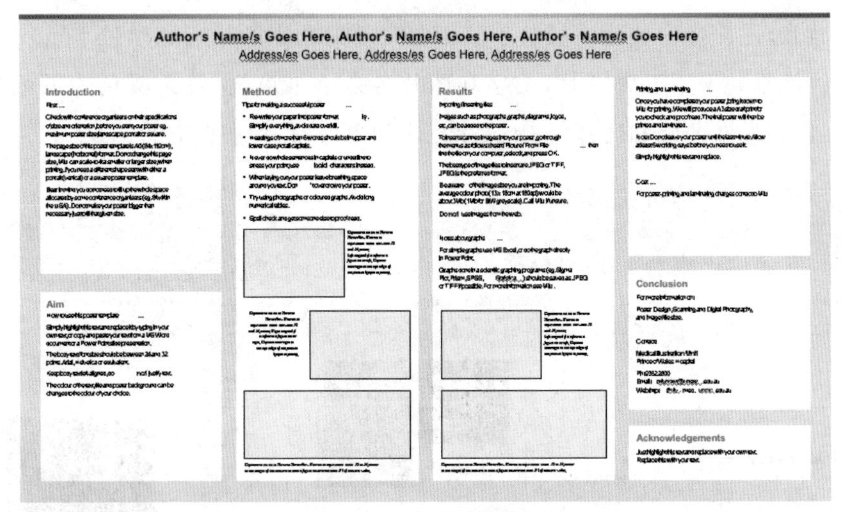

图 3-12　案例 5：横版海报(A0 尺寸)

逻辑，介绍了海报的主要科学元素。右下角添加作者的照片和简介，并提供了联系方式。图 3-13 属于非常优秀的科学海报样式，非常值得借鉴。

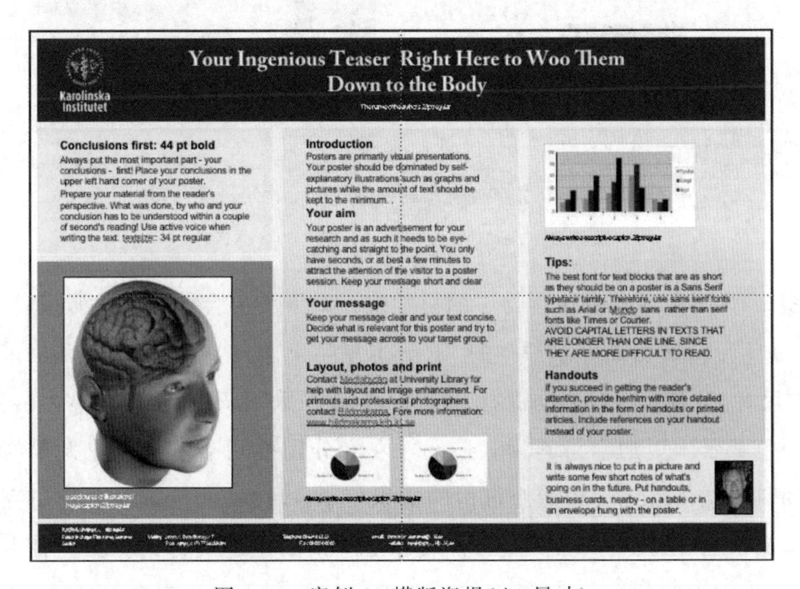

图 3-13　案例 6：横版海报(A0 尺寸)

图 3-14 所示为本书作者提交给 2017 年北京举办的“太阳极紫外光谱学研讨会”的科学海报，是一张横版 A0 尺寸的海报，分为三栏。标题和署名栏用天青色背景，左侧空白位置添加哈尔滨工业大学的题字版校名和学校 Logo 作为衬饰。海报共采用五张图片，文字和图片各占一半篇幅，背景颜色为无色（白色）。海报左右两侧和底部留白，文字栏之间也留白，约占栏宽的 1/6。

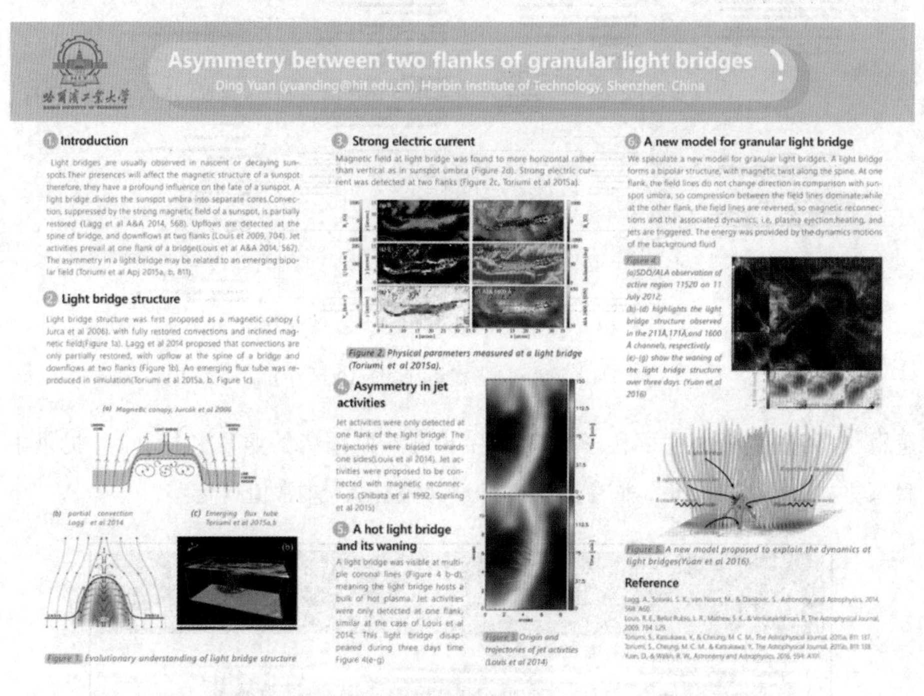

图 3-14　本书作者制作的横版 A0 尺寸的科学海报

改编自：Yuan，Walsh，A&A，2016，594：A101.

图 3-15 所示为本书作者与中国科学院云南天文台合作的科学海报，提交给了 2019 年于印度班加罗尔举办的“IRIS 卫星第十次科学会议”。该海报采用竖版 A1 尺寸，分为两栏。背景采用深青色，标题栏采用灰色背景，字体为白色，这样在深色背景中更加容易阅读。最上方左右分别排列哈尔滨工业大学（深圳）和中国科学院云南天文台两个机构的标识（logo），代表两个单位合作研究本项目。中间放置 IRIS 卫星的 logo，代表本次会议的主题关键词。图文各占篇幅的一半，文字内容均分为条目罗列要点，但是图表及文字排列和对齐稍差。

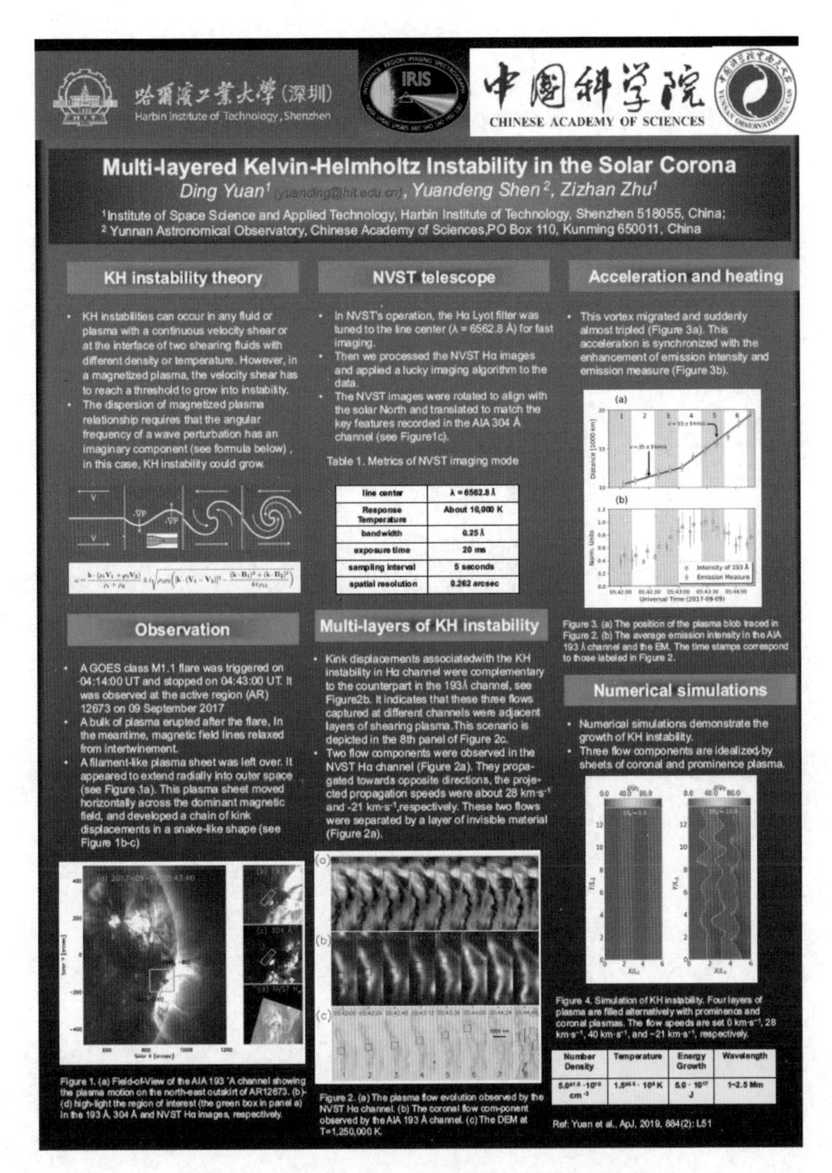

图 3-15　本书作者制作的竖版 A1 尺寸的海报

改编自：Yuan，et al.，ApJ，2019，844(2)：L51.

总体来说，对于科研人员而言，无论展示方式是演讲还是海报，参加学术会议的目的都是与同行会面交流，将作者想表达的信息传达出去。

第四章

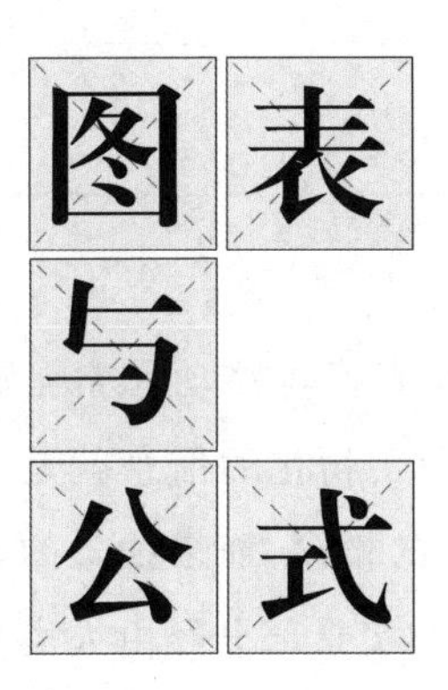

图表须独立自洽，让读者脱离文字也能理解其表意。

数学公式则须按其拼写习惯与文字语句自然衔接。

第一节 可视化元素

可视化元素是指科技文献中的图形、动画或表格等浮动元素。通常情况下，图表用于传递更加直观和实物化的信息，而最实物化的信息就是现实世界所发生事件的实景；公式和文字则代表更加抽象的概念，而最抽象的概念是人类脑海中的想法。因此，可视化过程就是实物化的实景部分经由人类大脑抽象化之后的信息表达和传递。

可视化元素是对大量数据信息的场景式展示，是作者科学思路（抽象概念）实物化的过程，必须与论文的文字建立佐证和思辨联系，并且以最接近现实社会的实物化方式呈现给读者，实现科学与思想的有效传播。

可视化元素在论文中的位置不要求固定，但是文字一定要提及并指向该元素。可视化元素的总原则是：可视化元素能够让读者脱离文字而独立理解其内涵；而文字须按顺序描述每一个可视化元素，且行文流畅，符合语法要求。

可视化元素——图形、表格、照片和地图等能够有效地吸引读者的注意力，并让读者充分理解作者所表达的想法，这就相当于借助插图讲述故事。视觉表达有助于增强行文思想的表述，简化复杂的文字描述，可以让读者理解复杂的过程或数据特征。可视化元素的要点是可视化元素本身必须完整自洽，让读者能够脱离文字而独立理解其内涵；而文字必须指向可视化元素，借助可视化元素的视觉表达效果完成相关的思想传播。

图表元素所表达的信息非常丰富，可以免去大段文字的解释和说明。如果文章中包含图表元素，它们必须是基于文中书面内容的延伸。科学写作中，无须为了装饰或排版效果而增加无意义的图，这样可能会使读者感到困惑和不解，偏离科学表达准确和明确的原则。除此之外，选择正确的图表来表述作者的思想，在多媒体与数字化时代尤为重要。如果图表效果不佳或设计不当，反而会产生负面影响。

虽然文字是科学文体中最重要的表述方式，但在表达效果方面，图表比文字更加直观。特别是包含数据的科学研究，图表是展示科学研究结果最有效的方式。很多期刊论文的审稿人在阅读题目和摘要之后，会直接查看图表等可视化元素，以便快速理解论文的方法和结果。图表能够以较小的空间承载较多的信息，直观、高效地表达复杂的数据和观点，使读者理解文章所叙述的事物形态及变化规律，补充文字叙述的不足。尤其是在描述变量间的相互作用或非线性关系时，用插图来表达非常有效。有时它也能够把用语言文字无法表达清楚的内容简明地呈现出来，使论文内容表达得更加合理、完善。

一般来说，如果图表能够在脱离文字的前提下直接清晰地表达出论文需要表达的内容，那么这张图表就成功了一半。而且科学论文中图表系列最好也能形成合理的科学思路流程，达到文字和图形互为补充和说明。要绘制一张有吸引力的图表，可以参考以下规则：

(1) 清晰地展现数据。图表的基本功能是呈现清晰达意的数据，为描述结果和讨论数据的特征打下基础。在一张图表包含较多数据的情况下，要能让读者快速识别其中的关键数据特征或变化趋势。

(2) 凸显数据的规律或特征。相比于文字和表格，图形可以明显地展示数据变化趋势，揭示数据背后的规律、因果关系等。

(3) 方便读者快速且准确地提取关键信息。

总之，优秀的图表可以从文字中脱离出来，清晰地表达重要的结果，展现数据背后的科学原理。

第二节　图形

在现代科学写作中，图形也是很重要的可视化元素，好的图形能成为优秀论文的点睛之笔。图形一般有以下几种：

(1) 线条图，即由数据绘制而成的图形，展示科学数据的规律或特征，主要包括点线图、柱状图、饼图和各种统计图，见图 4-1 和图 4-2；

(2) 彩色或者灰度图，即使用光学成像设备(包括望远镜、显微镜等)采集的图片或者数值模拟的合成图，见图 4-3(a)、(b)、(e)和(f)；

(3) 复合型图形，即灰度图和线条图的组合，见图 4-3。

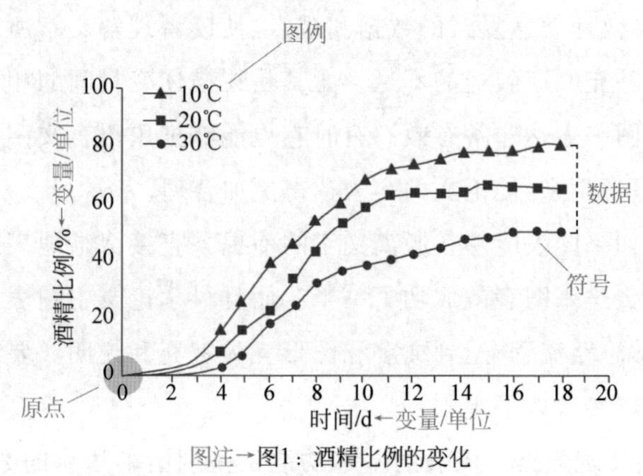

图 4-1 数据图的组成元素

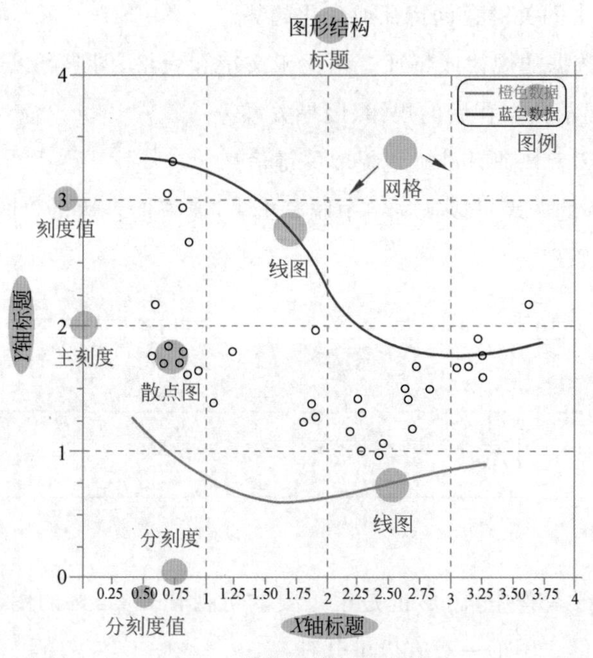

图 4-2 数据图的绘图细节

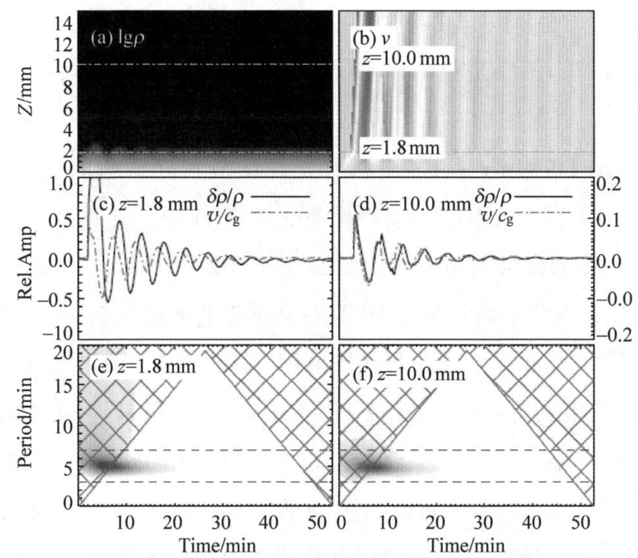

Fig. 4.— (a) and (b) Evolutions of $\log\rho$ and v in the single pulse experiment. Dot-dashed lines mark the positions at 1.8 Mm and 10 Mm where time series are extracted. (c) and (d) Time series of the relative density perturbation $\delta\rho/\rho$ and velocity v/c_s extracted at $z = 1.8$ Mm and $z = 10.0$ Mm, respectively, where c_s is the local sound speed. (e) and (f) Wavelet spectra of the relative density perturbations plotted in (c) and (d), respectively. Blue dashed lines enclose the resonance period range between 3-7 min. The Cone-of-Influence is cross-hatched, within which spectrum should be considered as unreliable.

图 4-3　复合型图形，分图分别展示彩色图(a)(b)(e)(f)和数据图(c)、(d)

摘自：Yuan，et al.，ApJS，2016，224(2)：30.

一、图形的元素

安排图形的基本原则是独立、完整、自洽，能够让读者脱离文章独立理解其所表述的内容。

科学论文的插图不是简单地将图形放置在讨论该图的文字附近，让读者猜测作者的意图从而解读图形的内容，而是作为浮动元素放置在合适的位置，添加图序、题注、图例等元素形成完整自洽的独立元素，同时在科学论文中利用交叉索引指向图形。

（一）图序

图形作为浮动元素原则上可以放置在任何位置，所以科学论文以及其他现代论文都需要给图表编排序号，以便建立交叉索引，同时添加图题对图形进行完整自洽的注解，以辅助读者脱离文字而理解图形的内容。这样读者在文中读到图形描述的内容时，就可以根据文字索引指向去寻找对应的图形，理解文字和图形的内容。

图形的编号——图序是指图形对应的序号，即图号。具体的标注形式可参考图 4-1 的图注。根据图形在论文中被首次提及的顺序，用阿拉伯数字对图形进行编号，比如图 1(Figure 1、Fig. 1)，并把图形放置在合适的位置。注意中文文献用中文“图 1”“图 2”，不可混杂使用英文的 Figure 1 或 Fig. 1。

现代科学写作通常会利用系列图形表达科学结果，所以很多图形由多个分图(panel)按照一定的逻辑组合而成，形成具备科学思路的图形表达。这时候应当在分图中标记分图序号，可用英文字母代表分图，即 a,b,……或者 A,B,……。排序可以从左到右、从上到下(横向排序)，也可以从上到下、从左到右(纵向排序)。分图序号通常置于各分图的左上角，同时在图题内对分图进行解释和说明。图 4-3 展示了图注内对分图分布进行说明的案例。在正文中提及某分图时，应当提及分图序号而不是总图序，例如，提及图 3 中的分图(d)时，应写成图 3(d)，而不是图 3。

图形的排序是根据图形在文中首次提及的顺序编排的，但是后续提及则无须按此逻辑。例如，文中的首个“图 2”一定要出现在首个“图 1”之后，首个“图 3”则须出现在首个“图 2”之后，其他图表以此类推。而第二次及后续出现的“图×”或者“表×”则无须按此顺序。图形本身作为浮动元素，在文中的位置也应该按照序号前后排列。值得注意的是，一篇论文中即使只有一张图形，也应该分配图序，即称之为图 1(Figure 1)，并且不应该省略编号。

在长篇幅的科学文献中，每个章节的图形可以单独排序。比如，第 1 章的所有图序可以按照图 1-1、图 1-2 排序，第 2 章则按照图 2-1、图 2-2 排序，其他章节以此类推。表格和数学公式也可以按此方法排序。

（二）题注

题注(caption)，又称图注，是指图表等浮动元素的注解性文字，须确切反映图形表述的内容，具体标注形式可参考图 4-1。图形的题注需要独立且完整自洽，即读者无须查阅论文中的文字便可理解其中的内涵。图序和图注一般置于图形下方，也可放置于其左方、右方，国际期刊多见居左排，中国期刊多见居中排。其写作方式分为传统题注和新式题注。

传统题注一般包含四部分内容，即宣示性标题、图形的方法、统计信息、元素定义，具体案例可参考图 4-3。

1. 宣示性标题

此部分总结图形数据所展示的主要结果或发现。这部分内容主要是对图形内容的宣布或者提示，比如“变量 X 与 Y 的散点分布图”“X 时变量的小波频谱”“X 卫星 171Å($1Å=10^{-10}$ m)波段全日面成像图”。此处应该以简短精炼的名词或名词性词组为中心词，要有较好的说明性和专指性，避免一些较空泛的词语。这里无须解读图形所表达的详细内容，而应提示读者如何解读图形表述的内容。这种中性的描述没有指引读者理解图中内容，读者会形成自己对数据和图形内容的理解，可以与作者相同，也可以不同，读者可以自由地、批判性地解读图形内容。

2. 图形的方法

此部分简略地揭示绘制图形过程中使用的一些关键方法。这部分内容主要是辅助读者解读图形的内容，这样读者便无须往返正文和图形之间收集信息去理解图形。此处的方法与期刊论文的方法部分可能会有重复，所以简略地描述即可，只要包含说明图形所需的必要资讯，而无须描述详细的方法。

3. 统计信息(可选)

此部分给出重要的统计量，比如实验次数、显著性(可靠性)、统计检测方法等。此处展示一些重要的数据，以帮助读者评判数据的可靠性和显著性。

4. 元素定义(可选)

图形中的重要元素需要利用符号、颜色、线条等标记，比如图 4-3 中的线条和紫色网格部分。图形的辅助元素是指引读者解读时采用的一些标识或者符号等元素。这些内容一般不适合在图例中解释，所以在题注中加以说明。

新式题注与传统题注的区别在于宣示性标题：传统题注的宣示性标题只提示图形的内容，而新式题注里面额外添加了作者对图形的解读。比如“变量 X 与变量 Y 的散点分布图显示两者之间显著的关联性”“X 时变量的小波频谱展示了显著的五分钟周期性信号”“X 卫星 171Å 波段全日面成像图显示了大尺度辐射强度的扰动传播过程”。这种新式题注可以为读者解读图形的内容，提示图形所表达的主要特征或者趋势。但是如果科学论文的解读存在偏差，很容易让读者失去思考的空间，想当然地按照作者的思路理解论文，而不进行批判性解读。

（三）图例

图例(legend)是对图形中各类符号、线条、颜色等表征数据的视觉元素的标注。在比较不同参量的同类数据的线条图中，为了在图形中区分不同参量下的实验数据，可采用不同格式的线条、颜色或者符号表征数据，这样就避免了利用同质图形系列表达数据。为了辅助读者理解图中数据，可采用图例标记各类符号所代表的数据组分。

图例一般放置在绘图区域内，也可以放置在外围，可参考图 4-1～图 4-3。在绘制数据图时，如果绘图区域 1/3 左右的面积作为留白，则图形在视觉上的美感更加自然，而留白区域适合放置图例。

图 4-2 的图例就是利用橙色和蓝色实线代表了两组不同参量的同类数据。所谓同类数据，是指数据的主变量和因变量相同，只是参数或控制量不同。比如，不同国家的 GPD 时变序列，不同温度下的细菌繁殖速度，地图中公路、铁路、水系的符号说明，都是典型的图例应用。

线型是区分不同组数据的一种方法，一般分为实线(solid line)、虚线(dashed line)、点线(dotted line)、点画线(dottted-dashed line)等。如果线型不足以满足组数需求，可以考虑增加颜色或厚度(thickness)以示区别。绘制数据线时也可以采用符号代表数据，常见的符号有星号（*，asterisk)、正方形(□，square)、菱形（◇，diamond)、三角形（△，triangle）、倒三角（▽，inverted triangle）、空心圆(○，circle)、加号(＋，plus sign)、叉号(×，cross)等。空心和实心也可以表征区别，比如空心菱形(◇)和实心菱形(◆，filled diamond)。颜色是拓展符号和线型的额外维度，常见的颜色有红色(r，red)、蓝色(b，blue)、绿色(g，green)、青色(c，cyan)、黑色(k，black)、洋红色(m，magenta)、白色(w，white)、黄色(y，yellow)等。另外，也可以根据颜色的十六进制代码调用丰富的颜色(比如，＃008000，绿色)。不过，RGB 色光三原色和 CMYK 色料三分色并不是绘图的最佳颜色，如果追求配色美观，需偏离以上颜色以追求科技与艺术的结合，可参考本章第七节。

（四）坐标轴与刻度

图形一般只能表示二维的信息，而横坐标(X 轴，X axis)和纵坐标(Y 轴，Y axis)分别表示二维数据的两个自由度。图 4-1 展示了坐标轴标题的标注方法，一般须标记变量名称和单位。在绘制数据图时，一定要标记坐标轴变量的名称或标题(title)，一般的标记方式为“名称/单位”，比如“时间/h”“增长率/%”“速率/m·s^{-1}”，形式可参考图4-1，案例可参考图4-3。单位的书写标准可参考本章第四节。如果变量没有单位或者单位无关紧要，则可以用任意单位表示，即Arbitrary Unit或Arb. Unit。如果数据的维度达到三维，则须绘制带有三个坐标轴的立体数据图。

刻度用以标记坐标轴的数值大小。刻度分为主刻度和分刻度(又称次刻度)，主刻度一般都有标值，而分刻度可以辅助读者根据坐标轴估算数值大小，一般将两个主刻度进行二等分、四等分、五等分或者十等分。例如，图4-1的横轴采用了二等分刻度，纵轴没有分刻度；图4-2的横轴和纵轴都采用了四等分刻度；图4-3(e)的横轴采用了十等分刻度，而纵轴采用了五等分刻度。

刻度值为主刻度所对应的数字，是坐标轴定量表达的尺度，排在坐标轴外侧紧靠主刻度的地方。当然分刻度也可以标注分刻度值。图4-2示出了刻度值和分刻度值的使用情况。在设计数据图形的时候，要注意避免过宽或过密、标值重叠、辨识不清的情况。一般将主刻度的标值控制为整数或者末位为0或5的倍数，以方便读者快速估算分刻度的数值大小，辅助理解数据信息。如果无法控制为0或5的倍数，也应尽量采用整数作为尾数。

二、字体与字号

图形中的图注、题注、图例、坐标轴以及指示性标注都会使用文字，那么如何选择文字的字体和风格呢？如果期刊有规定字体，则按照格式规定设置即可；如果期刊没有规定字体，则选择与正文一样的字体，适当缩减字号即可。通常情况下遵守默认的字体设计规范，不随意增加元素，例如颜色、特殊字体等。如果对颜色或者字体格式做了修改，例如设置成粗体或者斜体，那么一定是代表了特殊含义。例如，为了区分两条数据线，将标注字体的颜色修改成对应数据线的颜色，例如图4-2的图例。此时，必须在论文中有相应的说明。字体须符合一致性原则，即同一张图形中的字体必须一致，而同一篇文献中所有图形的字体必须一致。

图形的字号一般与正文相同或者略小。期刊一般也会对字体的大小作相关规定，作者只需遵守期刊的规定即可。如无具体规定，图形的字体应当略小于正文字体，但是不能过小，以免影响读者的体验感。读者不必缩放文件，即可正常阅读图形的文字，这种图形字体就是比较合适的。另外，字体的粗细也是科学绘图的考虑点，其原则不变：无须缩放文档，即可正常阅读。

三、 图形的色彩

图形的色彩模式主要分为 RGB 色光模式和 CMYK 色料模式，二者分别为电子显示系统的光学显示配色模型和工业彩印的色料配色模式，图 4-4 展示了二者的色彩组合原理和使用场景。

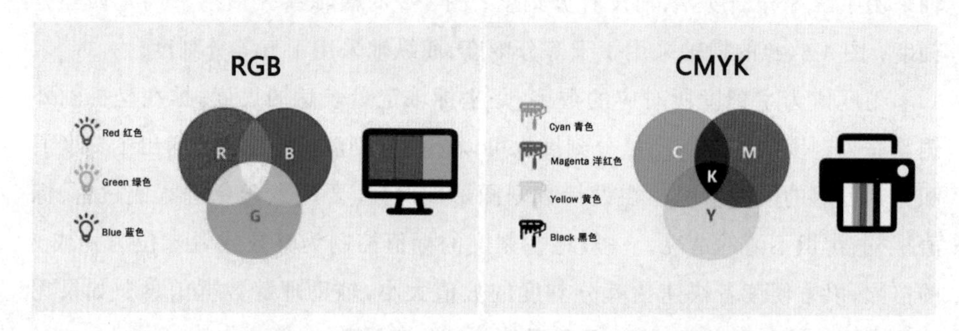

图 4-4 光源三原色（RGB）和染料四分色（CMYK）的原理和应用

RGB 色光模式，又称为三原色光模式。RGB 分别对应红（red）、绿（green）和蓝（blue）色光三原色，将其按照一定比例混合，可以调配成其他所有颜色。三原色发射或是反射一定强度的色光，分别刺激眼睛的三类感光细胞，从而产生某种颜色的等效色觉。因此，RGB 色光模式在电子显示系统中使用非常广泛，比如电脑显示器、电视机等。利用大脑强制视觉生理模糊化（失焦），将红、绿、蓝三原色子像素合成为色彩像素，从而感知丰富的色彩。RGB 色光模式是工业界的一种颜色标准，通过对红、绿、蓝三个颜色通道的变化以及它们相互之间的叠加来得到各种各样的颜色。这个标准包括了人类视力几乎能感知的所有颜色，是目前应用最广的颜色系统之一。

在计算机数字色彩中，颜色可用三原色矢量（R，G，B）或者十六进制数字（# RRGGBB）表示。其中，RR 是十进制数字 R 的十六进制表示（0，1，…，9，

A,B,…,F),其他颜色可以类推。三原色组成矢量可参考图 4-5。比如,在 8 位($F^2=16^2=2^8=256$:0,1,…,255)色彩模式中,红色用(255,0,0)或#FF0000 表示,绿色用(0,255,0)或#00FF00 表示,蓝色用(0,0,255)或#0000FF 表示,白色用(255,255,255)或#FFFFFF 表示,黑色用(0,0,0)或#000000 表示,黄色用(255,255,0)或#FFFF00 表示。

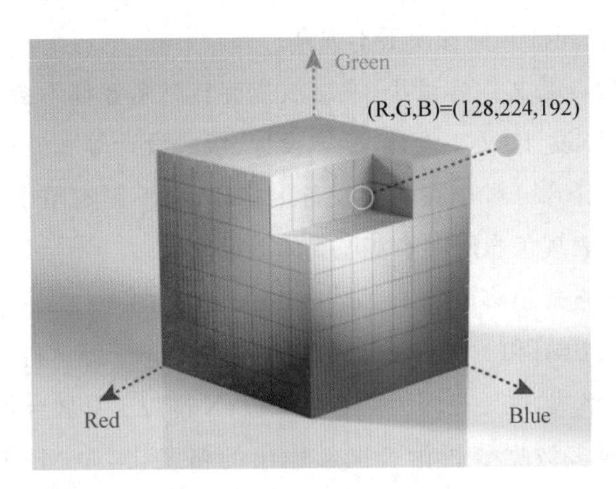

图 4-5　色光三原色(RGB)数字色彩表示原理

印刷四分色模式(CMYK)彩色是工业印刷品采用的一种套色模式,利用色料的三分色相减混色原理,加上黑色油墨,共计四种颜色混合叠加,形成所谓的"全彩印刷"。色料三分色分别是青色(cyan)、洋红色(magenta)和黄色(yellow),加上黑色(black)组合成 CMYK 印刷套色模型。理论上 CMY 三原色油墨/墨水/彩色碳粉印制出成品的结果应该完全等同 RGB 三色光的补色,原理可参考图 4-5。但是,目前工业界彩色印刷、喷墨、激光所使用的 CMY 三色色料,不论其为何种品牌,均有不同程度的色彩偏差。而三层 CMY 叠印产生的黑色不易速干,不利于快速印刷,直接以黑色油墨替代不纯的 CMY 三层叠印所产生的不纯黑色可以节省大量成本。因此,黑色虽非色料的三分色之一,却成为彩色印刷必备的色彩之一。

四、 图形的格式

现代科技文献均需数据和图文支撑,一般需要高清图片,而能满足高清阅读体验的图像格式有矢量图和高清位图。

（一）矢量图

矢量图(vector graphs)在数学上定义为由一系列的线连接的点。矢量文件的初级对象为直线、曲线、多边形、椭圆等几何图形。每个对象是独立的实体，它们具有颜色、形状、轮廓、大小和屏幕位置等属性，而矢量图则是根据几何特性绘制的图形，在线性几何变换下不失真。

矢量图的特点是文件容量小，在缩放或旋转时图像都不会失真，与分辨率无关，适用于图形设计、文字设计、标志设计、版式设计等。矢量图可以缩放到任意大小并能以任意分辨率在输出设备上打印，而不影响图中元素的清晰度。其缺点则是难以表现色彩层次丰富逼真的图像效果。

矢量图形的格式很多，例如，Adobe illustrator 的 *.ai、*.eps 和 *.svg，Auto CAD 的 *.dwg 和 *.dxf，Corel DRAW 的 *.cdr 等。科学论文常用的格式是 eps 和 pdf 格式，主要是因为两者与 LaTeX 排版工具融合得很好。这两种输出格式也是很多数据分析语言能够输出的格式，比如 MATLAB、Python、Origin 等。

（二）位图

位图(bitmap)，又称点阵图或者栅格图，是使用像素阵列来表述色彩和亮度的图像。灰度点阵图(greyscale photograph)实际上就是一个二维矩阵，每个像素的值代表一定的灰度。三张灰度图可以分别代表三原色——红、黄、蓝成分的强度，从而组合成彩色图。当放大图像时，像素点也随之放大，放大到一定的比例后，人眼就可以看见明显的像素点结构，即马赛克状。处理点阵图时，输出图像的质量决定于处理过程中设置的分辨率高低。位图的文件类型很多，如 *.bmp、*.pcx、*.gif、*.jpg、*.tif，Photoshop 的 *.psd 等。

大多数学术期刊要求图形的格式为 tiff 位图或 eps 矢量图，并且要求形成独立的文件。所以，最好在图表转换成图形时，就将图形格式设定为 *.tiff 或 *.tif 位图或者 *.eps 矢量图的形式。

图像质量主要取决于图像的分辨率与位深度。图像的分辨率是图像中存储的信息量，指每英寸图像内包含多少个像素点，分辨率的单位为 dpi(dots per inch，每英寸点数)。dpi 是打印机分辨率的单位，是衡量打印机打印精度的主要参数之一。一般来说，dpi 值越大，打印精度越高。在科技论文的写作中，将图形的分辨率设置为 dpi＝300～600 就能够满足期刊的出版要求，同时该分辨率的图形也比较适合网络传播。

五、图形的引用标注

在科学论文写作中，图表一般需要作者自己制作，这样作者才拥有其版权，并与期刊论文的内容一起转让给出版社发行。如果需要直接使用或者二次加工并使用他人的图形，则须获得作者或出版社的许可，并且标注其来源。

科学论文直接引用他人的图表时，需要像引用其他文字内容一样严格遵守参考文献的引用原则，即在正文中标注图表的出处，并且添加到参考文献列表中。一般来说，如果引用他人的图表，在整篇文章中应该有三处被提及：第一，在正文提到引用图表的序号上要标注图表出处的参考文献注释；第二，被引用图表的题注也应标注参考文献注释和授权情况；第三，文后的参考文献列表中也要详细记录。具体引用时应该标注图表的来源。关于来源的信息应该足够详细，可以让读者通过这些信息找到图表的原始出处，一般应包括作者、出版年份、出版物期刊或书籍。不同的期刊可能对引用所需列出的信息有不同的要求，所以最好的做法是参考目标期刊的格式指南。另外，如果论文需要公开发表，那么还需要联系图表原作者或出版商取得授权，而不是简单地标注来源或者致谢。

总的来说，科技研究人员比较熟悉文献的引用格式，但是容易忽略图形、表格和数据的标注，因此只要不是作者自己采集的数据或者制作的图表，都需要标注来源，否则就容易构成侵权。

下面列举一些常见的图形或者数据资源来源以及相应的标注方法。

1. 期刊论文

Figure 1：Caption. Authors，2012. Used with permission.

图 1：图注内容。摘自：作者，2012. 经许可转载。

2. 参考文献(中英文同)

序号. 作者. 题目(可选). 期刊，年份，卷(期)：页码(编码).

3. 书籍

Figure 1：Caption. Author (2013) Title. Place of publication：Publisher (page number). Used with permission.

图 1：图注内容。著者.《书名》(版本). 出版地：出版商，年份：页码。经许可转载。

4. 网络资源

Figure 1：Caption. Originator (Year) Title of image. Source [Online]. Available from：URL [Accessed：date].

图 1：图注内容。拥有者(年份). 题目. 摘自：网址 [检索日期]。

六、图形使用的原则

图形的绘制应当以设计合理、格式规范、文字贴切等为原则。图形类型的选择应根据所需表达的内容、目标读者的理解水平和美观程度等方面来综合考虑，当然也不能忽略其他方面的相关规范。其原则一般包括：

(1) 选择恰当的图形类型。在选择图形类型的时候要坚持两个原则：①能用文字表述的内容尽量用文字表述，避免添加图形作美学修饰，避免使用可有可无的图形；②图形选择应使图形的特点与欲表达的对象相结合，避免选择完全不相符的图形，导致表达效果不理想。

(2) 简化凝练图形。图形不仅要求表达内容正确，还要求表达的形式简化。当图形用来说明原理、结构、流程时，就不宜将未经简化、提炼的原始图或电路图原封不动地用到论文中。特别是在功能图中，因为功能图是将事物结构抽象处理之后的表达。

(3) 有效表达图形。图形表达须按照文章格式的要求进行。除此之外，还应该注意以下要点：①考虑图形篇幅带来的展示效果；②在突出部分结构时，不需要展现所有结构组成，给出放大特写即可，避免造成图画复杂，无法突出所要表达的核心内容。

(4) 统一图形格式。统一图形文字和正文文字，使其属于同一类语言系统，特别是在论文图形中有中英文混合的情况下。另外，图形线条的粗细也应保持一致。

(5) 正确配备文字。图形应有自明性，即一幅完整的图形要匹配必要且准确的信息，使读者只看图形就能知道其要表达的内容，同时再正确配备文字表达，使图形和文字表达恰当配合、紧密结合、相辅相成、互为补充。

七、合格的图形

一幅合格的科研图形可以同时表达多种信息，它的说明效果往往比大段文字描述更加突出。但是，优秀的图形也必须经过精心的斟酌和设计。一张成功的图表应满足以下要求：

(1) 数据准确、真实可靠。数据真实是科学论文的第一要点，图表里的数据也不例外。同时适当的图像处理能让数据、图表更加突出，对比更加鲜明。

(2) 背景干净，对比鲜明，分辨率高。从信息传递的角度来说，图形所承担的传递信息的任务不比文字少，因此，图表的鲜明度和清晰度与文字的逻辑表述分明同样重要。

(3) 文字简明扼要，与正文一致。该规则比较容易被科研工作者所忽略。原因是作者在绘制图形的时候思路与正文脱节，导致正文讨论过程中与图形的表达出现偏差。

(4) 合适的展示方式。撰写科研论文时，对重要的图形进行恰当的展示，不仅能让读者一目了然地抓住重点，还能锦上添花，为整篇文章的条理性和逻辑性增色。

(5) 注意是否需要添加文字说明。在某些情况下，若一幅图或一张表格就完全可以说明问题，那么文字就不用出现了。但有的时候，适当的文字说明是必要的。比如一些存在争议的知识点或者必要的补充，可以加上一小段文字进行说明。

(6) 首先是根据期刊的要求调整图形设置。比如，在显微镜下观察微生物的时候，由于是透明状态，微生物的细节显示不明显就需要进行染色观察。其次是选择分辨率，分辨率越高显示的清晰度就越高。最后是选择打印颜色，在打印之前要了解刊物的要求，即是黑白打印还是彩色打印。

第三节 表格

表格与图形一样,是一种形象的视觉表述。所不同的是,表格需要展示精确的数据,这些数据一般是重要的参数或者统计量,是科学论文的重要结果,也是读者所需要的重要信息。图形呈现的更多的是数据的规律和特征,所以读者只需识别数据的特征即可,无须刻意寻求每个数据点的意义。设计合理的表格,不仅会使文章框架更加合理,文章的表达也会更加简洁流畅。这就要求表格达到科学严谨、突出中心、自明性强、完整可靠和简洁有序等要求。

一、 表格的基本元素

科技文献中,完整正确的表格应该包含表序、表题(caption)、表头(表目、栏头、项目栏,column head)、表体(table body)、表注(脚注,footnotes)等基本元素,对应的结构元素可见图 4-6 的案例标注。

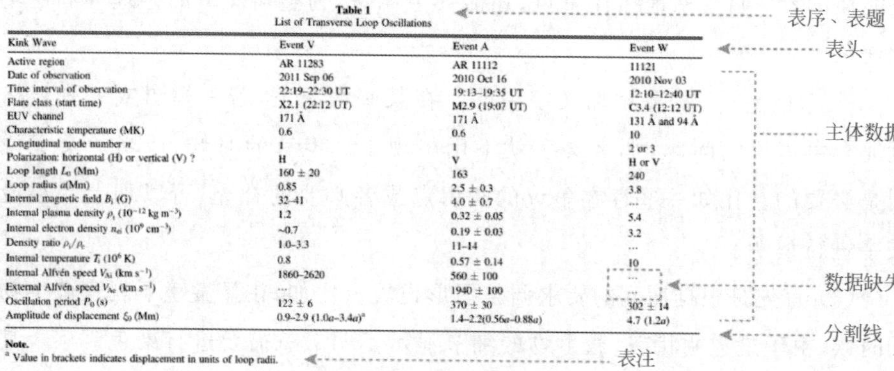

Table 1 ◀------ 表序、表题
List of Transverse Loop Oscillations

Kink Wave	Event V	Event A	Event W
Active region	AR 11283	AR 11112	11121
Date of observation	2011 Sep 06	2010 Oct 16	2010 Nov 03
Time interval of observation	22:19–22:30 UT	19:13–19:35 UT	12:10–12:40 UT
Flare class (start time)	X2.1 (22:12 UT)	M2.9 (19:07 UT)	C3.4 (12:12 UT)
EUV channel	171 Å	171 Å	131 Å and 94 Å
Characteristic temperature (MK)	0.6	0.6	10
Longitudinal mode number n	1	1	2 or 3
Polarization: horizontal (H) or vertical (V) ?	H	V	H or V
Loop length L_0 (Mm)	160 ± 20	163	240
Loop radius a(Mm)	0.85	2.5 ± 0.3	3.8
Internal magnetic field B_i (G)	32–41	4.0 ± 0.7	...
Internal plasma density ρ_i (10^{-12} kg m^{-3})	1.2	0.32 ± 0.05	5.4
Internal electron density n_{ei} (10^9 cm^{-3})	~0.7	0.19 ± 0.03	3.2
Density ratio ρ_i/ρ_e	1.0–3.3	11–14	...
Internal temperature T_i (10^6 K)	0.8	0.57 ± 0.14	10
Internal Alfvén speed V_{Ai} (km s^{-1})	1860–2620	560 ± 100	...
External Alfvén speed V_{Ae} (km s^{-1})	...	1940 ± 100	...
Oscillation period P_0 (s)	122 ± 6	370 ± 30	302 ± 14
Amplitude of displacement ξ_0 (Mm)	0.9–2.9 (1.0a–3.4a)[a]	1.4–2.2(0.56a–0.88a)	4.7 (1.2a)

Note.
[a] Value in brackets indicates displacement in units of loop radii. ◀------ 表注

图 4-6 表格的组成元素

改编自:Yuan,et al.,ApJS,2016,223:24.

（一）表序

表序是表格的编号，即序号，和表题（标题）同时出现在表格中，都是表格的重要组成部分。表序还要在正文中被交叉索引。使用表序的基本原理与图序一样，详情可参阅本章第二节。

根据表格在文中出现的顺序，须用阿拉伯数字（或罗马数字）对表格进行连续编号，如表 1（Table 1）、表 2（Table 2）。如果存在分表，可在数字后面添加字母作为区分，如表 1A（Table 1A）、表 1B（Table 1B）。与图形元素一样，表格的首次索引必须按序号编排，即表 2 首次在正文中提及（即索引）须在表 1 之后。在大篇幅文献中，表格的序号可以额外增加章节序号，比如表 1-1、表 1-2 等表示为第 1 章的所有表格，而第 2 章则采用表 2-1、表 2-2 等。

（二）表题

表格的表题是表格的名称或标题，属于标题性文字，即描述表格所展现的主题，而非全面解析表格。表题应当简短精炼，能准确地反映表格的内容，一般以名词或名词性短语为中心词语，当表意较复杂的时候会在中心词语前加上一系列限定性的修饰词。

表题的原则是清晰达意。这一点与图形的题注不同，图形的图题是解释性图题，即需要独立、完整、自洽，属于完整的描述性文字。而表题属于提示性表题，只需提醒读者表格的主要内容即可。表格作为浮动元素，其整体原则也是独立、完整、自洽，所以表格需要表头和表注等其他元素配合以实现独立、完整、自洽的目标。

表题应体现专指性，避免单纯用泛指性的公用词语，比如“数据表”“实验数据”等，须增加限定性修饰词汇。表序和表题一般放在表格正上方，末尾无须添加句号。其他辅助信息尽量作为说明性文字放置在表注（脚注）内。

（三）表头

表头是代表该列数据的变量名称，比如 GDP 增长率、电导率等变量名称，通常采用“变量名称/单位”或者“变量名称[单位]”的标记方式。每张表格都是结构化表达，通常包含多个表头。

横表头和竖表头类似于坐标系的横坐标和纵坐标。文字通常横排，特殊表头或者排版不便时才采用竖排。竖表头是表格最左侧的部分，与横表头类似，对右方的数据有一定的引导性作用，一般标记参量信息，比如国家名称、测试温度等。表头文字一般左侧对齐，这样显得更加美观。

（四）表体

表体指表格的栏目线和底线之间摘录的表格数据信息，见图 4-6 中的主体数据部分。表体内的数据一般不带单位，而且所有数据须右对齐，保留相同的小数点位数，这样有利于直接比较大小。如果无数据，则留白或者用“—”代替。

（五）表注

表格需要结构化展示规范化的数据，对表达的简洁性、排版格式要求较高。而表题属于提示性题目，一般不适合对表格的一些特殊数据作解释或说明。这就需要借助表注用简练的语句对表格的整体或共性要素、个性要素进行说明、解释或给予补充，这种注释性语句叫作表注（脚注）。表注的作用就是减少表体中的重复内容，使表达更加简洁和清楚，如图 4-6 所示。

表注根据解释的对象不同可以分为整体表注和部分表注。整体表注是对表格整体或其中的共同信息进行的统一解释，一般不加注释符号。部分表注则是对表格中的部分（或特殊）内容进行的注释，具有专指性。被注释要素或文字的右上角及表格下方的注文处都用某种符号，如阿拉伯数字、字母、特殊符号等标注，比如图 4-6 中的脚注。表注之间用分号或者句号分隔。整体表注和部分表注通常位于表格下方。如果表格中同时出现整体表注和部分表注，部分表注应在整体表注之后，同时表注的文字比表格内的文字字号小一号。

表注的规范性也是表格规范表达的重要方面，表注的位置主要遵循以下原则：

（1）表注宜简短。对于比较长的表注，可将其简化，或者将其内容转入正文中直接表述。

（2）对既可在表体又可在表注中表述的内容，一般优先考虑在表体中表述。

（3）对表格栏目的内容进行单独注释或说明时，可以先考虑在表体内加备注栏的形式，再考虑以表注的形式呈现。

二、表格的结构分类

期刊论文的表格按结构不同可分为卡线表、三线表、二线表和无线表。三线表、二线表和无线表可以看作卡线表的简化形式。

卡线表利用横线和竖线将表格分隔成单元格，单元格内填写数据，表顶部和左侧的单元格填写表头，见表 4-1。卡线表是相对完整的表格，除了表序、表题、表头、表体和表注等基础结构之外，还通过横、竖栏线将表分为整齐划一的单元格。卡线表的优点是数据分隔很清楚，数据表格一一对应，功能较为齐全；缺点是横、竖栏线较多，排版复杂。

表 4-1　2020 年各国广义货币 M2 的月供给量

时间	澳洲 M2/十亿澳元	德国 M2/十亿欧元	加拿大 M2/百万加元	英国 M2/百万英镑
2020-01	2173.24	3136.70	1807.00	2435.00
2020-02	2173.12	3150.70	1809.00	2456.00
2020-03	2242.03	3148.10	1846.00	2591.00
2020-04	2311.12	3162.00	1915.00	2626.00
2020-05	2315.19	3158.90	1934.00	2686.00
2020-06	2336.15	3176.30	2003.00	2722.00
2020-07	2374.33	3273.60	2341.00	2717.00

科技论文中一般采用三线表，由于其形式简洁、功能分明、阅读方便而被广泛使用。三线表通常包含顶线、底线和栏目线三线，见表 4-2。其中，顶线和底线可用粗线或双线，栏目线用细线，表两侧没有竖线。当然，三线表并不一定只有三条线，必要时可加辅助线，但无论加多少条辅助线，仍称作三线表。三线表几乎保留了卡线表的全部功能，却克服了卡线表的缺点。对于内容相对较少的表格来说，还增强了表格的简洁性。但如果表格内容较多，阅读时就容易串行，从而给读者带来不便。表 4-2 展示了三线表的基本排布和对齐方式。

表 4-2　三线表的基础结构

参量［单位］	变量 1［单位 1］	变量 2［单位 2］	变量 3［单位 3］
参量值 1*	A.11†	B.21	C.31
参量值 2	A.12	B.22	C.32
参量值 3	A.13	B.23	C.33

注：* 文字左对齐。

† 数字右对齐，保持小数点位数相同，每千位可以用空格或者逗号分隔。

三、图或表的选择

现代科学写作中，通常使用很多数据。数据可以夹杂在论文的主体文字中,也可以总结成表格,或绘制成图形。一般来说,如果表格所占篇幅大于文字,则用文字描述替代表格,除非数据非常重要,需要利用表格强调和总结。表格一般列出重要的数据,而这些数据的值也是重要的实验参数或科学结果。数据类图形的作用是展示数据的特征或者规律等,但数据的实际大小并不是主要的科学结果,而是特征或规律等数据的相对变化或模式。

图形是比表格更高级的表达方式,大部分表格能实现的功能,图形也能实现。表格的优点在于能直接给出数值的大小,但这同时也是缺点,因为表格的数字比较繁琐冗余,较难突出重点。而图形可以将变化的趋势凸显出来,却无法体现数据的真实大小。另外,图形的表达方式相对多样,实现的功能也比较齐全。表4-3和图4-7分别利用表格和图形的表达方式展现了同样的数据,读者可自行比较这两种表达方式的区别。

表4-3 2020年1—8月德国与加拿大的CPI

时间	德国CPI	加拿大CPI
2020-01	105.20	136.80
2020-02	105.60	137.40
2020-03	105.70	136.60
2020-04	106.10	135.70
2020-05	106.00	136.10
2020-06	106.60	137.20
2020-07	106.10	137.20
2020-08	106.00	137.00

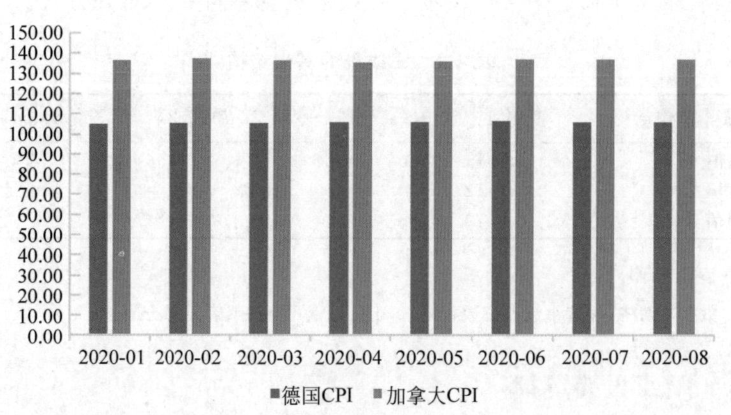

图4-7 2020年1—8月德国与加拿大的CPI变化和比较

第四节 数学公式

数学是现代科学的基础语言,科学写作一般离不开数学公式的辅助表述。数学公式由字母、符号、数字和文字等元素构成,而代数和符号没有通用的表征方式,每个作者都可以选择一套自己熟悉的代数和符号系统。因此,科学写作中,没有规定字母和符号代表领域共识的意义,只是采用一定的写作规范方便读者阅读与理解,也有助于科学论文的传播。数学符号种类繁多,有大量的未知量和变量符号,同时符号之间又可由不同的关系符号和运算符号连接。因此数学符号的复杂性导致了数学公式也极其繁杂,保证数学公式规范、简明和准确的重要性也就不言而喻了。

一、 数学公式的规范表达

(一) 文字和公式的结合

数学公式属于符号语言,英文文献中,它与文字结合的原则是:将数学公式拼写成英语语言,从而与文字和标点符号形成自然语言的衔接。中文文献中,数学公式采用同样的原理,所不同的是,中文标点符号更加丰富,须符合中文语法。数学公式用来表达变量与变量之间的逻辑和运算关系,往往涉及的数字和符号偏多,蕴含复杂的推导过程。数学公式和方程需要融入正文语句,同样要符合文字规范标准。

(二) 公式排版

数学公式在正文中分为行内公式(inline equation)和行间公式(displayed equation)两种。行内公式是将数学公式和文字一起排版,而行间公式是将数学公式另排一行,具体使用方式可参考图 4-8。

一般来说,重要或需要编码的公式排版成行间公式,而简单公式则跟文字组合在一起形成行内公式,即成为句子的一部分。复杂的式子要么比较长,要么含有许多复杂的符号，结构与形式复杂，比如积分号、加和号和连乘号等，排版成行内公式会使得该行的文字与上下行的行间距加大，版面凌乱。如果写成行间公式，则比较显眼，行间距也较为合理。另外，行间公式既可以居中，也可以居左排版，以满足不同期刊或论文的格式要求。

（三）符号注释

数学公式的注释是指对数学公式的符号进行解释和说明，必要时还须给出计量单位。注释一般只在符号首次出现时给出，后续文字再次使用该符号时则无须重复注解，这就要求科学文献通篇确保一个符号只代表一个变量。常见的符号注释有两种：

1. 行文式

行文式是把注释当成叙述性文字处理，通常在公式后直接进行解释。英文中常用 where、here 等连接，见图 4-8 中行内公式和行间公式的符号注释。

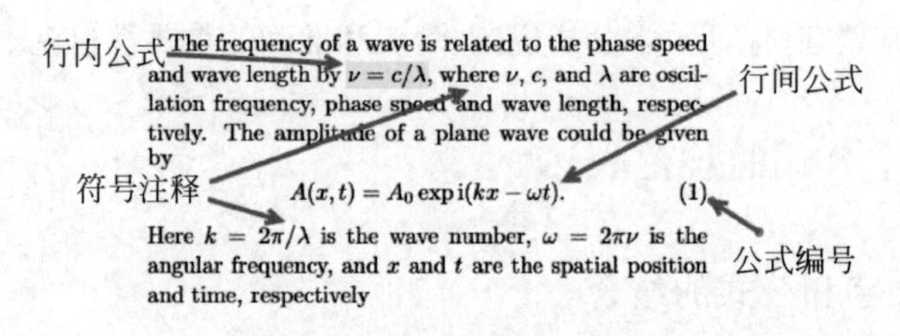

图 4-8 数学公式的使用方式

2. 列示式

列示式和行文式有点类似，公式和文字之间也是通过 where 等连接，再写出注释对象、破折号及注释语。不同注释对象之间利用分号进行分隔，破折号要保持对齐。这类注释一般应用于符号较多的情形，比如图 4-8 所采用的行文式注释，虽然不属于列示式，但也可以适当修改成这种格式。

（四）公式编号

由于数学公式可能在正文中描述，或者用于严谨的数学推理，或者应用于现实场景，所以，有必要对重要的数学公式编号，这样可以避免后文中重复书写。因此，应建立交叉检索，满足公式和文字的相互指向。数学公式的编号要满足以下习惯：

(1) 式号均用阿拉伯数字，置于圆括号内。

(2) 公式编号须连续,不重复,不遗漏。

(3) 式后无空位。如空位不足,则将式号排在公式右下方。

(4) 编号的式子不太多时,常用自然数表示式号,比如(1)(2)等。系列公式可以采用数字加英文字母标号,比如(1a)(1b)等。

(5) 对于分段式的公式,编号一般放在居中位置。

(6) 文中未提及或不重要的公式,即使组合为行间公式也不用对其编号。

(五) 标点符号

数学公式是现代科技论文的符号语言系统,是传达有效信息的一种规范性语言。数学公式本身是符号化的语言,在行文过程中,应将其视为与正文地位相同的元素,适用于正文的标点符号同样适用于数学公式。所以,数学公式中标点符号的使用原则是:将数学公式还原为英文拼写,按照英文语言的习惯与正文文字有效组合,使用英文语言的标点符号。对于中文排版,该原则也同样适用。数学公式作为第三人称的科技语言,一般只使用逗号(,)、句号(. 或。)或者分号(;)。图 4-9 展示了数学公式中标点符号的使用案例,其中,公式(1)直接承接语言部分,起始位置没有用标点符号,公式(1)结束后使用逗号,因为该句还没有完结。公式(4)完结之后使用句号,第二句话重新开始,首字母大写。

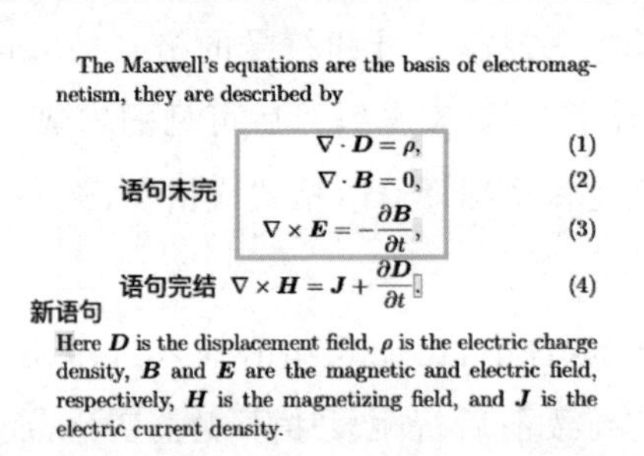

图 4-9 数学公式中标点符号的使用案例

以上规则为数学公式与文字的结合逻辑。

二、 公式编辑器

(一) MathType

MathType 是一款数学公式编辑和排版软件。它可以与常见的文字处理软件和演示软件配合使用，在各类文档中插入复杂的数学公式和符号；也可用于编辑数学试卷、书籍、报刊、论文及幻灯片演示等方面，是编辑带有数学公式和符号的科技资料的得力工具。MathType 可以单独使用，将编辑的数学公式生成图片格式，插入文档之中；也可以嵌入文字处理器中，实时编辑同步更新。

MathType 的优点是"所见即所得"。它可以将编辑好的公式保存成多种格式的图片或者 LaTeX 代码，也可以保存为模板，方便后续修改和更新。当然，这种使用方式也存在明显的缺点，即用户需要在各栏之中寻找所需的符号或者非英文字母等，从而影响编辑效率。

MathType 具有以下功能：

（1）拥有直观易用、所见即所得的用户界面。

（2）兼容各种文字处理软件和出版软件。

（3）可以智能调整变量和数字的字体，符合数学公式的格式要求。

（4）可生成 LaTeX 和 MathML 代码，并转换成各类矢量图和位图。

（5）附加多种专用符号、字体和模板，涵盖数学、物理、化学、地理等学科领域。

MathType 还具有手写输入功能，即可以智能识别手写的字母或符号。另外，MathType 也可以智能识别 LaTeX 语言的代码，所以输入 LaTeX 数学公式可以直接利用 LaTeX 命令控制字母和符号的格式。MathType 的公式也可转换成 LaTeX 语言，弥补了 LaTeX 先编译后可见的劣势。这样，在 LaTeX 中输入数学公式时，可以避免多次编译修改格式或错误，极大地提高了编辑效率。

（二）LaTeX

在常见的文字处理软件中，比如 Word，插入行内公式或者符号时，文本会自动调整该行的基线，导致前后行距发生不规整变化，而且其后期排版很难完全消除该影响。LaTeX 处理数学公式和符号的功能非常强大，而且其最大的优点就是数学公式与文字之间的兼容性非常好，即公式与文字完美契合。LaTeX 的最大缺点就是先编译后可见，输入公式的时候不知道视觉效果如何。不过很多 LaTeX 语言的文字编辑器会内嵌同步显示插件，可以达到同步显示数学公式的效果，从而弥补该缺点。

LaTeX 提供有各种处理数学公式和符号的程序包，可以输出各种复杂的符号和字体，功能非常齐全。LaTeX 广泛用于学术界各领域的科学文档处理，包括数学、统计学、计算机科学、工程学、物理学、经济学、语言学等。LaTeX 也支持日语、韩语、阿拉伯语、梵语和希腊语等多种复杂语言系统。文字内容的编辑和格式编辑相互独立,这样用户可以专注于内容,编辑长篇幅文档的效率远高于其他文字处理软件。

如果需要在 LatTeX 文档中输入行内公式,只需将代表数学公式的 LaTeX 编码放置在一对美元符号"$"之内,即可完成正常文字与数学公式的自由切换。比如,文字后连接 $ x=y+3 $,LaTeX 语言会自动将(x,y)设置成代表变量的斜体(x,y),而 3 和其他符号仍为正体。

如果输入行间公式,只需将 LaTeX 编码放置在一对双美元符号"$ $"之内即可,即

```
$ $
x=y+3.
$ $
```

这样 LaTeX 语言便自动录入行间公式,并且同样将里面的变量和常量用默认的数学字体编排。

如果需要格式化数学公式,并且对其编号,则须将数学公式进行以下处理:

```
\begin{equation}
x=y+3. \label{eq:xyz}
\end{equation}
```

这样,LaTeX 语言会自动按照行间公式处理,并且按照公式前后顺序自动给公式编排序号。正文描述该公式的时候,只需写"Equation~\ref{eq:xyz}表示 x 比 y 大 3"。如果该方程的自动编号为 5,编译之后则显示"Equation 5 表示 x 比 y 大 3"。

LaTeX 使用 TeX 排版程序来格式化其输出,并且本身由 TeX 宏语言编写而成。LaTeX 的主要用户是科研工作者,或者对学术排版质量要求较高的用户。LaTeX 对用户要求比较高,熟练的用户才能编辑高质量的公式和图表,完成高质量的排版。一旦熟练掌握 LaTeX,用户就可以完成很多其他软件无法实现的排版效果,比如图形的透视和变换、各类字体和颜色、图文的注解等。

LaTeX 得到广泛使用的重要原因是,LaTeX 代码可以直接在 MATLAB 和 Python 等编程语言中使用。如果需要在数据图中输入数学公式或者符号,

只要按照 LaTeX 语言格式输入即可。这种兼容性使得 MATLAB 和 Python 等程序在图形输出方面的性能非常优越，被广泛用于科学期刊图形绘制中的数学公式或者计量单位的输入。

（三）在线数学编辑器

由于 LaTeX 语言需要编译之后才能看到数学公式的样式，所以用户需要花费很多时间调试公式的格式或者排除错误代码。现在很多网站提供在线编辑数学公式的功能，用户只需专注数学公式这一小部分代码，及时调整至所需的效果之后，将该段源代码复制到 TeX 文档即可，以避免为了排除错误或者微调格式而多次编译 LaTeX 源代码。

在线数学编辑器能够带来较多方便，用户可以随时随地进行数学公式编辑。接下来介绍两种线上数学编辑器：LaTeX4technics 和 Mathcha，用户界面如图 4-10 和图 4-11 所示。LaTeX4technics 和 Mathcha 线上数学编辑器只要打开网页版就可以应用，能够很好地辅助编辑 LaTeX 文档或者作为 Python 或 MATLAB 等语言的图形标注。

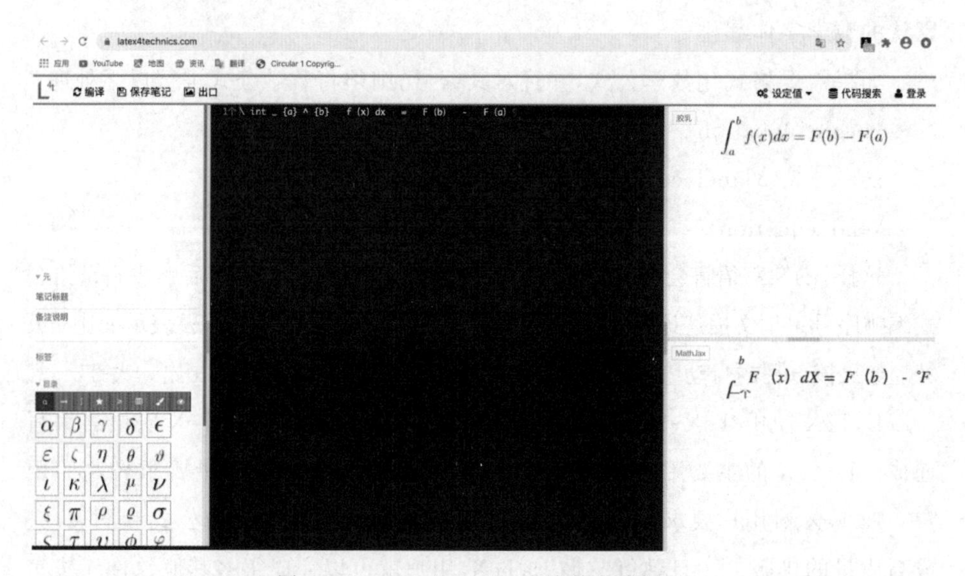

图 4-10 Latex4technics 在线数学编辑器

（四）Mathpix

Mathpix 是识别手写或者图片化数学公式并将其自动翻译成 LaTeX 代码

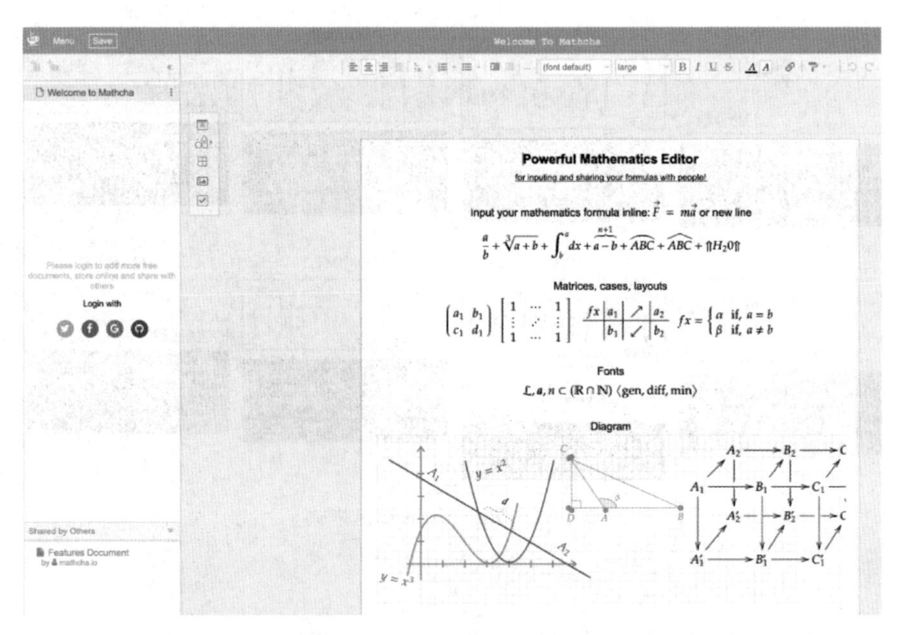

图 4-11　Mathcha 在线数学编辑器

的工具。用户可以非常方便地将纸质或者手稿上的数学公式，以及电子版 pdf 文档或网页中的公式直接转换成 LaTeX 源代码，复制到 LaTeX、Markdown、MathType 等编译源代码的软件中，转换成电子文档的数学公式，具体的输入/输出格式可参考图 4-12。

此外，Mathpix 还能够识别图片化的文字、图表等内容，也能识别印度语、汉语、俄语、日语等非拉丁语言。这样可以非常便捷地将早期文档中的文字、图表等内容转换成现代电子文档，从而节约了大量人工成本。

使用 Mathpix，只需要两步就可以将公式转到 LaTeX 文档：①通过截屏或者其他手段将所需的数学公式图片化；②将所获取的图片输入 Mathpix 中，自动识别并转换成 LaTeX 源代码。Mathpix 操作非常简单，对于科学工作者来说是一个很棒的工具，能够快捷地将图像转化为数学公式。Mathpix 支持 MacOS、Windows、Linux 等计算机操作系统，也支持 Androids、iOS 等移动终端操作系统。

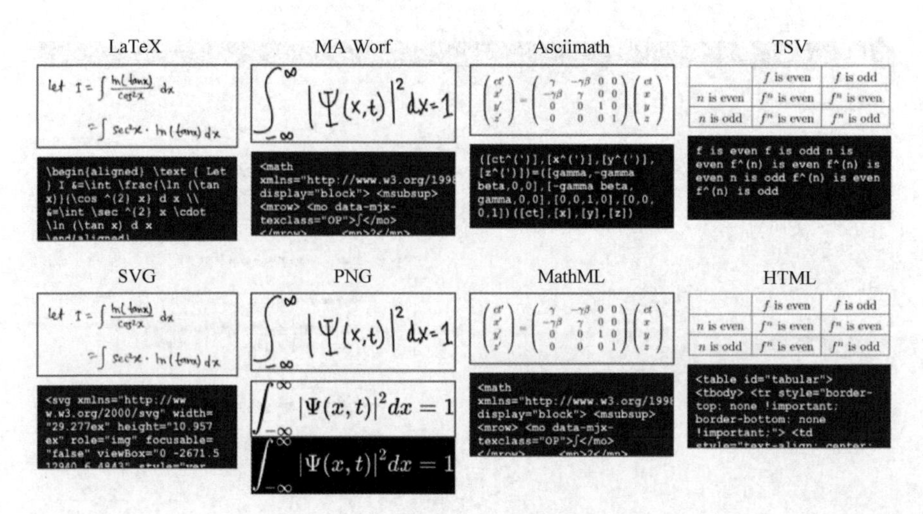

图 4-12　Mathpix 的输出格式

来源：Mathpix.

第五节　字符规则

一、 数字的使用

阿拉伯数字是世界上最重要的发明之一，由于其笔画简单，结构科学，形象清晰，组数简短，因而被世界各国广泛应用，特别是在科技文献中。而中文数字、罗马数字等数字已经很难适应现代科学的计数需求，多数用于标题、枚举、提纲等简单的计数。

对于中文文献中数字的使用，我国国家标准《出版物上数字用法的规定》(GB/T 15835—1995)中规定："凡是可以使用阿拉伯数字而且又得体的地方，特别是当所表示的数目比较精确时，均应使用阿拉伯数字。"根据此规定，建议如下。

（一）简单计数

简单计数一般采用中文计数法，而且这种简单计数不能是精确测量的结果。比如，简单地描述10以下的整数计数可以采用中文计数法，如“三种方法”“第七章”“五部分”“第三类”“五次实验”“第四版”“一等奖”。而交叉索引则例外，可直接用数字，比如，“图2”“表5”“方程(4)”。

（二）精确测量

精确测量的结果默认代表一定的精度，须采用阿拉伯数字。例如，数字“51”有两位有效数字，由[50.5～51.5]范围内的数字修约而成“51”。精确测量的计数代表有：“51mL”（两位有效数字）、“123个样本”（三位有效数字）、“$120 000”（六位有效数字）、“4.2倍”（两位有效数字）、“40%”（两位有效数字）。

（三）科学计数法

对于位数或者小数点位数较多的数字，可采用科学计数法表示。表述格式为$a\times10^{n}$，其中，a为实数，一般保留最高位是个位，且个位的数字为1～9；n是整数，也可以为负数。比如，0.000 001 2可以表示为1.2×10^{-6}；-0.92×10^{-6}则不符合规范，应当写成-9.2×10^{-7}；92.1×10^{-6}也不规范，应当写成9.21×10^{-5}。

（四）误差的表述

物理量的表述一般包含数字和单位，比如长度为1.2 m。当一个物理量带有误差时，须记住误差也带有单位物理量。误差的表述符合乘法分配律，即“(数字±误差)单位”或者“数字(单位)±误差(单位)”。我们可以说长度是(1.2±0.1)m或者1.2m±0.1m。而初学者常犯的错误是写成1.2±0.1m或者1.2m±0.1。注意数字和单位之间应保留一个或者半个字符的空格。

误差的另外一种表述是包含在括号中。比如，长度为1.2(1)m代表(1.2±0.1)m，质子的质量为$1.672\ 621\ 923\ 69(51)\times10^{-27}$kg，代表$(1.672\ 621\ 923\ 69\pm0.000\ 000\ 000\ 51)\times10^{-27}$ kg。注意，括号中的误差数字与物理量数字默认末位对齐。在科学计数法中表述误差也符合乘法分配律。

（五）时间与日期

时间和日期一般采用数字表述。比如，日期为2020年7月1日，当地标准时为12:20 AM。世界协调时为2020-10-01 UT 12:15:00.000，世界标准时为

2020年10月01日，世界标准时为12:15:00.000。该时间一般用于天文科学研究，表示太阳系内全球统一时间。

（六）注意事项

(1) 语句不能以数字开头。我们不能说“13个案例显示###”，应该写成“十三个案例显示###”或者“本实验诸多案例(13个)显示###”。但是年份和时期可以例外，比如，“2020年是全球经济低迷的年份。”“2月15日，广东省感染新冠病毒的案例达到峰值。”

(2) 数字风格一致。通篇文内数字风格须保持一致，另外语句中的数字风格也须一致。例如，“本文采访了五位经济学教授、七位银行高管和13位基金经理。”很显然，对于10以下的数字作者采用了中文(或英文)拼写数字，10以上的数字采用了阿拉伯数字。但是语句中风格应当一致，所以可以修改为“本文采访了5位经济学教授、7位银行高管和13位基金经理。”或者“本文采访了五位经济学教授、七位银行高管和十三位基金经理。”

(3) 每千位均留空。对于高位数字，每三位(千位)留空白，以便读者快速估算数值大小。比如，“10000000000”很难阅读，而“10 000 000 000”或者“10,000,000,000”却很容易估算大小。

二、物理量符号

物理量是指物质可测量的属性，比如，长度、密度、温度、电流、比热容等。为了描述方便，科学界一般指定一些字母或者字母的组合来表征物理量。物理量和数字一样，是科学的专业术语。作者可在通篇论文或者书籍中根据国际标准或共识或者自己的使用习惯赋予物理量独特的符号。可用数字和单位记录物理量的大小，用字母或符号代表其意义。举个例子，可以用 L 表示日地之间的距离，当描述日地距离时，无须采用文字描述的形式，而可以采用数学公式简化，比如“日地距离为1 AU”可以写成“$L=1$ AU”。

（一）字体

物理量分为标量、矢量和张量等，有时候带有下标或者上标。出版物中的论文均采用斜体代表标量变量，比如用 L、p、t、m 分别代表长度、压强、时间、质量。另外，函数也用斜体表示，比如，$f(x)=x^2+x$。矢量用黑斜体表示，比如用 $\boldsymbol{B}$ 和 $\boldsymbol{v}$ 分别代表磁场强度矢量和速度矢量，当然也有文献采用矢量箭头标识。张量可采用英文的复杂字体，形成统一规格，比如张量 T 可用$\mathcal{T}$代表。

（二）下标

有些物理量会采用下标，下标分为描述性文字和变量两类。描述性的下标采用正体，变量类的下标采用斜体（如果是矢量或者张量则采用黑斜体）。例如：

K_e 代表电子的动能。其中，K 代表动能，须用斜体；e 代表电子，属于描述性词汇，须用正体。

U_i 和 U_o 分别代表输入与输出电压。其中，U 代表电压，须用斜体；i 代表 input，o 代表 output，属于描述性下标，都用正体。

c_p 代表比定压热容。其中，c 代表比热容，须用斜体；而 p 代表物理量——压强，即等压的情况下，也须用斜体。

i_x 代表位置 x 处的电流 i。其中，i 代表电流，须用斜体；x 代表坐标变量，也用斜体。

微分符号中，dt 代表时间的微分。其中，d 是微分符号，用正体；而 t 表示时间，是变量，用斜体。

三、单位符号

（一）组合单位

国际单位制（SI units）共定义了七个独立的基本单位，其他单位都可以由基本单位组合而成。组合单位通常采用乘法关系表述，比如，“m/s”“$\mathrm{m}\cdot\mathrm{s}^{-1}$”或“$\mathrm{m}\cdot\mathrm{s}^{-1}$”。基本单位之间由空格（半个英文字母）或者点（·）分隔。比如，能量的单位是 J（焦耳），$1\mathrm{J}=1\mathrm{kg}\cdot\mathrm{m}^2\cdot\mathrm{s}^{-2}$。值得注意的是，除号（/）在表示单位的组合中只用一次，比如，电导率的单位是 S（西门子），$1\mathrm{S}=1\mathrm{s}^3\cdot\mathrm{A}^2/(\mathrm{kg}\cdot\mathrm{m}^2)$，不能写成 $1\mathrm{S}=1\mathrm{s}^3\mathrm{A}^2/\mathrm{kg}/\mathrm{m}^2$。

（二）量值

量值是由数字和单位符号组成的物理量的数值。量值的一般写法为“数字（空格）单位”，比如 2.5kg。注意，数字与单位之间的空格为四分之一个汉字的占位(或半个英文字母)。LaTeX 的数学公式中可用命令“\,”控制半个字母的空位,而“\;”代表一个字母的空位。时间和角度的单位——度、分和秒则例外,比如 30°22′8″,此处数字和单位之间不留空位。

单位相同的量值运算时,须分别标注单位。例如,30mm×5mm×5mm 不可写成 $30\times5\times5\mathrm{mm}^3$。列举一些量值时,也不能省略单位,应当表述为“(8.2,9.0,9.5,9.8,10.0)GHz”或“8.2GHz,9.0GHz,9.5GHz,9.8GHz,10.0GHz”,而不是“8.2,9.0,9.5,9.8,10.0GHz”。

(三) 值域与误差

值域是指量值的分布范围,中文文献推荐使用浪纹号“～”表示值域,不用短横线或一字线,主要考虑横线容易与减号“-”混淆。英文则推荐使用 to,而不用短横线表示范围。

英文推荐 200nm to 2200nm 或(200 to 2200)nm,而非 200 to 2100nm。而中文则推荐使用 200～2200nm 或(200～2200)nm。注意浪纹线与数字之间也留空位(半个英文字母)。用百分号或幂次表示的数值范围,不可省略第一个数值的百分号或幂次,如 7.3%～7.5%不可写成 7.3～7.5%,10^3～10^7 不可写成 $10^{3\sim7}$。

误差用于指示以某参数为中心的误差统计分布范围。上下误差相同时,可以用“测量值±误差值”的模式表达,如 12nm±0.5nm 或(12±0.5)nm。应避免造成歧义,不可书写成 12±0.5nm。误差亦可用上下标表示,如 $7^{+0.1}_{-0.2}$cm 或 $7\mathrm{mm}^{+0.3\mathrm{mm}}_{-0.2\mathrm{mm}}$ 等,此处注意数字和单位之间的空格。

第六节 数据可视化

一、语言与图表

现代科学研究以量化的数据为主要结果。如果数据不多,而且很重要,则可以用文字的形式描述其结果。如果数据比较多,而且数据的精准性也是评估科学结果的重要依据,则可以采用表格规整数据。如果数据较多,但是数据的精准性并不重要,而数据的特征和规律才是科学结论的重点,则可以采用数据图展示数据的特征或者规律等重要信息。

在大数据时代,人类的经济和商业行为、大型仪器设备以及政府和机构都会采集大量数据,这些数据都是多维度数据。而人类肉眼可以辨识的图形只能是二维的,即图像信息,所以数据可视化的本质就是呈现高维度数据的二维投影图像特征,以便于人类视觉辨识。

数据可视化的主要目的是清晰地展示量化信息。有效的图形可视化须遵循以下基本原则。

(1)通达。图形能够正确地表达变量之间的关系,优化图形的通达能力,以最大化地辅助读者辨识和理解数据之间的关系。

(2)清晰。读者在视觉上能辨识图形的各个元素,图形可以清晰地描述最重要的元素或关系。

(3)连贯。绘图风格前后一致,图形的元素、符号和颜色也保持前后一致,读者能够理解图形的内容,并且习惯作者的绘图风格,这样更方便理解后面的图形。

(4)简洁。图形中的数据和元素须最经济有效地使用,通过最简洁的手段绘制复杂的数据关系,减少不必要的符号和图形元素。

(5)必要。时刻考虑图形的必要性和图中元素的必要性,判断是否有必要添加该图形,是否能够利用表格或文字替代,或者图形是否传达了重要的信息。

(6)高能。高能地利用数据和图形元素的价值,图形中的任何数据、符号、辅助元素都能最优地发挥其价值,高效地展示图形的信息。

总的来说,优质的数据可视化一般具有以下特征:①传达正确的信息,不刻意扭曲事实;②简单而精致,读者无须思考便可直观地理解其内容;③以艺术美学手法辅助信息表达,而非过分渲染;④不过分灌输信息。

二、数据可视化工具

(一)Origin

Origin 及其高级版 Origin Pro 是非常优秀的绘图软件。Origin 的字体、线条、颜色、透视效果非常适合科技文献出版。

Origin 具有多种常用数据导入接口，包括办公数据格式（Excel、CSV、HTML）、地图数据（Maps online、Google map）、科学数据（FITS、HDF、JSON）、生物医学和化学数据（DICOM、Chem Data、Tektronix）等。Origin 数据接口的兼容性很强，适合各个学科的科学家绘制科学级数据图。

Origin 的图形绘制能力非常强，可以绘制各种线条图、柱状图、饼状图、矢量图以及这些图形的三维图形，提供几百种图形模板以供调用，可以输出科学级的位图和数量图，满足各种期刊对图形的出版要求。Origin 还具有基础数据分析能力，以及数据统计、数据拟合和光谱分析能力。图 4-13 展示了 Origin 软件的各种功能效果图。

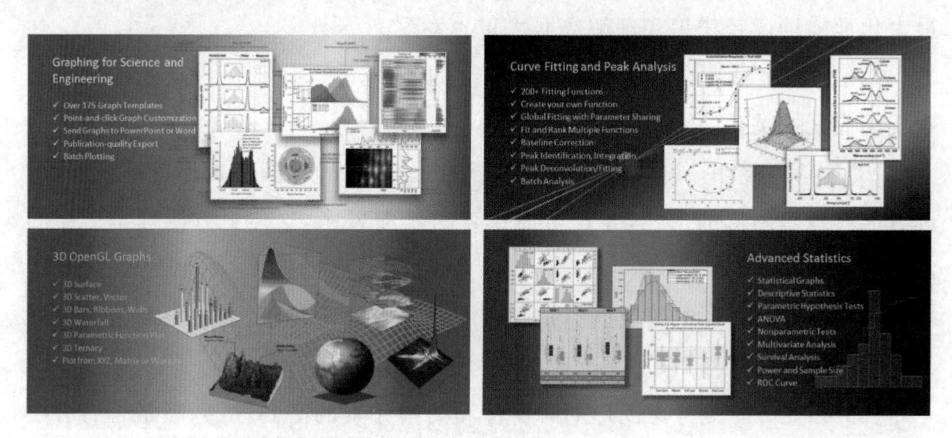

图 4-13　Origin 的功能效果图

（二）Python

Python 是一种非常流行的免费脚本语言，语法简单但功能强大，被广泛应用于数据分析和人工智能领域。数据可视化是 Python 语言的优秀功能，其最常用的程序包是 Matplotlib，也提供其他高阶函数库。

1. Matplotlib 函数库

Matplotlib 是 Python 数据可视化的基础函数库，也是 Python 语言中应用最广泛的数据可视化库。Matplotlib 可以很方便地根据数据特征进行可视化，可绘制柱形图、散点图、气泡图、堆积图、树地图、雷达图、热力图、组合图等众多科学插图，功能非常强大。图 4-14 展示了 Matplotlib 的一些图形案例。

Matplotlib 能够用简单的语句绘制科学级的数据图，不仅能够绘制静态图、动态图，还能够设计和绘制交互式图形。用户可以调用 Matplotlib 的函数，精确调整数据图的线条、刻度、字体、颜色和透视度等多组参量，还可以输出为各类格式的位图和矢量图。Matplotlib 有很多网络学习资料和讨论组，同时也提供多种基于 Matplotlib 的高级功能包。

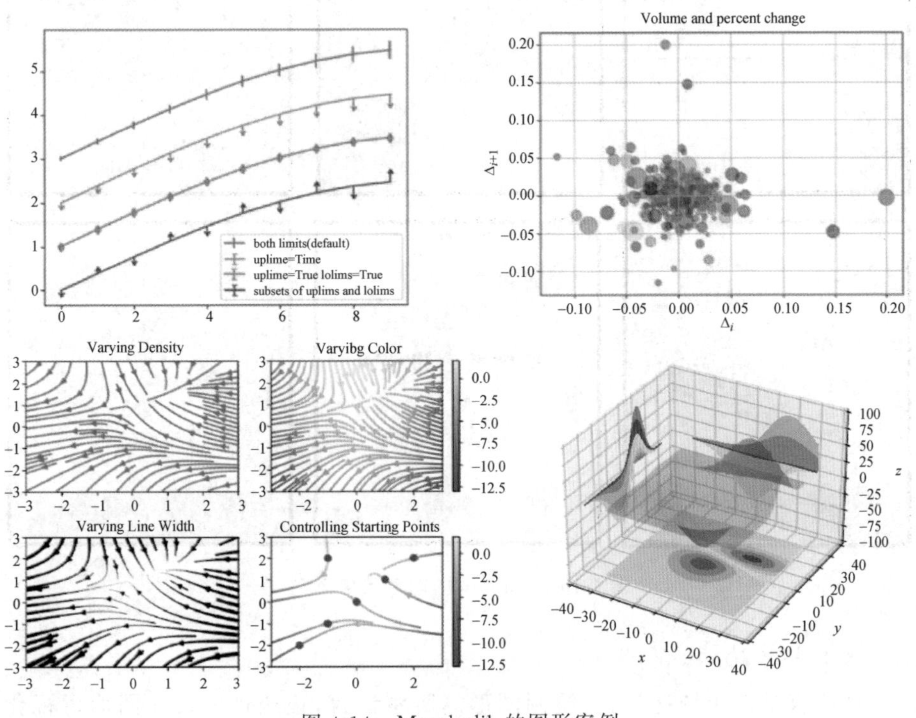

图 4-14　Matplotlib 的图形案例

2. Seaborn 函数库

Seaborn 是一个基于 Matplotlib 的图形可视化函数库，提供一种高度交互式界面，便于用户做出各种有吸引力的统计图表。图 4-15 展示了 Seaborn 的绘图效果。Seaborn 其实是对 Matplotlib 的高级封装，不仅能通过简单的函数调用制作非常漂亮且专业的数据图，还能够调用 Matplotlib 的所有数据库。同时，Seaborn 能高度兼容 Python 的 Numpy 与 Pandas 数据结构以及 Scipy 与 Statsmodels 等统计模式。Seaborn 能更加高效地分析统计数据，绘制科技图形。Seaborn 框架旨在以数据可视化为中心来挖掘与理解数据，提供面向数据集的制图函数,主要是对行列索引和数组的操作,包含对整个数据集进行内部的语义映射与统计整合,以生成富含信息的图表。

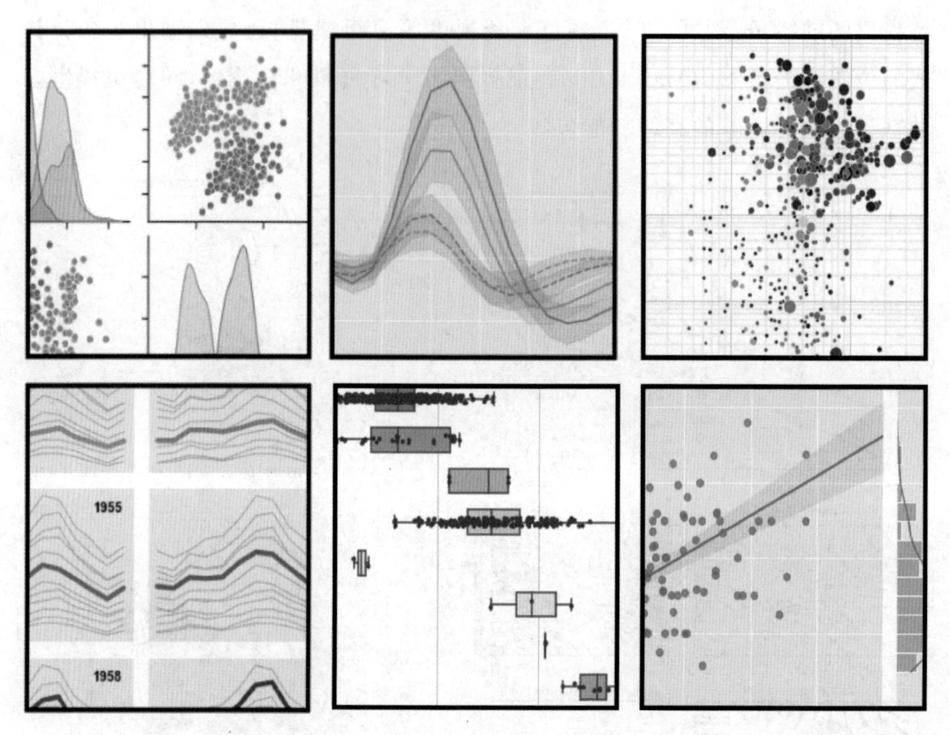

图 4-15 Seaborn 的图形效果案例

（三）R 语言

R 语言是用于统计分析、绘制图形的脚本语言,集统计分析与图形可视化为一体。R 语言通过 GNU 通用公共许可协议发行,成为一个自由、免费、开源的软件系统,支持 UNIX、Linux、MacOS 和 Windows 等操作系统。

ggplot2 是 R 语言的一个可视化程序包,可以在其图库中查阅优秀的案例并借用。ggplot2 采用图层的设计方式,非常有利于结构化的图形设计。表征数据的图层和图形细节分开,可以快速地表现图形,使得绘制图形更加容易,而不必在绘制图形之初就进入细节,后期可以慢慢调整图形元素的格式。统计分析的基础函数融入图形之中,更有利于显示大量统计数据及其规律特征。另外,ggplot2 图形美观、拓展包丰富,有专门调整字体和公式的程序包,也有专门调节颜色和图形主题的程序包。图 4-16 展示了 R 语言绘制的图形效果。

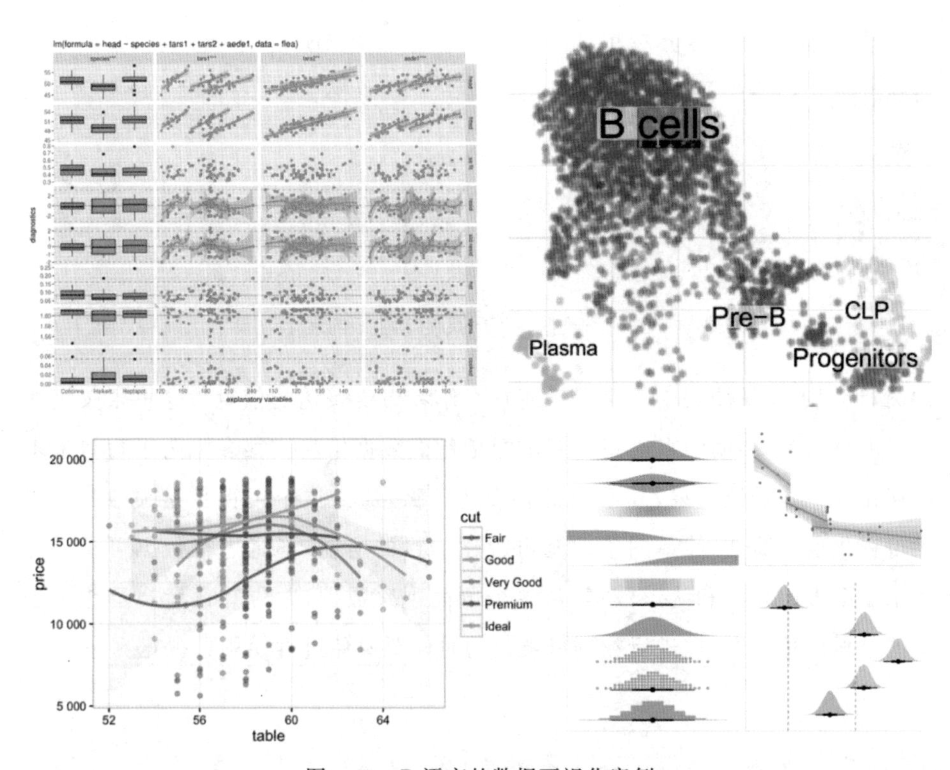

图 4-16 R 语言的数据可视化案例

三、数据可视化的误区

（一）视觉误导

什么叫视觉误导？图 4-17 中的左右图绘制的是同一组数据，只是纵轴的绘图范围不同，但是看上去传递的信息明显不同，这就叫视觉误导。为了避免视觉误导，绘图时应遵循如下原则：

(1) 不要刻意改变刻度来夸大和减小差别。

(2) 不要刻意扭曲数据使得数值失真。

(3) 不要刻意把绘图设计得过于复杂或简单而误导读者。

(4) 如果图表支持某个观点，则可表述出来。

（二）过度使用可视化

数据可视化的目的是用图表的形式展示数据的信息，让展示的东西有视觉

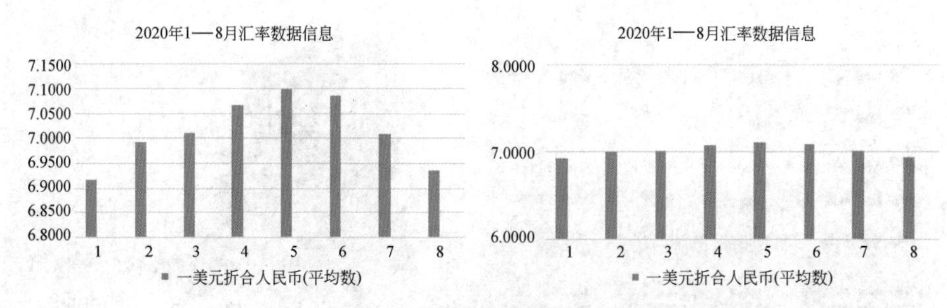

图 4-17　相同数据在不同尺度坐标下的表示效果

冲突，让读者能从图表中一目了然地看出作者想要表达的信息。这里很关键的一点就是，作者要明白自己想要展示的是什么数据信息。很多人为了盲目追求可视化的一些酷炫效果，却不知道要表达什么，那么这个可视化是失败的。当然可视化也要简洁，简单明了才是可视化的目的所在，毕竟进行数据可视化是为了帮助人们理解和认识数据，从多个侧面观察数据，并告知读者自己想要表达的数据信息。所以，进行数据可视化的时候要避免过度使用可视化。

第七节　色彩学

色彩学的应用是科学家绘图时相当缺乏的一个思考维度，这导致了艺术与科学的脱节：艺术家无法理解科学，而科学家缺乏艺术修为。本节主要讲解色彩学的基础原理以及色彩学在科学绘图中的应用。艺术修为和对色彩的美感体会属于人的艺术沉淀，这里只介绍色彩学基础和一些常见的误区，读者须培养自身对艺术美感以及色彩的本能应用。

一、色彩学基本原理

色彩的产生是由眼睛接受特定波长的光线并将视觉信号传输到大脑的特定区域进行识别处理所引起的一种视觉现象。图 4-18 展示了人的肉眼所能识别的电磁波范围,其波长处于390～770nm范围内,这就是人眼所能识别的“可见光”。根据可见光的波长由长到短的顺序可以将色彩粗略地分为红、橙、黄、绿、蓝、紫,这也是彩虹所展示的颜色。实际上,在可见光的光谱上任取一点都可以说是一种独特的颜色,所以颜色的种类非常多。

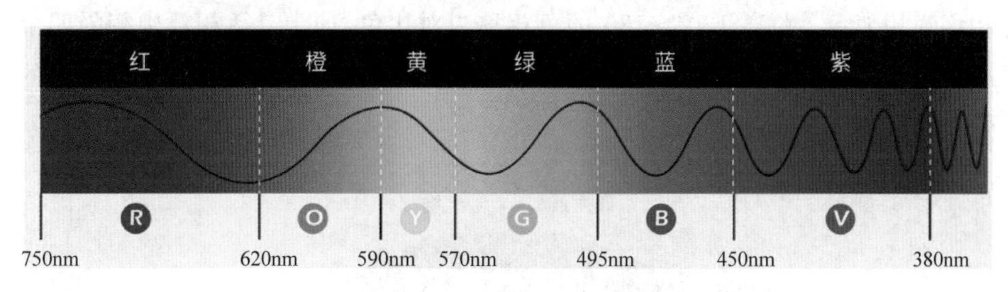

图4-18 可见光波长与色彩

常见的信息显示载体为印刷品与电子屏幕,两者的显色原理完全不同。印刷品(也包括自然界的物质)的显色本质是吸收并反射外界光源而显示出相应的颜色,其基本色为染料——青(C)、洋红(M)、黄(Y),在美术学中常说:红(洋红)、黄、蓝(青),再加上黑色(K),组合成印刷业中使用的CMYK色彩模式。

电子屏幕的显色本质是红(R)、绿(G)、蓝(B)发光三原色混合相加而成的,形成RGB色彩体系。发光物体的基本色是光的三原色——红、绿、蓝。当红、绿、蓝三色等量混合时,就是白色,不发光则是黑色,数值越大颜色越亮。在计算机软件中,8位的字节可以表达0～255的色阶。红、绿、蓝的取值范围是0～255。红8位、绿8位、蓝8位,共24位,也称24位真彩。每一种颜色可以用三个小于256的数字表述。如果用16进制表示,就是6位数,比如FF0000代表红色,00FF00代表绿色。

二、色彩三要素

色彩的三要素包括色相、纯度、明度,通过色彩三要素可以对色彩进行体系化的分类。

(一) 色相

色相(hue),又称色调,是色彩的相貌和特征,也是我们平常所说的颜色的名称。色相是区别各种不同色彩的主要依据。将可见光的光谱(即图4-18所示的光谱)首尾相连便形成了色相环,如图 4-19 所示。

图 4-19 中,第二环是比较常见的十二色相环。在色相环中,相距 15°内的色相称为同类色,即十二色相环中同扇区内或者 30°角宽度的扇区包含的色相;相距 60°以内的色相称为邻近色,即十二色相环中相邻的扇区;相距 90°以内的色相称为相似色;距离 120°～180°的色相称为对比色,即十二色相环中相隔四个扇区以上的色相;处于正相对位置也就是距离 180°的色相称为互补色。详细的定义和比较可参考图 4-20。

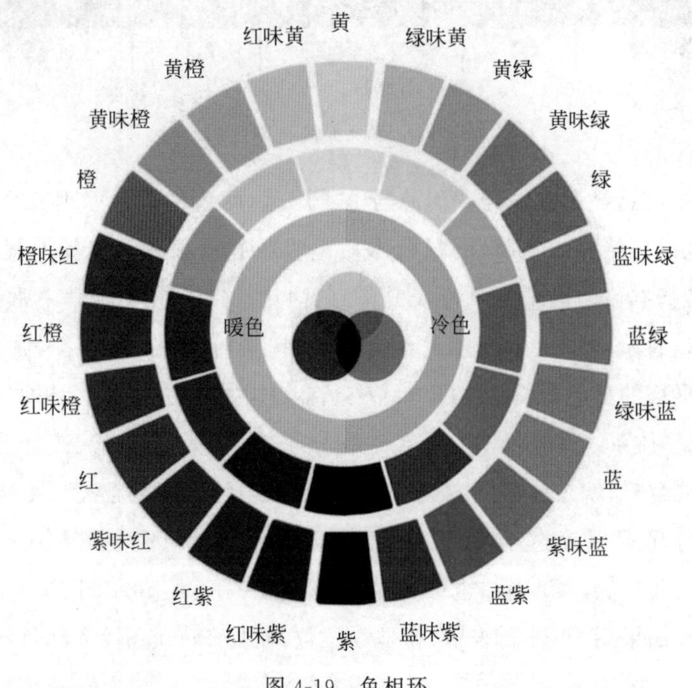

图 4-19 色相环

色相非常适合代表编码分类的数据属性,即定性或者分类数据,并且也提供了分组编码功能。在科学绘图中,用户可以利用不同的色相区分不同组的数据。比如,比较美国、日本、中国的 GDP 数据时,可以采用不同的色相,即不同颜色。图 4-21 展示了色相代表分类数据方式。人的肉眼在不连续的区域(即样本数据点,而非连续变化的高维度数据)可以区分 6～12 种色相(颜色)。在小区域着色,肉眼的分辨率略微下降。

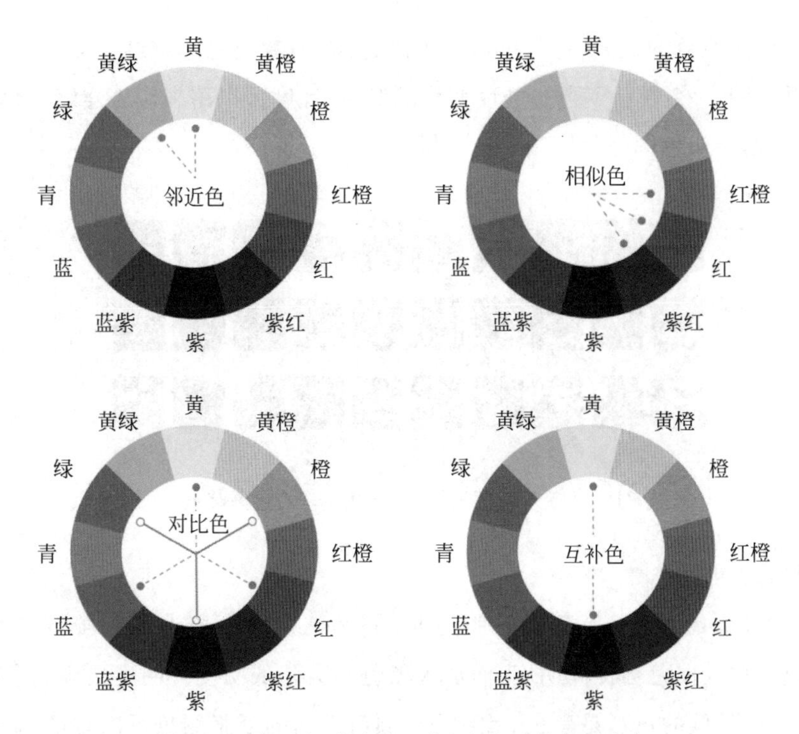

图 4-20　邻近色、相似色、对比色和互补色的定义

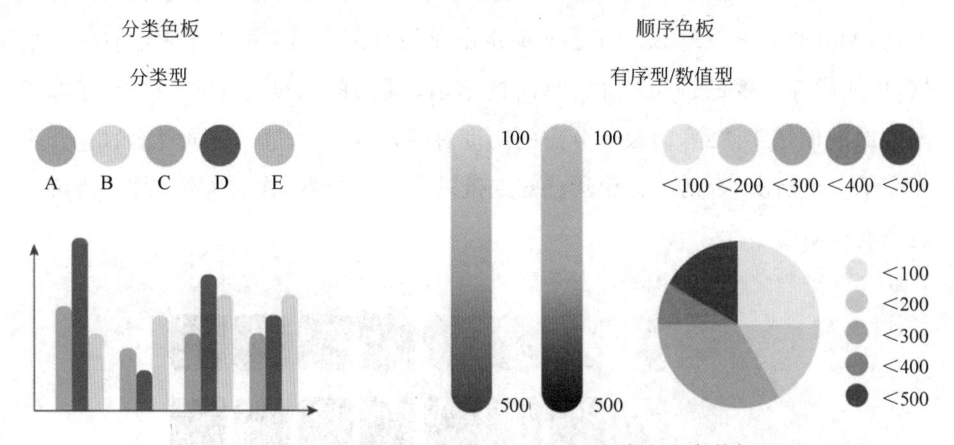

图 4-21　色相代表分类数据；纯度和明度代表有序数据

（二）纯度

纯度（purity），又称彩度（colorfullness）、饱和度（saturation）、色度（chroma），表示颜色中所含有色成分的比例，指色相感觉明确或含糊、鲜艳或浑

浊的程度。原色的成分越高,色彩的纯度越高,或者说色彩越纯;反之,色彩纯度越低。图 4-22 展示了色彩纯度变化的对比,纯度可以用来代表连续变化的有序数据,用于灰色图像的明暗表达,见图 4-21。

图 4-22 色彩的纯度变化(从左至右逐渐降低)

(三) 明度

明度(brightness)指色彩的明亮度,是反映颜色发光或反光强弱的参数。在色彩中加入白色会提高明度,而加入黑色则会降低明度。明度最高的色彩是白色,明度最低的色彩是黑色。绘画时,颜料下面的纸张颜色可以理解为明度:纸张颜色越白,水粉效果越清澈,明度越高;相反,纸张颜色越黑,水粉效果越浑浊,明度越低。图 4-23 展示了色彩明度变化的对比。明度可用于表示有序的数据,比如代表温度的高低变化、时间的前后、试剂的浓度等数据,效果可参考图 4-21。但是要注意,肉眼可分辨的明度有限,一般情况下,不同明度的色彩不要高于六个层次,否则读者无法感知细微的变化。当然,代表连续数据时,可以适当增加明度层次。

图 4-23 色彩明度变化(从左至右逐渐降低)

三、 色彩搭配

色彩搭配的本质是合理处理各种色彩之间的对比关系，使整个画面呈现协调统一的视觉效果。色彩搭配的过程中可以采用不同色相的组合，也可以利用明度或纯度的变化达到所需的视觉美感。

（一） 色相对比

色相对比的强弱是由两种颜色在色相环上的角度间距决定的，相距的角度越小，两种色相之间的对比效果越小，越接近180°的色相之间对比效果越大。近似色之间距离较小，对比效果较弱，画面比较统一和谐，比如红色与黄橙色；对比色之间距离较大，对比效果较强，使画面活泼、有张力，但也容易造成杂乱、过强的刺激效果，比如红绿搭配；互补色之间的距离最大，对比关系也最为强烈，画面效果强烈有力，同样容易产生不协调、过于刺激的视觉效果。

（二） 色调的定义

色调是指色彩的浓淡、强弱、明暗等感官印象，可以通过明度和纯度两个维度来表现。明度的变化可以代表亮调、灰调、暗调；而纯度的变化代表鲜调、中色调和灰调。PSSC 色彩体系将色调分为 17 种具体类型，视觉效果可参考图 4-24 所示案例。在画面的色彩搭配中，明确色相对比以及整体色调的选择，能够有效提高画面的美观度，使画面协调统一。

（三） 单色印象坐标

单色印象空间就是各种色相的颜色改变明度和纯度之后给人的感官印象。图 4-25 展示了纯度和明度两个维度组合而成的坐标空间内，各类颜色给人的感官印象。人们评价色彩经常使用的四个形容词是柔和（soft）、生硬（hard）、动态（dynamic）、静态（static）。

动态感强的颜色具有更高的饱和度，也就是颜色更纯，能够产生更强烈的视觉冲击，进而使人产生动感的视觉认知。在色相上往往是暖色系（见图 4-19 的第二环），也就是红色、橙色、黄色等比较鲜艳的色彩。明度的选择不要有太大的变化，可以在原色基础上适当调整，但不宜过高也不宜过低。相应地，静态

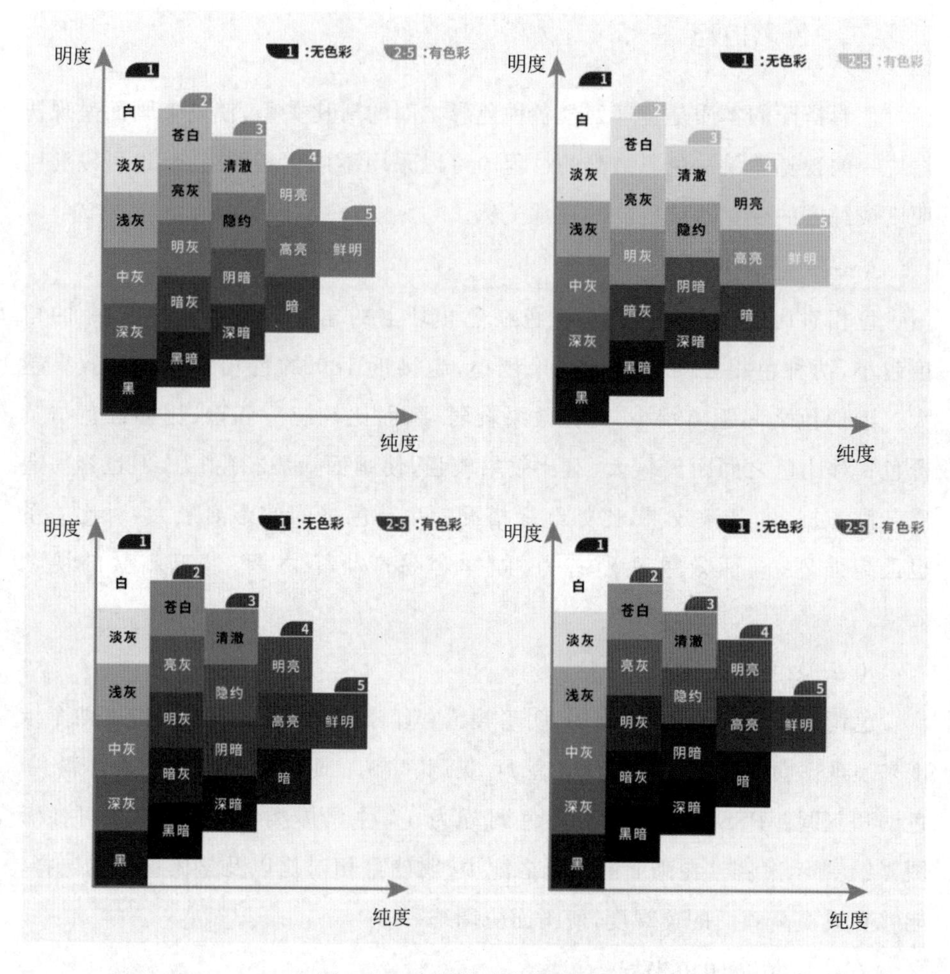

图 4-24 色调给人的视觉感观

的颜色饱和度偏低，给人的视觉冲击较小，在色相上可以选择冷色系(见图 4-19 的第二环)，比如蓝色、绿色、青色等比较沉稳的颜色。

柔和的颜色具有更高的明度，给人的感觉是温柔、亲切、甜美，在色相的选择上冷、暖色都可以，但以暖色系为最佳。生硬感的颜色具有更低的明度，给人的感觉是冷静、疏远和沉稳，在色相上应尽量选择冷色系。研究表明，日本人在色彩学上偏向于柔和色调，而印度人则喜欢生硬的色调。

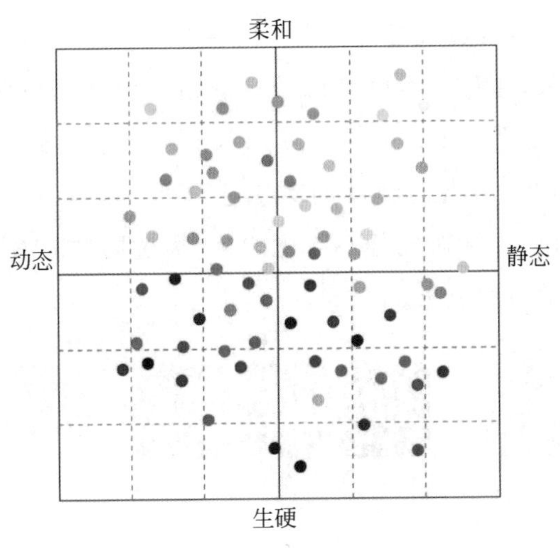

图 4-25 单色印象坐标

(四)配色印象坐标

在单色印象坐标的基础上,不同颜色之间的搭配同样会给人以不同的视觉感观,也就产生了配色印象坐标系。其中,柔和-生硬、动态-静态维度上的基本原则与单色是相通的,与纯度、明度以及冷、暖色系的选择原则是一致的,同时要额外考虑不同颜色之间的搭配问题,也就是邻近色、相似色、对比色、互补色之间的相互作用关系。配色坐标系的整体效果如图 4-26 所示。

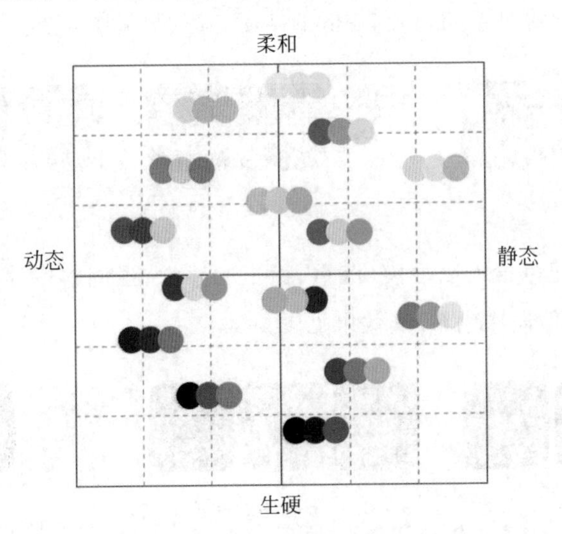

图 4-26 配色印象坐标系

动态感的配色可以通过对比色之间的色相对比来实现，而色彩间的明度与纯度应保持一致，通过具有张弛感的色彩组合使画面呈现出活泼、动态的效果，效果图可参考图 4-27。在具体使用对比色时重点在于通过对比色与白色、黑色之间的搭配，或者高纯度的对比色之间的搭配来实现动态感配色。常用的有黄蓝对比、红绿对比等。除此之外，通过同样具有动态感的近似色搭配也能够达到动态的效果。

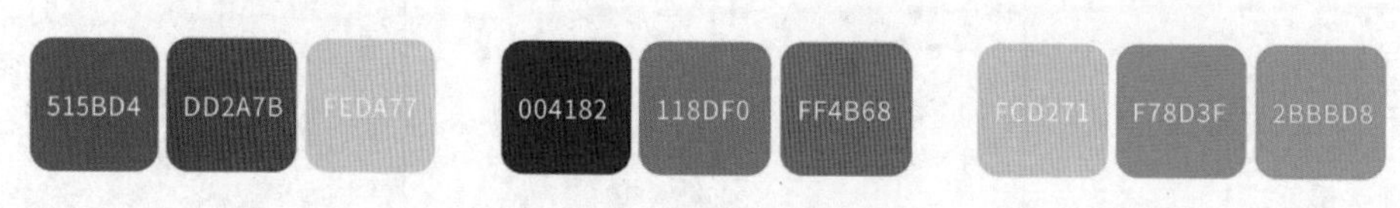

图 4-27　动态感的配色案例

柔和感的配色可以营造出放松平静的感觉，强调每个颜色具有低饱和度与高明度，在色相的选择上应采用具有较低对比度的近似色，其效果见图 4-28。

图 4-28　柔和感的配色案例

静态感的配色会给人以朴素平静的感觉，强调色相之间的低对比度，选择的色相应是偏向冷色系的，具有较低的纯度，其效果见图 4-29。

图 4-29　静态感的配色案例

坚硬感的配色给人以冷漠、沉重、稳定的感觉，强调整体的明度较低，纯度较高，同时色相偏向冷色系，其效果见图 4-30。

图 4-30　坚硬感的配色案例

四、色彩的印象

（一）色彩的意义

1. 红色

红色光是可见光中波长最长的电磁波，不仅会引起人的注意，使人产生兴奋、激动、紧张等情绪，还会给人留下艳丽、芬芳、青春、富有生命力、饱满、成熟的印象。

2. 黄色

黄色光的波长适中，是所有色彩中最明亮的色相，给人以明亮、辉煌、灿烂、愉快、亲切、柔和的印象，同时又容易引起味美的条件反射，使人产生甜美感、香酥感。

3. 绿色

绿色光的波长居中。人的视觉对绿色光的反应最为平静，因为人的眼睛最能适应绿色光的刺激。绿色使人感到丰饶、充实、平静与希望，它继承了蓝色所具备的平静属性，但是也吸收了一些黄色的活力。

4. 蓝色

蓝色光的波长短于绿色光，它在视网膜上的成像位置最浅，因此，当红橙色是前进色时，蓝色就是后退色。红色是暖色，蓝色是冷色。它给人的感觉是崇高、深远、纯洁、透明、智慧。蓝色也是很多公司偏爱的颜色，代表着科技和理性，在一份业界 logo 选用的可视化案例分析中，蓝色是所有公司 logo 中选用最多的一种颜色。

（二）色彩视觉

1. 冷暖感

暖色系会给人带来活泼、兴奋、富有生命力等动态印象，常见的暖色包括红、红橙、橙、黄橙、黄、棕等。而冷色系则给人以稳重、安逸、冷静等静态印象，常见的冷色包括绿、蓝、靛、紫等。

2. 轻重、软硬感

这两种感觉主要与色彩的明度及纯度有关，明度高的色彩会使人产生轻柔、柔软的感觉,明度低的色彩会使人产生沉重、坚硬的感觉;纯度高会让人产生坚硬的感觉,纯度低会让人产生柔软的感觉。

3. 鲜艳、质朴感

明度高、纯度高的色彩颜色会给人以鲜艳的感觉,使画面具有更强的对比性。明度低、纯度低的色彩给人以质朴的感觉,使画面更加沉稳低调。

五、色彩搭配

(一)色彩属性一致配色

同色调配色中各颜色的色相不同,可以通过适当的处理使各颜色之间的纯度与明度保持一致,产生统一的效果,既能缓和不同颜色之间的对比效果,又能使画面给人以明快活泼的印象。特别要注意的是,不同色相搭配时,应尽量降低色彩的纯度,避免高纯度色彩间的强烈对比。

1. 色相一致配色

单色系配色能够保持画面整体的一致性,并且能够突出主体色的心理学感觉。同色相配色是指主色和辅色都在同一色相中,这种配色方法往往给人页面一致化的感受。同色相配色容易营造出一种较为梦幻的感觉,但因较为朴素,也不容易引人注目,而且会给人一种单调的感觉。如果想要在色彩变化上融入一点微妙的变化,可以尝试在色相环中选用两侧相近的颜色,不仅丰富了色彩层次,其统一感也不会变,这种方法称为邻近色配色。

比如蓝色系,蓝色本身带有冷静、理智的感觉,用于研究结果的展示可以凸显科学研究的真实性和客观性。在选择蓝色系配色时,可以在明度与纯度中作出递减、递增变化,形成统一的色调。图 4-31 展示了单色系配色的感觉,色条最左侧色块内的颜色明度较高、纯度较低,给人以明快、清晰的感觉;最右侧的色块明度较低、纯度较高,给人以沉稳、厚重的感觉;而中间的色块则介于两者之间。通过冷暖色调对比,我们发现冷色系表达科学效果给人以客观可靠的感觉;而暖色调则给人以温馨轻快的感觉,但在表达科学效果方面欠佳。

色相一致配色适合于一张图形中包含多张分图的情况。分图的色相保持一致或者为邻近色,这样分图之间就不会形成反差,容易体现分图之间

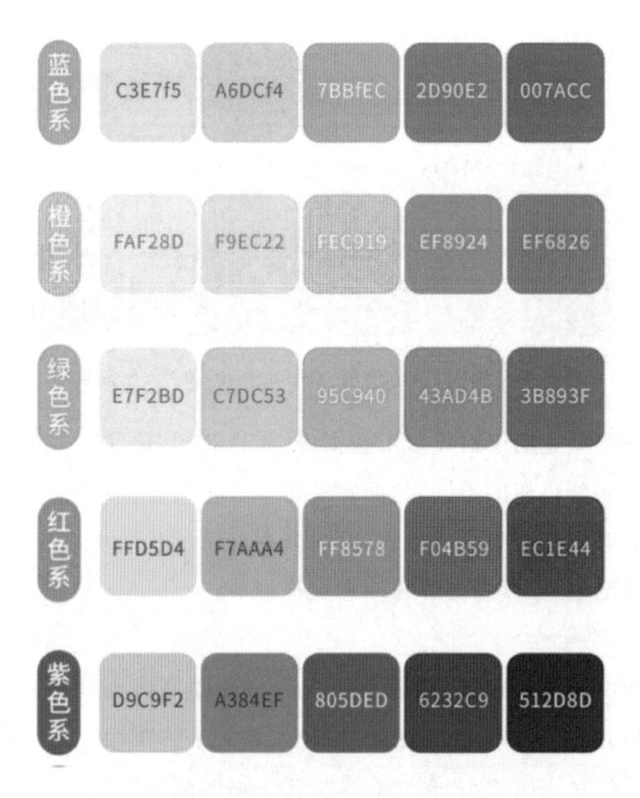

图 4-31　色相一致的配色(左侧色块明度较高、纯度较低,右侧色块明度较低、纯度较高)

的变化,并保持较好的一致性。比如,医学影像、卫星遥感数据、望远镜数据等系列数据最好采用色相一致性配色。另外,色相一致性也须在通篇文献中采用,即同一篇文章或者一本书籍中,图形的配色应保持色相一致或者邻近,这样文章或书籍的风格统一性较好,读者也可以根据作者的绘图习惯更好地理解其中的后续图形。

2. 明度一致配色

明度与纯度和色相相比,能够让人的眼睛更容易感受到变化的色彩属性,因此不管使用怎样的色彩,只要色彩的明度相合就能够体现出统一感。图 4-32 和图 4-33 分别展示了高明度和低明度的一致配色效果。可见,高明度的一致配色让人感觉更加清晰自然,而低明度的一致配色让人感觉沉重厚实。

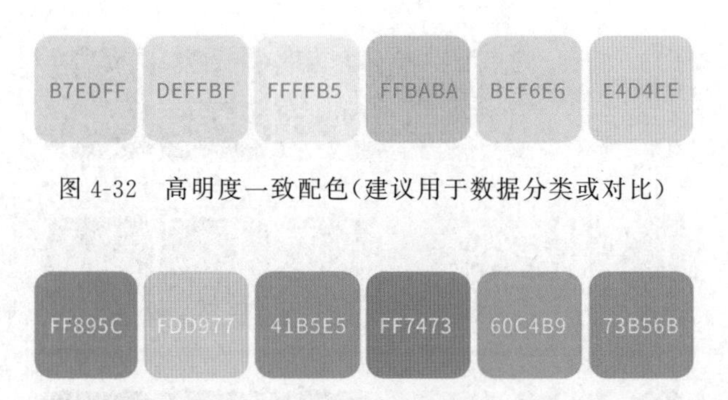

图 4-32 高明度一致配色(建议用于数据分类或对比)

图 4-33 低明度一致配色(建议用于图例、标记、文字、坐标轴等小区域)

明度一致配色适用于对比多组数据,比如柱状图、饼状图或者线条图等,肉眼能够很好地区分色相的不同,从而容易辨识数据组之间的区别和趋势。高明度一致配色能够更加清晰自然地表达数据,而低明度色彩可以应用于标记或者文字等小区域配色,让读者更容易注意这些细节。

3. 纯度一致配色

纯度与明度和色相相比,更容易对人的心理印象造成影响。其中,纯度越高,越让人感到鲜艳刺激;纯度越低,越让人感觉平静沉稳。但是高、低纯度混合的配色难以统合。图 4-34 展示了低纯度一致的配色效果。建议采用低纯度配色作为背景色,可用于数据图的背景色或者海报的栏目等。

图 4-34 低纯度色系配色效果(建议用于背景色)

(二) 色彩属性对比配色

1. 色相对比配色

色相对比配色是指不同色相的色彩组合在一起并借助颜色的区别来凸显对比效果。在色相环中,角度相距较远的配色组合效果强,反之则弱。值得注意的是,纯度较高的互补色组合时,由于肉眼的视觉残像,读者容易在色彩边界看见光晕,易导致眼睛疲劳,难以阅读文字。

色相对比配色可用于分组数据的对比。值得注意的是,高纯度的色彩是很多科学绘图软件或者程序的默认颜色，对比配色时不美观，用户可以改变纯度或明度，以提升美感。

2. 明度对比配色

由于人的眼睛对明度差异的敏感度很高，所以明度的变化配色可以用于图形数据。利用明度差异可以区分影像数据中的不同部位或者凸显差异。比如，医学影像、显微镜成像、卫星数据等，高明度的色彩可以用于高亮度区域，而低明度的色彩可以用于低亮度区域，以明度的变化替代原本的灰色色表，更容易让读者快速获取图像信息。图 4-35 展示了空间卫星拍摄的太阳极紫外辐射强度的成像数据。图 4-35(b)采用橘色的明度变化代表极紫外 193Å 波段的发光强弱，图(c)采用红色的不同明度表征 304Å 波段的发光强弱，图(d)采用灰度图表征地面望远镜采集的 H_α 波段发光强度。

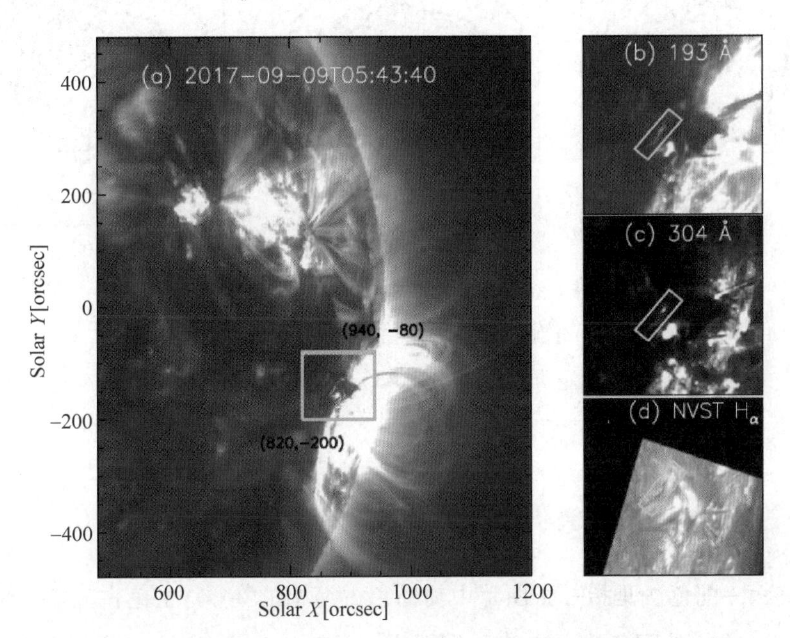

图 4-35　二维成像强度图采用明度表征太阳大气层的发光强弱

摘自：Yuan, et al., ApJ, 2019, 884: L51.

在数据图中，低明度的色彩可用于小面积区域，如图例、标记、文字等。运用好明度对比就能提高科学绘图的辨识度和可读性，既方便读者辨识图形的内容细节，又可使其快速获取关键信息。

在科学绘图中，不同参量的同类数据可以采用同色相渐变纯度表示，而纯度作为一个额外的维度，能够有效地代表参量的渐变。在二维强度图中，特别是非负数据，比如天文成像数据、地图高度数据，可采用单色系渐变纯度映射光强的大小、地形的高低等信息。图 4-36(b)采用青色的渐变明度代表小波功率的大小。

对于对称数据，比如多普勒位移图像、磁场强度等，可采用对比色渐变纯度分别代表正、负数据的大小变化，在凸显绝对值变化的同时，也体现正、负数据的特征。如图 4-36(c)便采用了红蓝双色的渐变明度表征正、负速度的大小。

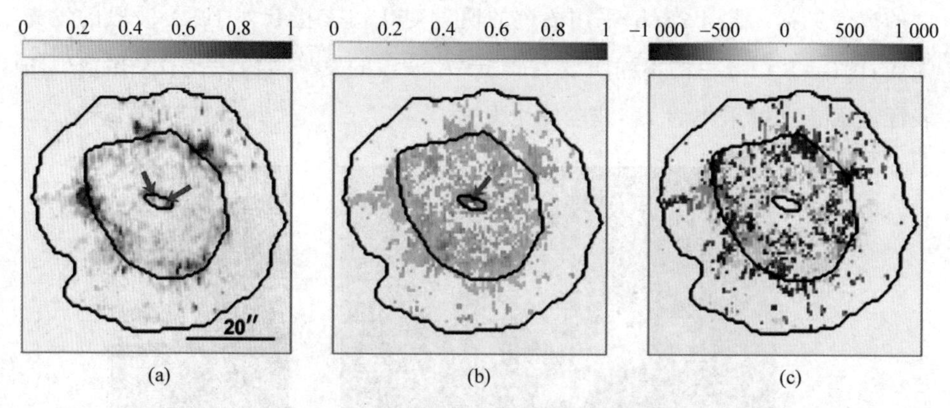

图 4-36　色相的渐变明度代表有序数据

[图(a)和图(b)分别采用红色和青色的明度变化代表非负数据的大小；图(c)采用双色的明度变化代表正、负对称的数据]

摘自：Feng, et al., ApJL, 2019, 886: L25.

六、三六一黄金配色法

三六一配色法是指一张图片中辅助色占篇幅的 30%，主色占 60%，点缀色占 10%。这样的配色法可用于数据图中：背景色为主色，可采用黑色、白色或低纯度的彩色，约占数据图面积的 60%；数据的配色为辅助色，可采用高明度或中低纯度的彩色，提高数据图的美感，数据的绘图区域约占数据图的 30%；图例、标记、文字等元素为点缀色，可采用低明度或高纯度的色彩，增强这些元素的可读性。图 4-37 推荐了一些相对比较美观的色相，读者可以参考借鉴。

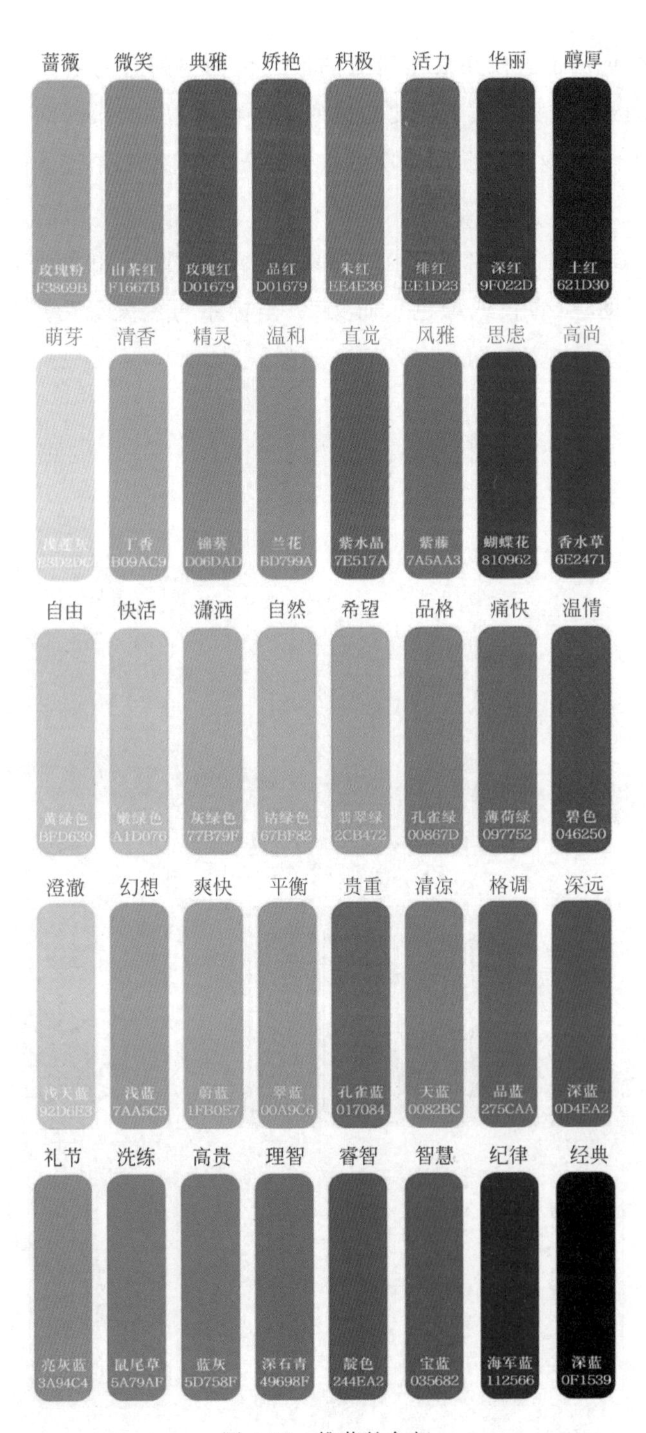
蔷薇
微笑
典雅
娇艳
积极
活力
华丽
醇厚
玫瑰粉 F3869B
山茶红 F1667B
玫瑰红 D01679
品红 D01679
朱红 EE4E36
绯红 EE1D23
深红 9F022D
土红 621D30
萌芽
清香
精灵
温和
直觉
风雅
思虑
高尚
丁香 B09AC9
锦葵 D06DAD
兰花 BD799A
紫水晶 7E517A
紫藤 7A5AA3
蝴蝶花 810962
香水草 6E2471
自由
快活
潇洒
自然
希望
品格
痛快
温情
黄绿色 BFD630
嫩绿色 A1D076
灰绿色 77B79F
翡翠绿 2CB472
孔雀绿 00867D
薄荷绿 097752
碧色 046250
澄澈
幻想
爽快
平衡
贵重
清凉
格调
深远
浅天蓝 92D6E3
浅蓝 7AA5C5
蔚蓝 1FB0E7
翠蓝 00A9C6
孔雀蓝 017084
天蓝 0082BC
品蓝 275CAA
深蓝 0D4EA2
礼节
洗练
高贵
理智
睿智
智慧
纪律
经典
亮灰蓝 3A94C4
鼠尾草 5A79AF
蓝灰 5D758F
深石青 49698F
靛色 244EA2
宝蓝 035682
海军蓝 112566
深蓝 0F1539

图 4-37　推荐的色相

三六一配色法也可以拓展至所有图形配色和空间布局中。绘图空间的背景占总空间的60%,数据或者需要凸显的主要物体占30%,图例、刻度、文字等辅助信息占10%。这样的空间层次感符合黄金分割比例,给读者的美学感官体验很好。

在图4-35中,主色为空间卫星的成像数据配色(橘色、红色或灰色),图中标记物方块为辅助色(青色或绿色),而文字、坐标系与刻度等为点缀色(黑色或白色)。

第五章

科学写作文体

科学写作的语言须具备客观性、精确性、严谨性、正式且以名词为主导等风格，批判性写作是优秀论辩的关键。

第一节 科学论文的写作风格

“风格”是一个文艺理论名词，主要指作品的艺术和行文的特色。现代文艺理论认为，风格贯穿文章的始末，其中融合了作者的主要思想艺术特点。对于科学写作来说，其所承载的职能主要是推论、阐释、积累和传播科学知识，因此语言风格也是科学工作者必须了解和掌握的基本内容。

科学写作须采用通顺的文字、深入浅出的论述、条理清晰的层次与合乎逻辑的结构，科学传播效果才会好；反之，如果文字令人费解，层次混乱，表达颠三倒四，则容易使读者阅读困难，无法产生良好的传播效应。因此文字表达应当准确、简洁、平实和易懂，不追求语言的艺术化，而是以记录为特征，以实用为目的，这是对科学语言风格的最基本要求。

科学写作的风格应与其传播知识的功能相一致，一般须具备以下三个显著的特征。

(1) 术语性，指论文需要运用领域内意义明确的术语，含义固定，概念明确，一词一义，简明扼要。日常用语比较自然通俗，而科学术语则须严谨庄重。例如，日常用语用来描述植物，会使用“树根、叶子”，而科学用语则为“根、茎、叶”；再如，“土豆”是日常用语，比较口语化，而在科学论文中最好使用书面语“马铃薯”，比较简明。因此适当运用专业术语是科学论文写作的一个重要因素。有的科学概念有多个不同的术语，在同一篇论文中，对同一个概念，只能用同一个术语，而且最好选择同行接受的用词。例如，“西红柿”和“番茄”这两个名词都可以用在科学论文中，但同一论文通篇只能使用其中一个，不能同时出现“西红柿”和“番茄”；再如，英文中 sound speed 和 acoustic speed 均表示声音的传播速度，作者通篇只能使用一种表达方式，无论是短篇幅的期刊论文还是大篇幅的书籍。有些词语意思相近，但准确意义不同，这时候不能相互替代。例如，物理学中的“速度”和“速率”，化学中的“白色”和“无色”，“没发生变化”和“无现象”。此外，专业术语的使用也不是越多越好，不必要用术语的地方可避免使用，应尽量遵循言简意赅的原则，否则会有画蛇添足之嫌。

（2）单一性，指科学论文的句式须简单、严谨且变化少。从语言学角度来分析，应多使用带有附加成分的短句和连接词，因为此类句式比较严谨和周密，适合表达简单且明确的科学内容。这样的范式比较庄重，更符合科研人员和高校师生的知识背景和阅读需求。

（3）符号性，指专业的科学期刊所刊登的科学论文通常有一套特殊的表达方式。科学论文的基本要求是：不要晦涩难懂，不要含糊其辞，不冗长拖沓，用尽可能少的文字表达尽可能丰富且明确的内容，同时还可运用尽可能简单的表达方法，例如图标、符号和公式等。表达一些比较复杂的科学概念和结论时，行业认可或规范的符号比繁琐的文字更加直观和明确。同时在使用符号或者公式的时候，数量的表达要精确。科学文献往往不能满足于非定量的模糊表达，必须表现出事物在数量上的差异性。重要的数字甚至不能采用四舍五入的近似值。尽可能避免使用或少用“可能”“大概”“差不多”“估计”“也许”“假若”等这类不确定的词语。表示范围程度的词语一定要以实际的范围和具体程度为依据。

除此之外，由于科学语言不追求语言的艺术化，所以在修辞方式的选择方面也比较严谨，双关、夸张、比喻等修辞方式很少出现，平铺直叙的写作方法更加合适，因此科学语体总的风格是以平实、简洁和明快为主。科学论文在语言风格上不追求形象、生动、华美，而要求平实、自然、质朴无华。科学论文的价值在于内容的科学性、先进性和准确性，而不在于形式的新颖和辞藻的华丽。科学论文语言的平实性主要从语言材料和修辞方式的选择中体现，尽量使用书面语，不用口头语和俚语，不要带主观感情色彩。

简而言之，科学论文是用来交流和传播科学信息的，为了使读者容易理解作者表述的内容，科学论文的语言必须直截了当、清晰明快，而不采用任何可能产生歧义的写法。

第二节 科学论文的特点

科学论文是在科学研究和实验的基础上，对自然科学和专业技术领域的某些现象或问题进行专题研究，运用概念、判断、推理、证明或反驳等逻辑思维手段，分析、阐述或揭示这些现象和问题的本质及其规律性而撰写的论文。科学论文区别于其他文体的特点，在于创新性科学研究工作成果的准确论述，是某些理论性、实验性或观测性新知识的科学记录，是某些已知原理应用于实际中取得新进展、新成果的科学总结。因此，完备的科学论文应该具有科学性、专业性、实践性、创新性、逻辑性和有效性等基本特征。

（一）科学性

科学性是科学论文在方法论方面的特征，其特征不仅体现在描述科学和技术领域的命题方面，还体现在论文论述的内容具有科学性和可信性，证明该内容是可以经过时间考验的成熟理论，或者是经过多次使用并能够在应用领域推广的成熟技术。

（二）专业性

专业性是指在素材和语言方面具有专业的特点。在非科学论文中，凡是能说明观点的素材，或能准确表达作者的意思且通俗易懂的语言，都可以使用。而在科学论文中并非如此，一篇科学论文所论述的内容基本上限制在研究课题的范围之内，即围绕研究课题按照一定的科学方法论和写作思路整合论据和观点并安排章节内容，但不可以讨论科研主题之外的任何研究或者论点。例如，构思一篇关于大地测量方法的论文，所用的材料只能限于大地测量方面，其他内容均不可放于论文中。因为科学论文不能丢失自身的专业性，同时，其他学科领域，例如数学、物理、化学、力学、地理、天文、医学、生物或建筑等，也有自己的专业范围，不应该是一个模板，更不适宜套用其他专业论文的格式或模式。

（三）实践性

科学论文不仅要对事物进行抽象化概括、叙述或论证，还应论述事物发展的内在本质和发展变化规律。所以，科学论文不应像记叙文那样完整、具体、形象地描述某个故事，而应按照思维的认识规律完整自洽地陈述客观规律及其表现。科技论文致力于揭示事物发生、发展和变化的规律，表述作者对这些规律的认识与研究发现。

除此之外，科学论文的实践性也表现在它的可操作性和重复实践验证上。按照论文报告的原材料选用及配方比例、实验方法和条件控制等要素，通常情况下可以重复得到论文所述的结果。正是由于科学论文具有这一特点，才衬托出它的重大价值。科学论文的实践性还表现在论文申述内容的广泛应用前景上。由于论文报告的新发现、新成果、新方法、新技术是客观真理的记录，因此这些创新之处可以拓展应用至各相关领域中，充分反映论文的实践价值。

（四）创新性

创新性是科学论文的灵魂，它要求论文所揭示的事物现象、属性、特点及事物运动时所遵循的规律，或者这些规律的运用必须是前所未见、首创或部分首创的，即必须有新发现和创造，而不是对前人工作的复述和模仿。

（五）逻辑性

逻辑性是科技文章最基本和最重要的结构特点。它要求科技论文脉络清晰、结构严谨、符号规范、文字通顺、图表精准、推断合理。逻辑性不仅体现为科学理论的完整和严谨，符合科学推理逻辑，还体现为文章段落结构须完整自洽。

（六）有效性

有效性是指学术论文必须经过严格的评审并正式出版。只有经过同行专家的审阅，并在一定规格的学术评议会上答辩通过、存档归案，或在正式的科技刊物上发表的科技论文才被认为是完备和有效的。只要满足以上条件，不管科技论文采用何种形式发表，它就已经成为人类知识宝库中的一个组成部分。

第三节 科学英语风格

科学论文具有专业性和学术性等文体特征，具体表现在用词、文法表达等语言手段，以及词汇、句子结构和语篇风格等各个层面。一般来说，科学论文的语句具有客观性、精确性、严谨性、名词性结构为主导等特点，一般使用简单的以名词和形容词为主的短语，多用不定式和简单句，语态方面多使用被动语态。这些不同层次的语言特点构成了科学文体的基本特征。

英语是世界上使用最广泛的科学语言。母语为英语的科研人员需要考虑如何使语言使用习惯让大多数国际读者能够轻松地理解，而非英语为母语的科研人员须学习地道的英语写作，以符合科学英语的写作规范。下面介绍学术英语的一些基本特征。

一、客观性

由于科学英语是集中论述科学事实、解释科学现象、归纳科学概念或进行科学推理的，观察、试验、描述、分析、讨论的是研究的客体而非行为的主体，所以作者必须尽量排除主观成分，不带个人倾向和感情色彩，不能像文学语言那样使用比喻、拟人、夸张、对仗、反语、幽默等修辞手段和灵活的表现手法，也不能随心所欲地抒发感情，而是要客观准确地说明或描述。只有客观地进行描述，才能揭示事物的本来面目。

科学论文的客观性表现在人称上是要尽量避免使用第一人称或第二人称，多选择第三人称，特别是以“it”为形式主语的无人称句式；在用词上选择中性词和非人格化的词语以避免个人情感色彩；在语态上高频率地使用被动语态，以客观事物、现象、过程为叙述主体，话题往往为动作对象或动作本身而非动作的执行者。

下面比较通用语言和学术语言的区别。

通用语言例句：

- I heated the apparatus.
- In my opinion,the results do not justify a further investigation.
- Sadly,crime is increasing.

改为对应的学术语言后,为:

- The apparatus was heated.
- The results do not appear to justify a further investigation.
- Crime is increasing significantly.

可见,在通用语言中,“I”“In my opinion”“sadly”等词汇改为被动语态或者名词主导的表达方式后,语言更加接近学术风格。

二、 精确性

科学研究追求使用数学语言定量或者半定量地描述科学规律,科学文献的出版力求明确精准,以确保科学实验或者观测可以被重复验证,所以学术英语不仅使用大量专业词汇和正式语体的词汇,还借助于图表、公式、符号和代号更加简洁准确地表达。即使使用普通词汇和半技术性词汇,也应尽量避免含混不清和歧义的情形。所以,学术英语须采用精准的专业术语、科学计数和规范化的单位,尽量精简地采用限定性词汇,力求语言的精准和明确。

通用语言例句:

- Hundreds of tests have been done.
- Speculators buy and sell money.
- Everybody knows that Newton's equations are the fundamentals of modern industry.

改为对应的科学语言后,为:

- About three hundred tests have been done.
- Speculators buy and sell currencies.
- It is widely understood that Newton's equations are the fundamentals of modern industry.

在上面的例句中,“Hundreds of tests”,即数百次试验,显然不够精准,改为“About three hundred tests”,即约 300 次试验,则更加精准。第二句中“money

(钱)”是口语化的词汇,修改为“currencies(货币)”更合适,这是科学英语中的专业术语。“Everybody knows”改为“It is widely understood”则更加客观,也符合科学论文主观性的特点。

三、严谨性

严谨性是指科学英语的语言描述应当严谨地反映科学研究的过程,不应描述科学没有验证的内容,描述量化结果也不应超过或者低于科学研究的真实结果。应使用恰当的限定词和表示频率/等级/程度的词,避免模糊性太强的口头表达方式。

通用语言例句:

- Crime increases during periods of economic growth.
- Crime will never be eradicated.
- Education reduces crime.

改为对应的科学语言后,为:

- Crime sometimes increases during periods of economic growth.
- Crime may never be eradicated.
- Education tends to reduce crime.

在上面的例句中,“Crime increases during periods of economic growth.(经济上行期犯罪率增加)”,这一说法显然不是绝对的,也没有经过严谨的科学验证。修改之后为“sometimes increases(有时增加)”,则符合社会规律的预期。“Crime will never be eradicated.(犯罪绝对不可能消除。)”,这一说法显然过于绝对。修改之后为“Crime may never be eradicated.(犯罪可能永远无法消除。)”,这样更加符合社会规律。

四、正式性

在文体风格上,科学论文要求文体庄重,表达清晰,避免行文晦涩、浮华或者内容虚饰。前文提到,学术论文注重叙事的纪实性和理论的客观性,因此科学论文在语言上倾向于使用正式语体的词语。其用词的规范、严谨和准确,主要表现在以下两个方面。

（一）使用词语的完整形式，避免使用缩略形式

比如，使用“there is”而不是“there’s”，使用“do not”而不是“don’t”，使用“will not”而不是“won’t”，使用“it is”而不是“it’s”，等等，具体的修改方式可参考例句。

通用语言例句：

- It isn’t easy to negotiate a reduction.
- Nanotechnology is gonna be one of the key things for research.
- The first step was easy-just introduce the titrate slowly.

改为对应的科学语言后，为：

- It is not easy to negotiate a reduction.
- Nanotechnology is going to be one of the key areas for research.
- The first step was easy; the titrate was introduced slowly.

（二）词汇正式程度高

写作中尽量使用单义性强的词语，避免使用语义多变的动词短语和词组。一方面，可以使词义更确切，如用“observe”或“inspect”表示“观察 ”，比用“look at”更加严谨和专业；另一方面可以使语义更正式，如用“absorb”比用“take in”更能增加学术气氛。类似的例子还有：表示“方式”或者“方法”，使用“approach”“method”而不用“way”；表示“观点”，比较正式的是“evaluation”或者“view”；“执行”为“implement”，而不是“carry out”，因为后者相对口语化。

词汇正式程度还包括专业术语的使用，因为专业术语词义专一，可以保证概念准确无误。专业词汇主要有三类：第一类是从拉丁语或希腊语借用的，比较难读、难记，如“thermion(热离子)”；第二类是技术词汇，即一些普通的词汇在不同的学科专业中被赋予了不同的词义，例如，“power”在数、理、化和电学中就分别意为“幂”“功率”“价”“电力”；第三类是随科学技术的发展而新造的词汇，如“browser(浏览器)”“firewall(防火墙)”等。这些专业词汇使有关的著述具有很强的专业性，增加了读者尤其是一般读者的理解难度。

五、名词主导

名词化不仅可以增强科学论文的客观性，还可以使论文更加简明易懂。名词化是把原来要用简单句或者多个修饰性形容词表达的概念意义浓缩为一个

词或词组，使全篇简单句减少，结构简单，同时词汇密度增加，把更多的信息结构融为一体，达到精确和言简意赅的效果。这个名词化的过程被语法学家戏称作一个"蒸馏 "和"打包"的过程，即浓缩的过程。

通用语言例句：

- The government decided to investigate.
- The numbers grew remarkably quickly.

改为对应的学术语言后，为：

- A government investigation was initiated.
- There was a remarkable growth in the numbers.

另外需要注意的是，很多科研工作者的学术论文存在"语体感"不强的问题，主要表现为书面体与口语体混用的现象比较普遍，时常在严谨、庄重的书面表达中突然插入"if you will""I think""My study"等比较口语化的词语，造成两种不同语体的混用，这种做法不提倡。

第四节 批判性写作

一、批判性思维

一篇论文的学术价值主要体现在作者的学术观点上。学术观点是作者对学术问题的具体看法，是作者在深入研究学术问题的基础上概括出来的。提出学术观点，是学术研究的核心内容；观点提炼是否到位，是评价论文学术水平高低和作者研究水平的重要指标。学术研究的目的是把研究的学术问题"搞明白"，形成学术成果。怎样进行研究才能达到这个目的，需要经过深思熟虑后"想清楚"，也就是要理清研究思路。理清研究思路既是开展学术研究的基础，也是保证论文写作顺利进行的前提，而理清研究思路不是一蹴而就的，其贯穿于学术研究和论文写作的全过程：从确定选题方向到推敲论文题名，从设计研究方案到展开研究工作，从安排论文结构到规范论文表达，学术研究和论文写作的每一个环节都需要理清研究思路，做到心中有数。

而如何理清思路呢？这里需要提到批判性思维。批判性思维应用在学术写作中包括从描述到分析再到评价的整个过程。批判性思维使科研工作者拥有更理智、更客观和更独立的思考能力，拥有此能力需要通过不断的练习培养。针对某个观点或者结论，进行更有深度、更理性的客观评判，而不是简单地表示赞成或不赞成。通过一套连环式的问题，一步步得出结论的前因后果，挖出更多方面的信息，从而让读者看透这个结论，才能进行客观评判。

优秀的论文通常包括四大部分：①陈述论题；②表明对论题所持的立场；③提供支持立场的论证；④对支持相反立场的论证展开反驳。第一步先介绍作者所研究的课题，确定题目以及副标题，或者在某一段即将探讨的一个观点。第二步则是定义术语，并确定问题或者议题。第三步介绍普遍的背景信息，即在引言部分经常需要写出一些普遍的背景信息。接下来就是找一些相关的文献资料和材料进行深度思考和分析，分析包括的问题类型有“怎么样？”“为什么？”“假使……将会怎么样？”等。“怎么样”类问题就是思考事情是用什么方法操作的；“为什么”类问题是找出理由，关于这些答案，作者可以从一些具体的理论和调查结果中找到，比如学术杂志、图书、研究报告或者实验报告等；“假如”类问题可以帮助作者考虑可能存在的影响或者某个特定行为的结果是什么。最后可以引入评价部分，把作者自己和读者引向结论或者建议，常见的问题类型包括“那会怎么样？”和“接下来会怎么样？”等。

批判性思维还包括增强质疑意识，积极参加学术问题的讨论与争鸣。怀疑是发现问题和提出问题的前提，也是科学研究的起点。批判是突破思维定势与思维惯性的关键，也是引发学术新见的重要方法。科学发展的过程就是学习—创造—否定—再创造的不断演进的过程。因此，开展科学研究和学术论文写作时，首先应认真学习、研究和继承已有的成果，吸取其精华，同时又不能就此满足。要发现前人、他人研究的不完善甚至疏漏或错误之处，就要破除对权威人士和同行的学术迷信，以大胆怀疑、批判的眼光看待前人的成果。事实上，学术史上许多不朽之作都是由怀疑前人已有的结论入手，从而抓住了问题，找到了症结，深化或超越了前人的研究，推动了学术理论的发展。“那会怎么样”类问题是评价价值和意义的，并区分重点或非重点因素，为自己的立场进行辩护并说明意义。"接下来会怎么样"类问题，第一是评估自己的论证发现或者给出的建议和对将来研究方向的预测，第二是帮助作者考虑计划更多细节性的行动，尤其是在一个学术报告中。

批判不是批评。批评是一个负面的过程，是为了找出错误；而批判性分析同时具备正面和负面两面，科学家需要权衡对一个论点的支持或反对的论据，如何权衡就涉及解释、评估一个观点或者理论，并且把这个观点和理论与其他的观点和理论进行对比。对比或者比较的目的是表明一个看法或者为一个目标服务，这也是批判性思维的一种体现。

学术论文写作是一项复杂的综合性工作，除以上几点外，还有许多问题值得注意，如遵守学术规范、强化问题意识、锻炼理论思维能力，尤其是求异思维习惯、逻辑思辨能力、考证辨析能力等。

二、批判性写作范式

批判性写作主要应用于引言（文献综述）、结论与讨论章节。引言部分需要介绍研究意义，批判性写作能够将研究方向内的关键科学问题和科学论文的创新点评述到位。而结论和讨论部分也需要应用批判性写作，将科学论文的研究成果衔接到同行研究知识网络中，形成严谨的科学思想体系。

批判性写作的风格迥异，其核心基于批判性思维。本节介绍两种可以模仿的范式，以供初学者学习。当熟练使用之后，可随性发挥。当然，批判性写作的前提是对科学问题和科研思路的深度认识，对领域内同行研究的熟悉，对研究问题的深度洞察力。这需要长期的积累和文献阅读，绝非一朝一夕能掌握。

（一）评述＋指点模式

评述＋指点模式（evaluation-signposting-referencing）就是循着严谨的科学思路，标定先进的研究内容，评述同行研究的贡献和缺失，并且指点研究方向知识体系的全景布局。

科学论文需要有清晰的论点和强有力的论据，没有论点或者论据的论文无缘被期刊编辑接收。首先，要求论点的表述准确、简洁。准确不仅指概念的术语水平，也包括对论点的适用条件和程度是否阐述清楚。其次，从资料出发提出论据。资料是科学讨论的通用语言，科研人员通常会从现有的资料出发提出假说，然后将预测结果与新的实验资料进行比对，进一步解释，提出新的见解和结论。除了对已有资料的解释和实验，论据还涉及文献搜索和文献阅读，然后需要对文献进行批判性思考(critical thinking)和批判性分析(critical analysis)，并进行批判式写作(critical writing)。为此，通常要把自己的论点与相似，甚至相对的论点相比较，这是科学论文写作中需要应用“评述＋指点模式”的原因。

科学界的交流就在于提出不同观点、质疑他人的观点、开展辩诉等。在这个过程中，科学研究的可靠性就产生了，所以指点和评述他人的成果也是科研过程中重要的一环。该环节可以采用以下几种写作方法：

(1) 基本同意现有观点，但提出未来的研究方向。在同意既有观点的基础上，可以针对讨论中的结果或者现象提出自己新的或者是不同的解释。例如，“既然×××已经被确定了，研究人员们可以将注意力转向×××方向。”

(2) 对现有观点提出异议，给出自己的理由。在学术界，合理的反对和异议是十分常见的。虽然在相同条件下，各研究团队得出的测量结果应该相同，但是不同的科研团队的研究方法是否恰当、实验设计是否最大程度上合理完善、结果应该如何解释等方面往往有不同的意见和解读，因此对他人结果的审查和异议是允许的。

(3) 既有赞同，也有反对。科学发展是渐进的，新的成果和发现可能会对前人的结果起到完善和拓展的作用，因为作者在写作过程中往往对别人的成果部分赞同、部分反对。表达部分同意的一个写作技巧就是指出某个研究的适用范围或者局限性，例如，“虽然该研究清楚地表明了×××，但是在确定×××是否成立之前，我们还需要做相关调研。”

【案例】

Classification of Life

All life forms are divided into one of two categories: plant or animal. Animals move and take in food. Plants are rooted into the earth in some way and lack locomotion. They photosynthesise their food (Smith et al. 2004). According to Johnson et al. (2001) Zoologists study animals, and botanists study plants. Bacteria were classified as plants because many kinds of bacteria photosynthesise their food. However, they also have locomotion. Recent research has shown that there is an enormous variety of bacteria. Some are able to survive at extreme temperatures and in the absence of oxygen. Most plants cannot usually survive in those conditions. Therefore, even though bacteria photosynthesise, they are not now regarded as plants (Zhang et al. 2011).

以上案例缺乏一定的论点支持,没有提出自己的观点。如上文所述,树立自己的观点,阐述自己的论点时,一般要先评述其他科学家对既定资料的解释和研究结果。如果没有提供充分的文献和资料支持,就失去了论据的可靠性。阐述出可靠的论据之后,还需要提出自己的论点,即该论文的主题是什么,作者是否提出了新的试验方法或者新的研究方向、质疑等,而不能只单纯罗列出对学术圈已有成果和发现的评价。上述文章按“评述+指点”模式修改后为:

Classification of Life

(评述+指点,Evaluation+Signposting+Referencing)

The difficulty in categorising bacteria was partly based on the assumption that all life forms were divided into two main categories, plants and animals. Organisms that photosynthesised and lacked mobility were classified as plants; those that had locomotion and ingested food were classified as animals. Bacteria were traditionally categorised as plants because many forms of bacteria photosynthesised their food like plants. However, bacteria also have locomotion, associated with animal life. Genetic research has now shown that there are at least eleven major divisions of bacteria, all of which are more genetically distinct than plants are from animals (Fuhrman et al. 1992). In addition, the minute organisms formerly described as “bacteria” are now found to consist of several major kingdoms and domains of unicellular and multicellular life (bacteria, archaea, eucarya) (Woese et al. 1994). This research is significant as it has shown that the fundamental division of all life forms into “plant” or “animal” was an error, and that plants and animals form only a very small part of a much more diverse range of living organisms.

（二）概述＋评述模式

概述＋评述模式（summary-paraphrasing-evaluation）是基于对同行研究的完整准确的理解，总结且转述同行的研究内容，并评价其贡献和不足之处，形成自己独立的观点。

科学写作中的论证部分需要融入其他人的观点，因此阅读完一篇文献之后，作者要试着用自己的话来总结其内容，比如：这篇文献和什么主题相关？作者的论点是什么？这部分就是“归纳”或者“转述”。如果一篇文献综述中只有这两种内容，则属于不太合格的文献综述。所以，如前文提到的，进行基础的描述性写作之后，还需要提供有说服力的论据，此时就需要“与他人进行对话”，即有效地归纳和转述他人的论点。

如何写一篇好的归纳和转述？首先必须在文献中努力从对方作者的视角看待文章的论点，不能有任何的主观倾向性，需要做到不偏不倚，认真研究，保证该归纳和转述忠实于原文。其次进行归纳和转述并不意味着完全抛弃自己的想法，而是需要确保他人的观点（“They say”）能直接为作者自己的论点和批判（“I say”）做铺垫，应有一个“主心骨”，让归纳始终围绕着自己的论文观点转。最后不能忽视的是，还需要进行“评述”，这也是为后续引出和支撑自己的论点做铺垫，如果只是单纯列出不同人的观点，而缺乏一个总结对其进行阐释和评论，便沦为纯“罗列式归纳”，无法给读者一个清晰的思路。

要避免“罗列式归纳”或者带有主观倾向的归纳，除了时刻牢记自己的论文思路布局，还需要注意语言风格：①不能纯“拼凑”归纳或者转述，避免过多的“然后……”“另外……”“接下来……”这种纯列表式的写法；②尽可能少用“某作者说过”和“某学者提到”这类略微平淡的总结词，因为对他人的观点进行归纳和总结的过程是一个忠实原文评价的过程。

【案例】

The quasi-periodic progagating fast mode wave was first unambiguously detected by Liu et al. (2012). It is now widely accepted that the large-scale EUV waves, both the faster and the slower, are driven by CMEs (Liu & Ofman 2014; Warmuth 2015; Chen 2016; Liu et al. 2019). However, both the driven mechanism and the physical nature of the QFP waves are still unclear.

Some studies reported that the QFP waves may be driven by impulsive energy releases in solar flares (Liu et al. 2010,2012; Shen & Liu 2012; Yuan et al. 2013; Shen et al. 2014). Some scientists found that the QFP waves can be triggered by oscillation loops and many types of mass ejections (Yuan et al. 2015,2016b; Miao et al. 2019). In addition, since the QFP waves have been found that many perfect simulation and theoretical works are presented (Pascoe et al. 2013; Yuan et al. 2016b,a; Ofman & Liu 2018).

以上案例犯了如下错误:过多归纳和转述别人的观点,属于“罗列式归纳”,即描述性的语句太多,而缺少作者自己的观点、评论和结论,缺乏对关键科学问题的论述;语句之间也缺少衔接,使整个段落缺乏逻辑性。

如前文所提到的,作者在动笔开始写论文前,首先要对自己的论文通篇有一个先期布局。在布局论文的时候,一定要明确每一个观点在整体逻辑线中的准确位置,做到所有观点环环相扣,相辅相成,最后推导出论文的主要观点。其次要充分理解他人的观点是如何辅助作者来表达自己的学术观点的。因此归纳和转述是既客观地介绍他人的观点,又为接下来自己的批判做好准备,所以需要注意归纳或者转述占用的篇幅。如果论文中的每一个独立观点都来自前人的研究,大幅转述前人的论述,将毫无意义。因此,在转述他人观点的同时,一定要阐述和总结出自己的观点。

平衡篇幅的同时,还要将他人的观点以更准确和生动的形式反映出来,避免一味地“引述”他人的发现和成果。例如,使用太多“显示(show)”“提到(mention)”“说过(say)”等平淡的表述方法,虽然比较客观,但是不足以准确地反映引文中作者的态度。因此建议在归纳和转述时添加一些更生动的指示词。例如,表示“赞同”的归纳词有“相信(believe)”“指出(suggest)”“认可(acknowledge)”“赞扬(admire)”等,表示质疑或反对的归纳词有“否认(deny)”“控诉(complain)”“有待验证(justify)”“谴责(renounce)”等,使用类似这样的指示词,能比较有效和准确地展示出他人的观点。

最后需要注意的是文本的组织,即语句之间的衔接。该写作过程中衔接符号和手段必不可少,一般可以分为以下三类:

(1) 句子衔接词,又叫衔接副词,如“also”“besides”“furthermore”“in

addition""moreover""additionally""likewise""similarly""equally""in the same way"等。

(2) 从句连接词,包括并列连词(如 and,so,but 等)、从属连词(如 though,which,while,as if,so that 等)。

(3) 衔接功能词,即代词、介词甚至动词和形容词,利用它们可以标识前后的逻辑关系。比如对比用的 another,an additional,like,despite,be similar to 等。

总的来说,作者要确保"They say"和"I say"相匹配,好的归纳和转述既要尊重他人的原意,又要根据自己的核心论点妥善地组织引文,将他人的观点与自己的观点融会贯通,与全篇论文的谋划相结合。

【案例】

(概述+评述,Summary-Paraphrasing-Evaluation)

The emission mechanism of these essentially cospatial loop-top hard X-ray (HXR) events might be different from the Masuda flare, which was interpreted as a partially thick target up in the corona, by injecting non-thermal particles into the cusp of a magnetic trap (Fletcher 1995). Korchak (1971) concluded that an inverse Compton contribution might sometimes be significant, particularly in the low ambient density conditions relevant to these loop-top HXR events. With an ambient coronal number density of 10^9 cm^{-3}, inverse Compton radiation eventually dominates over bremsstrahlung in the 10～100 kV photon energy range (Krucker et al. 2008). Furthermore, these bright, concentrated, loop-top coronal HXR sources show time variation in the order of tens of seconds to minutes and are most prominent during the rise of the thermal emission (Krucker et al. 2008). Therefore, populations of loop-top non-thermal particles which possibly contribute to HXR emission by IC could be accelerated in turbulent plasma conditions, which also helps to trap particles (Turkmani et al. 2006; Krucker et al. 2008). In such cases, the accelerator is then believed to be co-spatial with the coronal HXR source.

(摘自:Fang et al., Astrophysical Journal, 2016, 833:36)

以上在案例中，作者很好地归纳和转述了他人的观点，使用了态度明确的指示词来展示，并清晰地给出了自己的观点。

通过上述案例可以得出以下结论：一篇合格的批判性论文，需要展示出作者能够为自己的论题和观点收集得到有用的文献资料，能够对文献资料作出分析和评估，进行客观展示，并为自己的观点做铺垫和支撑，最后得出系统的总结。

第五节 科学写作的语言规范

一、科学论文写作的结构规范

（一）观点提炼到位

科学写作要求观点提炼精准到位，包含双重含义：一是论文中必须提出一个主旨观点；二是明确表达该观点。做学术研究，观点和立场是重中之重，不能仅罗列以往的研究事实。一篇科学论文中，观点是中心，客观事实、以往的研究成果只是论据，应围绕观点进行展开。作者应挑明其观点，清晰明了地阐述，主要类型包括判断和分析现状，对现有成果作出积极或消极评价，反馈利益相关方的诉求或提出建议等。

在进行学术观点提炼时，首选概括性语言。在行文过程中，不仅论题名称、摘要、章标题、节标题需要应用概括性语言，正文部分的概括性语句也需要使用概括性语言进行表述。由于一些学术期刊、学术论文的受众多为高知识群体，且要经过一些期刊编辑的审核，故而无须赘述一些基础性知识或常识，大篇幅描写这些信息并不会给受众好的阅读体验。应通过严密的逻辑、简明清晰的文字表述进行概述，紧扣论文研究主题作出公正、客观而准确的评价，从而有力地论证观点。

观点提炼不到位已经成为一些暂时缺乏写作经验的作者的通病，他们不仅在摘要和引言中赘述,使得读者不能直观地得到全文的方法与结论,在正文论述中还欠缺概括性主题句。此外,还表现为段落过于冗长,复杂长句罗列堆叠,对相同的观点反复概述,一个段落的字数甚至多达上千个等。这样不仅会使得表达拖沓不简明,还会表现出作者逻辑性较弱,抑或是观点存在漏洞。故而在平时的论文撰写过程中,科研工作者应加强逻辑训练,培养思辨能力和分析归纳能力,提升论文撰写水平。

(二)论文结构严谨

撰写科学论文的要领是以规范的科学用语将研究方法与研究结论表述清楚。规范性在论文写作中是指对论文结构合理安排,字斟句酌做到简明精确,正确引用参考文献等。本书第二章系统地介绍了科学论文的元素和格式,在此不做重复论述,而是重点关注和探讨正文部分的结构问题。

严谨的论文结构是正规科学论文的基本要求,读者可以通过论文题目和行文结构大体判断出论文是否扣题、观点是否明确、逻辑是否清晰等。一般在作者进行研究方案设计时便已经规划出了论文提纲,考量了具体的研究方法和技术路线。在实际撰写时,作者必须在原有提纲的基础上根据研究进程的需要进行调整和改进,使得论文结构严谨,行文顺畅。

一些论文结构不够严谨的突出表现为没有设置好标题间的关联,甚至出现章节名与论文题目雷同的现象,使全文重叠赘述问题突出,结构不严密。例如,一篇题为《铁路建设在职人员培训质量的提升路径》的论文,除前言和结论外一共写了三章:"第一章　铁路建设在职人员培训的特点","第二章　铁路建设在职人员培训的要求","第三章　铁路建设在职人员培训质量的提升路径"。第三章的标题和论文题目完全相同,很明显该论文结构是不合理的。从前两章的标题来看,内容已经偏离了论文主题,同时观点也不明确。这种论文选题虽然具有良好的现实意义,但鉴于层次结构问题严重,往往会夭折于同行评议环节。

标题不一致、不扣题也会导致论文结构不够严谨,使论文逻辑混乱,造成读者误解。例如,一篇题为《从领导风格角度分析降低人才流失的措施》的论文,除前言、结论和参考文献外,共三章:"第一章　变革型领导风格","第二章　基于员工成长周期的领导风格","第三章　领导-成员交换理论"。很显然这三个标题衔接度低,没有厘清逻辑关系,缺乏一致性。从段落内容来说,各章节之间逻辑性不强,没有列举出足量保质的论据予以说明,论文中应用的案例代表性差,与主题关联度较弱,表述也较为繁复拖沓,给读者一头雾水之感。再如,一篇题为《宽带薪酬结构的运用与策略分析——以某建筑企业总部员工薪酬体系设计为例》的论文,共有四章:“第一章　宽带薪酬的优点”,“第二章　宽带薪酬的要点”,“第三章　企业实施宽带薪酬面临的问题”,“第四章　优化宽带薪酬模式的策略”。可以看出,此逻辑框架无法体现作者的观点,甚至不成体系,有所残缺,难以支撑论题。

二、科学论文的词汇特点

保证论文撰写用词科学严谨、规范准确是论文编辑的基本责任,此外,对于科研工作者而言,规范用词也是其科学匠心的体现。科学论文作为学术作品,在遣词方面必然与一般通俗读物有所差异,具体表现在以下四个方面。

（一）使用专业术语

前文中已经提到,在科学论文撰写中术语性特征尤为重要,所谓隔行如隔山,每个学科都发展出了独有的专业术语,在行文过程中严格使用学科专业术语可以体现学术工作者的严谨性,在同行业从业人士眼中表达也更为精准,不会产生歧义。

科学术语的主要特征如下:①词汇精简、高压缩,负载的信息量较大;②具有学科特点,一些词汇使用的限定范围仅为学科内部,即具有严格的单义性,不能与其他学科混用;③许多科学术语是外来词汇,通过音译、意译或直接使用了被引用地区的词汇。科学术语稳定性较高,一般在学科内部甚至可以达到世界通用。与此同时,术语的含义并非一成不变,而是根据技术的改进有所扩充或修正,一些已经严重过时,不再为人们使用的技术对应的术语也会被淘汰。但通常术语一经确定,便可以持续使用较长时间。

（二）适当使用简洁词语

为使得科学论文更加精简,可读性更强,作者一般会使用一些简明的连接词来表达逻辑关系。例如,在理科公式或定理中,“若”“则”“或”“且”出现的频率极高，这会使得作品表述更加精准，避免句子段落过于冗长，增强全文的典雅、庄重之感。

（三）使用抽象词语

在科学论文撰写中，抽象词汇使用频率更高。科学论文要求高度严谨，要求除却主观性意愿，高度尊重实验和数据论证，在陈述过程中不夹杂情感态度和个人意志，可以发现“具有”“如下”“特征”“存在”“包括”“得到”等事实阐述性词汇在相关论文中使用的频率极高。

（四）规范使用缩略词和标点符号

在科学论文撰写过程中，必须做到缩略词和标点符号精确，要严格遵照相关规范，不能错用、滥用，从而对读者造成不必要的误解。若论文中涉及一些专有名称和术语，则必须做到精准无误，例如机构名称、文件名称、学科术语、专家名字等，若不确定则应经核实后才能使用。若以上类别名称在文中多次出现，必须始终保持一致。若要使用缩写，必须在缩写首次出现时进行标注，且要符合相关标准，例如，缩略词中不能含有原词汇中并不含有的字眼，且字序不能颠倒。此外，对署名和人称的表达要做到规范严谨，例如，在由多人合作共同撰写并署名的论文中，再以“笔者”为主语则是不合适的，因为读者会对其指代感到疑惑。

三、科学论文写作的句式和语法特点

一般而言，科学论文的行文句式较为固定，短句的使用频率较高，一些附加限制条件的复合句式也较常使用，以使论述更加全面和完整，谨防表述漏洞。在有限制条件的句子中，关联词可以用于衔接各个分句，为各要点增加逻辑关联性。逻辑关系主要分为六种，即并列、因果、假设、条件、递进、转折，作者可以按照不同的逻辑表述需求灵活选用关联词。关联词类别多元，包括连词（“虽然”“因此”等）、副词（“才”“便”等）、词组（“否则”等）等。此外，一些句子结构较为复杂，形成多重复句，即分句中包含另一重分句，层次关系较多。若分句间存在因果或递进关系，则可由关联词“因为……所以……”“如果……那么……”表明，可以使句子表述简明、直观。作者应充分考量长句或复杂句之间的逻辑关系，从而选取合适的关联词，防止出现层次混乱，误导读者。若选用多个短句亦能够正确表述，则作者须综合权衡有无歧义、可读性等进而得出结论。此外，一些固定结构在科学论文中亦频繁使用，例如“以……为参照”“代入……可得”“与……成正(反)比”等，灵活应用这些结构可以使论文可读性更强。

第六节　科学论文中常见的语法错误

科学论文中常见的语法错误有用词不当、成分残缺、搭配不当、语序颠倒等，而且常常是几种错误同时出现。还有一部分作者仍在运用口头谈话式的方法，因此常常出现句子缺少主语或宾语、语序不合理及词汇滥用等现象，这在很大程度上不利于语言表述的规范性。下面列举一些实例进行分析。

一、主语缺失

【错误示例】　有关环境污染的现象，现阶段已经引起了我国政府部门的关注。

上述句子中，介词“有关”和其后的“环境污染的现象”这一偏正短语组成了介宾短语，因此导致句子缺乏主语，所以应当去除“有关”一词，确保其后的“现象”一词处于主语的地位，这样句子的表述才更加合理。

【错误示例】　微波的非热效应对微生物生理活性和代谢活动的影响以及对细胞的生存环境的影响等，加速了对微生物的致死作用。

这句话中第一句无谓语和宾语，第二句无主语。将其修改后合为一句即可：“微波的非热效应影响了微生物的生理活性、代谢活动及细胞的生存环境等，加速了对微生物的致死作用。”

【错误示例】　众所周知，钙离子可以明显提高海藻酸钠的黏度，达到一定的浓度，便会形成凝胶。

这句话的语病是详略失当，“达到一定的浓度”“便会形成凝胶”没有主语，在这里易引起歧义。另外“……提高海藻酸钠的黏度”叙述不正确。这句话可以修改为：“众所周知，钙离子可以明显提高海藻酸钠溶液的黏度，当溶液中钙离子达到一定的浓度，便会使海藻酸钠溶液形成凝胶。”

二、词语运用欠当

在论文的引言和结语撰写过程中，运用“本文”“本研究”“本实验”等词汇的次数也比较多，对此一些作者运用得当，一些作者却存在一些问题，因此需要引起重视。

【错误示例】 本研究自试管苗的诱导开始，在提升繁殖系数的条件下，探讨温度和光照时间等因素对试管球基形成的影响。

句子主干为“本研究……探讨……影响”。动作行为的发出者研究人员被“本研究”取代。应当改为“本研究旨在从……探讨……影响”。

【错误示例】 本文从森林生态功能价值观出发，具体分析了……的经济价值。

句子主干为“本文……分析了……经济价值”。上述句子将“本文”放于主语位置是错误的。作为动作行为的发出者理所应当为分析者，也就是作者或笔者，所以主语是作者或笔者。

对于“以致”和“以至”这两个词语，很多作者并不能有效地进行区分，下面主要对这两个词语进行具体的区分：二者均为连词，均具有关联作用，两词有相同之处，然而从用法上来讲是完全不一样的。

“以致”一词主要反映的是事物的结果，即“因此而造成”之意，通常在复句中后一个分句的开头使用，常常与“因为”“由于”这两个词语进行搭配，也可以单用。“以至”主要反映的是时间、范围以及程度上的逐渐提升或逐渐减少，即“直到”之意，同时也可反映程度与结果，其有时可用“以至于”来进行描述，通常在下半句的开头进行使用，这时候能够同“以致”进行替换使用。

从“的”“地”“得”的使用来看，其在平时的运用频率非常高，但在运用过程中的错误率也是很高的，因此需要对它们的用法有一个全面的认识和掌握。“的”主要在主语、宾语（名词、名词性短语）的前面使用，为定语标志；“地”主要在谓语的前面运用，为状语标志；“得”主要在谓语后运用，为补语标志。需要我们重视的一点是，汉语自身具有词性活用的情况，在对其没有全面把握时很容易出现问题。

【正确示例】 他已经向领导具体地反映了这个问题。

“反映”是动词作谓语,前面的“地”是状语。

【正确示例】 她给领导撰写了具体的报告。

“报告”是名词,作宾语,前面的“的”作定语。

此类错误还包括关联词语使用不恰当或者位置不当。

【错误示例】 采用一种特殊的控制电路使微波与紫外线结合起来,兼容微波良好的穿透性和紫外线的强灭菌性。

这句话中,后一分句是前一分句的目的,但缺少相应的关联词,使句子失去了层次感。若在后一分句前加“就可”二字,问题就解决了。

【错误示例】 从最近这几年来看,南方不但常发生干旱,而且北方7—8月份雨水也很少。

由于上述句子的两个分句主语不一样,所以需要把关联词“不但”放于“南方”的前面。

另外,一些作者常常在句子的前面使用“由于”一词,这会在很大程度上使论文变得更为杂乱无章,应当重视这个问题。

三、 句式结构模糊不清

【错误示例】 流沙地、盐碱地大面积造林技术自九十年代初期已在新疆普遍使用。

该句的问题是状语位置安排不当。状语处于句首和句中,通常情况下,限制性状语处于句首,例如时间、处所、条件以及对象等,而描写性状语通常用于句中。把“自九十年代初期”放于句首才是正确的。

【错误示例】 作为覆盖物,野生花生生命力强,可以有效维持土壤肥力,避免土壤流失,以及防止杂草。

上述句子因为语序颠倒,使逻辑表述杂乱无章,结果表达不明确。可以将其修改为:“野生花生生命力强,可作为覆盖作物,既能避免水土流失,又可以维持土壤肥力,同时还能有效避免杂草丛生。”

【错误示例】 然而,这类电路的一个突出缺点,就是功率因数较低且随调节深度的加大而减小,影响到电能潜力得不到充分发挥。

这句话的问题是最后一个分句"影响……发挥",将两种不同的句子结构混杂在一起了。"影响到了电能潜力的充分发挥"是一种结构,"使电能潜力得不到充分发挥"是另一种结构,此句将两个不同的结构生硬地套在一起,一会儿是这种说法,一会儿又是另一种说法。修改的方法是保留其中一种结构。

四、逻辑关系颠倒或模糊

【错误示例】 对电能影响较大的当属三相电路。这里以三相半波可控整流电路为例加以介绍,其他三相电路可视为此电路的变形。因而三相半波可控整流电路具有一定的代表性。

这句话的语病是因果颠倒。应改为:"对电能影响较大的当属三相电路,而三相电路中又以三相半波可控整流电路最具代表性。所以,这里以三相半波可控整流电路为例加以介绍,其他三相电路可视为此电路的变形。"

总的来说,科学论文的规范程度越高,带给编辑的好印象就越深刻,所以,作者在撰写过程中必须养成良好的习惯,增强语法修辞运用水平,将个人的研究成果展现给社会,以推动学科不断进步。

第七节 科普写作风格

科学论文和科学期刊分为不同类别,例如,本书第九章中提到的面向公众的科学论文和通俗易懂的科普性论文。随着人类社会的不断发展,科学技术知识大量融入人们的日常生活,科学普及的任务也越来越重要,因此大量的科普刊物以及自媒体平台诞生,它们虽然也属于科学期刊,然而刊登的作品多为普及性读物、报道性文章或日常科普小故事。因此这类作品更趋向于表现生活,阅读对象也不同,在语言风格和修辞方式上的选择也会有所不同。例如,可以减少专业性太强的术语和符号公式,并力求句式灵活多变,也可以适当使用比喻、拟人等修辞手法，尽可能地向日常生活用语或者文艺风格的语体靠拢。

一、 科普论文的体裁

科普类论文的写作风格可以根据作品内容和形式不同有所侧重。例如，科普新闻报道，语言的形象性可以比较突出；而探险、科考等纪实性报道，则更强调人物语言的个性化等。作者应该根据创作作品的内容，选择适合自己的风格。既要传播科学知识，又要形成自己鲜明的风格，从而吸引更多的读者，扩大传播影响。总的来说，科普论文有以下几种体裁。

（一） 科普说明文

说明文以“说明”为主要表达方式，目的是解说某个事物，阐明其中的原理，为读者普及科学知识。其功能是对某件事情或者自然现象的缘起、历史、发展过程、形态等进行客观和科学的介绍以及解释，以促进科学知识的传播，进行科普推广。这也是科普说明文写作中应用最广泛的文体。与科学论文不同，科普说明文的语言十分生动活泼，通过讲述科学故事，使深奥的科学知识得以普及。比如，爱因斯坦(Albert Einstein，1879—1955)的《物理学的进化》是一本面向公众的著作。作品中没有使用任何数学公式，对于物理学基本观念(如空间弯曲、光线拐弯)，以及奇妙的自然现象(如宇宙膨胀)等，无一不解释得非常清晰和生动，堪称爱因斯坦最优秀的科普著作，也堪称每一位物理爱好者的必读书。再如法国科学家克里斯托弗·加尔法德(Christophe Galfard，1976—)撰写的《极简宇宙史》，也是一部很好的科普作品。全书使用轻松诙谐的语言，带领读者打开想象的大门，开启一段关于宇宙过去、现在和未来的惊奇之旅，可以说是一本引人入胜的物理学科普著作。中国也有很多优秀的介绍科学知识的著作，例如中国友谊出版社的《自然图鉴》系列丛书和浙江教育出版社的《科学启蒙》等，都是很受读者欢迎的说明文体裁的著作。

（二） 科普小说

小说是文学的基本体裁之一，其特点是以艺术概括的方法塑造人物形象，具有完整的故事情节和前因后果，允许进行艺术上的虚构，不受时间和空间的限制。

科普小说是以科学为主题的小说，可以说是科学与文学联合的作品，其运用文学的写作手法，通过曲折动人的故事情节传播科学知识。需要强调的是，虽然科普小说的情节是虚构的，但是所依据的科学知识是有理有据的，这也是科普小说与科幻小说最大的区别。具有代表性的科普小说如19世纪法国小说家凡尔纳(Jules Gabriel Verne，1828—1905)的《环游世界八十天》，我国早期的《上下古今谈》等。小说的趣味在于故事和情节，而对于科普小说来说，作者需要注意如何在知识框架范围内建构出既合理又吸引人的情节；同时还需注意，如果小说中科学成分过多，将变得枯燥乏味，使公众无法理解，但如果科学内容普及不足，又会失去原本的意义，所以这对作者也是一个很大的挑战，从选题到遣词造句都要符合科普论文的创作规范和特点。

（三）科普故事

科普故事是近年来产生的一种新兴的科学传播文章体裁。它是以介绍科学知识为主要目的的故事，把科学技术上的重大发现和发明及其未来发展趋势，常见的自然现象，医学、生物等各个学科中的科学道理，形象生动地展示给读者。其特征是故事情节的发展与科学知识自然地结合，使看起来略高深或者较难理解的科学现象渗透进故事中，体现出一定的思想和精神。科普故事不仅对于提高全民族的科学素质有着重要影响，还可以解决人们在生活和工作中遇到的科学困难。该类别还包括面向儿童读者的科学童话或者科学小诗。

科普故事具备内容的科学性和形式上的趣味性等主要特征，篇幅简短，语言通俗。需要指出的是，科普故事以讲解和传播科学知识为主，目的不在于塑造人物形象和个性，因此无论是对话还是叙事，都不可太过冗长繁琐，应该做到重点突出，简明好记。

简而言之，不管是哪种形式的科普作品，都应以传播科学为目的，科学不应该处于曲高和寡的状态，而是要在和媒体融合发展的浪潮中搏击得更高、更远。学术是内容，科普是手段，两者有机结合，有利于科学知识的传播与普及。

二、 科普作品的风格特点及要求

不管是上述提到的哪种科普作品体裁，写作风格都须遵循以下特征。

（一）科学性

科学性是所有科学作品的生命，科普作品也不例外。科学必须揭示事物的客观规律，探求客观真理，作为认识世界和改造世界的指南。而科普作品担负着向大众普及科学知识、启蒙思想的职责，更应该保证科学性。失去科学性的科普作品也就失去了存在的价值。因此，对于科普作品的创作者而言，应尽力发掘自己的专业所长，从自己熟悉的领域开始，用全面发展的观点，把该领域的知识介绍给广大读者。

（二）思想性

科普是科学技术与社会生活之间的一座桥梁。它在向读者传授知识的同时，也使读者受到科学思想、科学精神、科学态度和科学作风的熏陶，宣传着科学的世界观和方法论，以提高人们的科学素质和思想素质。因此，科普作品要通过普及科学知识，让人们深刻地理解科学的世界观和方法论，即唯物主义和辩证法。这就是科普作品思想性的体现。

（三）通俗性

通俗性就是要用明白晓畅的文字介绍科学知识，使之生动易懂。整个科普创作过程实际上就是专门知识通俗化的过程，这也是科普创作的实质。如果不通俗地把科学知识表达出来，读者理解不了，就起不到科学普及的作用，科普创作也就失去了意义。科普创作可以运用多种方法使科普作品通俗化。如用文艺形式创作，可使之生动有趣，引人入胜。但这不是唯一的方法，科普作品只要简明扼要、深入浅出、通俗易懂地写清楚，同人们的实际生活和工作联系起来，就能达到通俗化。切忌简单化、庸俗化，或简单得残缺不全，只在抽象的概念中兜圈子；或堆砌资料，照搬照抄；或把通俗化变成庸俗化，迎合低级趣味，这些在科普创作中都应杜绝。

三、科普作品的写作技巧

不同于其他科学论文，科普作品可采用多种表现手法使之通俗易懂，引人入胜。下面介绍几种常见的创作技巧。

（一）标题的技巧

科普作品写作过程中首要的是选择一个吸引公众读者的标题，该标题须简单易懂，带有趣味性，而不是让没有科学背景知识的读者“望而却步”。命题的方式有很多种，包括直叙式，如“关于糖尿病，你应该知道这些核心信息”；疑问式，如“‘蛟龙号’下潜后看到的深海是什么样子的?”；警句式，如“这种病症状类似感冒，暴发可能要人命!”；比喻式或拟人式，如“叮咚！请查收一封来自菠菜的电子邮件”。此外，还有寓意式、启迪式、成语式等多种命题方法。在不违反科学性和专业性的前提下，偶尔做一次“标题党”也是可取的。值得注意的是，不管使用哪种方法，作者须时刻牢记，不同类型的读者对论文的需求是不同的，专业人士要的是“干货”，而业余人士要的是“解惑”。在这个前提下起标题会更加符合用户的心理预期。再以一篇主题为讨论空气开关的文章为例，为专业人士起的标题可以是“新型电路设计对空气开关安全的影响及策略分析”，而对于普通大众，则建议将标题调整为“你家的电路安全经得起安全测试吗?”，这样才会吸引读者的兴趣，从而获得更广的受众面。

（二）开头的技巧

因为科普作品描述的基本是比较深奥或者略有难度的科学知识，因此不可避免地涉及很多专业术语、材料和数据。一个好的开头需要梳理文中将会出现的所有错综复杂材料的头绪，找到叙述“故事”的起点，同时也是一篇文章基本风格的体现，如该文章是轻快、活泼的，还是严肃的等。这里有几个小技巧仅供参考：

(1) 直入主题法，即用简洁的语言概括出要讨论的主题和说明的对象。

(2) 提出疑问法，即基于日常生活中与主题有关的小现象或小疑惑提出问题，以引发读者的思索，启发大家的思维。

(3) 趣味开头法，即在进行科普知识讲解之前，先讲述一段耳熟能详的小故事、寓言，或者相关的某一则新闻，用绘声绘色的故事引人入胜，还可以引用名人名言和诗句，以达到引出说明对象的目的。

（三）结尾的技巧

科普文章的结尾也非常重要，好的结尾能让读者感觉“言有尽而意无穷”，尤其对于科普文章来讲，让读者意犹未尽，进而产生对科学更大的兴趣，才是科学传播的真正意义。结尾的方法很多，例如：

(1) 归纳全文，在结尾段选择精华和要点再简练地归纳一遍，并与开头呼应。

(2) 存疑法，即对于一时无法解释清楚或者尚未得出最后结论的科学现象，在结尾处进行解释说明，这种实事求是的科学态度反而可以增加文章的可信度和科学性。

(3) 适当抒情，即在结尾处对公众就某行为进行呼吁或号召，提出期待或启示。这个方法适用于科普说明文体裁，能够使普通的说明文在思想上得到升华。

总的来说，无论一篇科普文章的内容有多重要，对公众有多大帮助，首要原则是须用一种公众看得懂的语言和表达方式写出来，应深入浅出，用通俗的语言把深奥的科学原理表达得非常清楚、浅显易懂。尽量避免使用过于晦涩难懂的术语，如非用不可时应有简明浅显的解释，以提高科普作品的趣味性。因此，通俗点讲，从开始产生写作愿望的那一刻起，直到把修改后的稿件发给编辑部为止，作者脑子里应该时刻不忘的一个重要问题是“我这篇稿子是给谁看的”。科普作者在涉及自己不懂的专业话题的写作过程中，绝对不能想当然。遇到专业技术问题时，切忌不懂装懂，误导大众，更不能将互联网上的所有东西视为理论根据，毫无根据地进行摘抄、转载、引用和发挥。

第六章

科学英语力求语句简短、描述准确、逻辑清晰。

科学研究方法用过去时，知识的复述和逻辑推理用现在时。

第一节 科学英语的基本句型及特点

一、 科学英语的常见句型和结构

科学英语在句子结构上也有其特点，本章首先对科学英语的基本句型作专门探讨。科学英语的基本句型应该根据科学英语本身的特点，反映出现代科学英语常用句子形式和结构的一般规律。科学英语基本句型的原则应该是：①有一定的词序；②有固定的语法结构；③有特定的表意功能。科学英语常用的基本句型有以下两种：

（一）系表结构

系动词除了常见的 be 以外，还有 become，grow，get，keep，remain，stay，seem，appear，look，feel，sound，smell，taste 等，表示不同程度的肯定或者否定的判断描述。

1. 表示肯定或者否定(be)

【例】 This narrowband filter was optimized to record plasma emissions at about 10 000K.

2. 表示变化趋势(become，grow，get 等)

【例】 A laminar flow became turbulent, as its speed grew to a certain threshold.

3. 表示持续的状态(keep，remain，stay 等)

【例】 The pointing stability of this satellite remains unchanged after the shutter opened.

4. 表示似乎是或者好像是(seem，appear，look 等)

【例 1】 This waveguide appears to support multiple wave modes.

【例 2】 The second case seems to have a shorter lifetime but looks more resilient.

5. 表示感觉或者感官的状态(feel,sound,smell,taste 等)

【例】 Even in the absence of such a grave complication,the person with badly decayed teeth usually feels tired.

6. There be 句型(其中 be 是做谓语的实义动词,表示“存在”或者“有”的意思)

【例 1】 There are two types of nuclear reactions.

【例 2】 There is rising evidence that life could exist on Mars.

【例 3】 There is considerable observational evidence for the occurrence of slow magnetoacoustic waves in the solar atmosphere.

(二)形式主语+谓语+实际主语

该结构中的 it 通常被称作“形式主语”,谓语动词可以是系动词 + 表语的结构,实际主语可用动词不定式短语,或者 that,whether,if 等连接的名词从句或动名词短语。

【例 1】 It has been proven that nuclear fusion is the main source of energy in main-sequence stars.

【例 2】 It was not until the 19th century that heat was considered as a form of energy.

【例 3】 All substances,either gas,liquid,or solid,are made of atoms.

二、科学英语的句式结构

随着科学技术的飞速发展,大量的科学英语文献资料不断涌现出来。20 世纪 70 年代,英国、西欧和北美等国家或地区相继成立了科学英语研究中心,对科学英语进行了系统的研究,发表和出版了相关的论著和教科书,不少高等院校先后设立了科学英语专业,促进了科学英语与普通英语的分野,使科学英语逐渐形成了一门独立的学科。英国曼彻斯特大学学术英语表达库(Academic Phrasebank)非常全面地总结了学术英语的语句结构和范例。美国当代英语语料库(Corpus of Contemporary American English)也提供了一个非常全面的学术词汇列表(Academic Vocabulary List)以供读者查阅,而学术英语范式表

(Academic Formula List)则总结了学术英语中常见的词语搭配和固定短句等信息。

科学英语具有以下特点。

（一）客观性强

科学论文写作是研究成果的客观表述。因此，此类论文的最大特点是科学性、专业性和客观性，其内容又具有很强的实用性和真实性。因此，在写作中要避免过于主观的用词，这也是科学英语和日常英语写作的重要区别之一。从以下例句中可以看出两者的用词规范和行文风格不同：

【例 1】 In my opinion, the growth is very large.（日常英语）

【例 2】 The growth rate is 5.4%, about three times greater than that of last year.（科学英语）

（二）用词精确严谨

科学研究必须实事求是，科学论文的论据应真实准确，因此用词必须精确和严谨。文中的实验数据和计算结果必须真实，所涉及的描述应明晰和准确，不能模棱两可或者表意模糊。

【例 1】 Many samples were collected.（日常英语）

【例 2】 About one hundred samples were collected.（科学英语）

【例 3】 Attending school is very important to educate children.（日常英语）

【例 4】 Schooling is a key part of children's education.（科学英语）

（三）逻辑性强

科学英语是一种说理性的语言，通常运用抽象思维，进行周密的推理论证，因而逻辑组织非常严谨。

【例 1】 This configuration, commonly referred to as the solar nebula, resembles the shape of a typical spiral galaxy on a much reduced scale. As gas and dust collapse toward the central condensation, their potential energy is converted to kinetic energy (energy of motion), and the temperature of the material rises. Ultimately the temperature becomes great enough within the condensation for nuclear reactions to begin, thereby giving birth to the Sun.

（科普风格，来源：Encyclopedia Britannica, Formation of Solar Nebula）

【例 2】 We investigate a Bose-Einstein condensate in strong interaction with a single impurity particle. While this situation has received considerable interest in recent years, the regime of strong coupling remained inaccessible to most approaches due to an instability in the Bogoliubov theory arising near the resonance. We present a nonlocal extension of the Gross-Pitaevskii theory that is free of such divergences and does not require the use of the Born approximation in any of the interaction potentials. We find a new dynamical transition regime between attractive and repulsive polarons, where an interaction quench results in a finite number of coherent oscillations in the density profiles of the medium and in the contact parameter before equilibrium is reached.

(学术风格，来源：Drescher et al., Phys. Rev. Res., 2020, 2: 032011)

(四) 复杂句的使用

由于科学英语需要描述高度复杂的事物，或者需要阐释较为复杂的概念或深奥的原理，这必然要扩展句子的许多修饰、限定和附加成分，包括使用各种非谓语动词短语、平行结构、强调句型、逻辑性定语、并列句和主从复合句等。因此，科学英语写作中适当地使用复合句和复杂句，也是其语言风格中的重要语法现象之一。

【例】 In this way, the distinction between heavy current and light current electrical engineering has disappeared. But we still have the conceptual difference in power engineering that the primary concern is to transport energy between distant points in space. Whereas in communication systems, the primary objective is to convey, extract and process information. During this process, a considerable amount of power could be consumed.

需要注意的是，无论是使用简单句还是相对较长的复合句或者复杂句，都应该做到长而不“冗”，表达清晰准确，结构紧凑严密。

(五) 名词化的使用

名词化是科学英语常见的语言特征之一，是科学英语思维抽象化的需要，其深层结构可以看作一个句子，通过名词化转换规则导出。这样既可以避免人称主语，增加客观色彩，又可以避免结构臃肿，使语言更加简练。

【例 1】 A government investigation was initiated to explore the link between subsidies and household consumption.

【例 2】 There is increasing evidence that dark matter is not involved with electromagnetic interaction.

（六）常使用被动语态

在科学英语中，被动句用得较多，这主要是因为被动句主观色彩少，更适合描述客观事物，符合科学英语的文体特点。被动句又可以分为两类：一类是表示动态的被动结构，主要用于描述行为和过程；另一类是表示状态的静态结构，主要用于描述物理性质和情况。这里先简要举例，后面的章节会进行更详细的论述。

【例】 Loop oscillations are traditionally investigated in time-difference movies.

第二节 时态的经验法则

英文科学论文通常会运用现在时、过去时以及现在完成时这三种时态，本节将对各时态在写作过程中的运用情况进行详细介绍。

一、一般现在时

在对一般事实进行陈述和讨论时，多采用现在时。也就是说，时间及地点的变化并不会对一般事实造成影响，并且该事实已经变成众所周知的客观知识。

【例 1】 Particles observed in an appropriate environment behave as waves, whereas waves can also behave as particles.

在表示启示、表征或者暗含（suggest, indicate, imply）的情况下，科学论文也多用现在时。

【例 2】 This finding suggests that the snow line may not be crucial to the formation of giant planets.

【例 3】 An elevated glucose level indicates a lack of glucagon hormones in the pancreas.

二、 一般过去时

科学英语经常需要描述过去某个时间发生的事件，此时用一般过去时。这里指的事件为实验步骤、数据分析、测试结论、统计观测等发现和探索类的方法步骤，通常已经完成或结束了。

【例 1】 They found that, due to vigorous convective flows at the top of the convection zone, the rising tube was highly structured by the surface granulation pattern.

【例 2】 The vector magnetogram was used as the bottom boundary condition for magnetic field extrapolation.

三、 现在完成时

现在完成时，简称完成时，主要描述发生在过去某个不确定时间点的事件，以及虽然于过去发生但现在仍在持续进行的事件。该时态多用于引言，用于解释研究的目的以及动因。

在写作科学论文时，建议读者除描述明确发生在过去某一时间的事件外，尽可能不使用过去式，而是使用现在完成时。

【例 1】 A vast amount of observational data has been collected.

【例 2】 Sufficient magnetic energy has accumulated and would excite explosive event in the solar and stellar atmosphere.

四、 科学论文各部分的时态

在科学论文写作中，如果作者能够做到正确且灵活地运用各种时态，那么论文整体的可读性必然会得到明显提高，由此读者将能更加准确地了解论文所要表达的内容。

对于科学论文而言，不同章节所描述的内容性质不同：引言描述背景研究，属于已知的知识或者过去的发现和结果；方法部分描述研究的过程，属于过去发生的事情；结果部分描述文章的图表或者数据所揭示的发现，属于因果逻辑的推理；结论部分总结全文研究内容之间的关联和意义，属于知识的推理。因此，科学论文各部分所使用的时态也存在很多差别。本节将针对各部分应当优先选用哪种时态进行详细举例与说明。

（一）摘要

摘要是摘录文章所有章节的要点，因此所有语句应当与对应章节内容的时态用法相同。其基本原则为：已成为知识的科学研究或常识性知识应当用一般现在时，描述本次研究的过程应当用一般过去时，其他语句的时态须符合特定语境下英语的使用习惯。

（二）引言

在选定引言所用的时态时，作者需要综合区分三方面的内容：已成为科学规律的知识点（一般现在时）、科学研究的过程（一般过去时）、知识的关联和因果推理（一般现在时）。

1. 已成为科学规律的知识点（一般现在时）

在复述、改述或者讨论前人的研究结果和结论时，由于这些结果已经被证实，就成为新的知识，所以通常采用一般现在时。

【例】 Wilcox and Ness (1965) also pointed out that solar magnetic structure determines the variations in solar wind parameters.

该例句中，“pointed out（指出）”这个动作是指1965年的研究推理，所以用一般过去时，而其结论“solar magnetic structure determines the variation in solar wind parameters（太阳的磁场结构决定太阳风的参数变化）”这一事实已经成为科学知识或规律，所以“determines（决定）”一词用一般现在时。

2. 科学研究的过程（一般过去时）

在描述科学研究的过程时，实验步骤、当时所采用的假设、使用的实验控制条件等过去事实的描述采用一般过去时。

【例1】 Pearson (1997) compared the growth rate of two plants with sufficient sun light or without sun light at all.

该例句主要讲述该作者在1997年（过去）所做的实验步骤，应当用一般过去时。描述科学研究过程的常用动词的过去式有compared，studied，analyzed， found,confirmed 等。

【例 2】 Parker（1997） proposed that if an equilibrium magnetic field is subjected to an arbitrary,small perturbation,then the resulting magnetic field will in general not relax towards a smooth equilibrium.

该例句中,"proposed(假设)"描述了当时作者为了进行后续的理论推导,做了一定的假设,此处应该用一般过去时。

另外一种情况是描述前人当时推理或发现的过程,即根据实验数据或者一些规律推理科学结论的过程,而这些结论尚没有成为公众认可的知识或者尚存在争议,此时也应该使用一般过去时。

【例 3】 Shelyag et al.（2011） studied Poynting fluxes in the simulated convection zone and identified horizontal plasma flow in the intergranulation.

该例句中,"identified(识别)"描述的就是作者当时发现某种现象的过程。

3. 知识的关联和因果推理(一般现在时)

在引言部分,建立前人研究之间的关联性,或者推理因果关系时,由于此处需要知识点或者与前人研究结论之间的关联,所以应当用一般现在时。

【例】 It is generally thought that solar active regions are created during the emergence of toroidal magnetic flux from the deeper convection zone.

（三） 方法

方法部分通常只使用两种时态——一般过去时和一般现在时。其中,一般过去时主要用来描述过去围绕研究课题所展开的一系列研究或实验行为,同时在对该部分进行描述时,所选用的语态多为被动语态,由此注重强调所做的内容而并非动作的执行者。一般现在时常用语描述一些理论、材料或仪器的功能或特征,属于描述性用语。

【例 1】 Glucose molecules was added to the mixture to observe the peptide reaction.

【例 2】 The results were analyzed using Bayesian inference.

（四） 结果

结果是指通过研究方法所获得的用于支持结论的主要特征或规律,此处的时态类似于方法部分,即在讨论实验结果时采用过去时。

【例 1】 The addition of 0.02 g of glycogen activated receptor cells.

【例 2】 Receptor cells were activated by adding of 0.02 μg of glycogen.

另外值得注意的是，对图表进行解释和说明时，选用一般现在时；描述图表时，也采用一般现在时。因为这两者表示作者在论文中的推理和描述过程，无论读者何时阅读该论文，均处于当下，即使用现在时。

【例 3】 Table 5 shows the temperature-dependence of growth rate.

（五）讨论与结论

讨论与结论部分主要是对前文的研究结果进行进一步的深化和总结，即对其内涵和意义进行解释，建立研究结果的因果关联和科学逻辑，对该领域未来研究的发展方向进行展望，以及对当前所取得的研究成果进行二次阐述。

在对新的发现进行阐述和总结时，用一般过去时。

【例 1】 In this study, we observed that multiple adjacent layers with significant density and temperature contrasts flowed with a velocity shear, and found that Kelvin-Helmholtz instabilities grew at their contact surfaces.

对于研究过程中所取得的新发现或者成果的重要性进行强调以及阐述时，常用一般现在时。

【例 2】 However, we show that, in this multi-instrument study, cold plasma interacts with coronal plasma as invisible matter, and bolsters mass and energy exchanges.

【例 3】 Our finding indicates that embedded cold layers could interact with hot plasma as invisible matter.

第三节 语态建构的微妙性

一个经常困扰众多作者的问题是论文书写过程中使用主动语态还是被动语态更为合适。在演讲稿或是个人课程论文写作过程中，主动语态的应用更为广泛，因为在使用主动语态的句子中，主语是被强调的部分，可以表达个人的看法和观点，同时使得句子简洁而说服力强。

虽然在大多数研究论文中也可以运用主动语态，但此时使用主动语态和被动语态的区别更为明显。可以看到，科学论文中许多语句的语态为被动语态，原因在于如果论文中只使用单一的主动语态不仅会使通篇阅读不够顺畅，加大读者的理解困难，还会使整篇论文的重点不够突出，架构不够明朗。故而不同语态所适用的情景以及二者的区别成为科研工作者近期关注的重点问题。

一、主动语态和被动语态的区别

顾名思义，主动语态的主词为动作的执行者，它更强调动作由谁发出。

【例 1】 We combined the ground-based New Vacuum Solar Telescope (NVST) and the Solar Dynamic Observatories/Atmospheric Imaging Assembly (AIA) to observe the plasma dynamics associated with active region 12 673 on 2017 September 9.

在这个例句中，“We”是首词，强调“combined”动作的发出方。但这并不代表句子中的动作接受方即“the ground-based New Vacuum Solar Telescope (NVST) and the Solar Dynamic Observatories/Atmospheric Imaging Assembly (AIA)”在整个句子结构中不重要，而是说句子的主语被强调的程度更高。这样也可以避免超长的名词性词汇直接做主语，导致句子头重脚轻。

与之相反，被动语态则更多地强调动作的接受者。

【例 2】 The ground-based New Vacuum Solar Telescope (NVST) and the Solar Dynamic Observatories/Atmospheric Imaging Assembly (AIA) were combined (by us) to observe the plasma dynamics associated with active region 12,673 on 2017 September 9.

在这个例句中，“The ground-based New Vacuum Solar Telescope (NVST) and the Solar Dynamic Observatories/Atmospheric Imaging Assembly (AIA)”成为主词，在这样的句子结构中动作的接受者被强调的程度更高，也能更直观地被读者注意到。此时动作的执行者，也就是“us”甚至可以忽略。同时纵观整个句子,也可以发现句尾的"by us"比较累赘,没有发挥实质性作用,因为动作的接受者是机器,所以在没有特殊说明或背景下,发起者大概率是人。因此作者可以在不改变句意的情况下删除句子的后缀,使句子更加简洁,这便是体现被动语态优越性的典型例子。

总的来说,相比被动语态,主动语态最明显的优势是能够使表达更加直接、精简和明确。这是许多现代风格规范手册建议科研人员撰写论文使用主动语态的原因之一。但这并不意味着被动语态的使用是不合理的和不能接受的。事实上,数据统计表明,在过去的 10 年中,研究人员更偏好在科研论文中使用被动语态,原因可能是被动语态的实用性不断被发掘,因此更广泛地被科研人员应用于科学论文写作中。但无论如何,在科学论文撰写过程中,应该鼓励合理结合使用两种语态,以便更准确地表达不同的观点。

二、 被动语态使用的语言环境

(一) 动作的执行者信息不详、不明确或不重要时

在这种语境中,被动语态的使用可以避免描述动作的发起者,提高语句信息的精准性。

【例 1】 According to the statistics, over 20,000 patients were diagnosed with colon cancer (by doctors) each year in Canada.

在此例句的情境中,加入动作的发起者即诊断者,会使信息重复,整个句子也显得非常臃肿,因为众所周知诊断疾病的一定是医生。

【例 2】 Encyclopedias of countless anecdotes and natural phenomena are edited in chronological order (by scholars and scribes).

在此例句的情境中,百科全书的作者在整个语境中是不重要信息,作者推断读者不会执着于其作者是谁,或者说作者信息可能并不明确。如果动作的发起者这一信息比较重要,又可以通过一定的途径明确知道,则加上这一信息比较必要。

【例 3】 Carcharodon carcharias is the most thoroughly studied (by zoologist) among shark species known today.

在此例句的情境中,主词被强调得非常明显,同时动物学家或者相关科学

家负责动物物种研究也是目标读者已经了解的事实,不必赘述。

（二）动作或受词重要性高于主词时

在科学写作中,通常研究本身的重要程度高于研究员的个人信息,除非研究员的身份和地位特殊外,所以在这种情境中,被动语态的应用更为合理,也更加常见。此时研究的内容与方法被主要强调,而研究人员的信息则被忽略。

【例 1】 The inactivated coronavirus was stored at low temperature of －80℃ for 14 days.

【例 2】 The reliability of this epidemiological survey was assessed by significance test.

以上被动语态例句也可以改写为主动语态形式:

【例 3】 We stored the inactivated coronavirus at a temperature of －80℃ for 14 days.

【例 4】 Researchers assessed the reliability of this epidemiological survey using significance test.

通过分析以上例句可以看出,虽然此时主动语态与被动语态对句子的长度影响可以忽略不计,但在主动语态情景之下,整个句子强调的重心变为了主词"We"或者"Our team",而这一动作的发出者对整个句子信息的传播来说并不重要。主动语态显而易见的优势就是生动有力,但这种语态更适用于小说等文学形式的撰写,而在对科研过程的表述上则有所欠缺。使用被动语态的另一个重要优势是它能在不失重点的情况下使整个句子的结构与节奏发生改变。也就是说,当整篇论文中穿插使用主动语态与被动语态时,论文的可理解性会有所提高。

（三）句子的主题为动作的接受者时

在一些情境中,使用被动语态是为了将整个句子最重要的信息放置在句首,作为重要信息聚焦。如果动作的接受者是句子的主题,那么使用被动语态可以突出强调动作接受者,使得整个句子的重心更加明确,易于读者深入理解。

【例 1】 The Atmospheric Imaging Assembly（Lemen et al. 2012）observed a GOES class M1. 1 flare at the active region 12673 on 2017 September 9 on board the Solar Dynamics Observatories.（主动语态）

【例 2】 A GOES class M1. 1 flare was observed at the active region

12673 on 2017 September 9 by the Atmospheric Imaging Assembly (Lemen et al. 2012) on board the Solar Dynamics Observatories.(被动语态)

在上述主动语态的例句中,占据句首重心位置的是"The Atmospheric Imaging Assembly",而"a GOES class M1.1 flare..."被置于句尾强调。这样的排序为读者传达了两个主要信息:首先,"The Atmospheric Imaging Assembly"至少是句子的一个重点;其次,将"a GOES class M1.1 flare at the active region 12673 on 2017 September 9 on board the Solar Dynamics Observatories."置于句尾修饰强调了理解这部分内容的必要性。而在被动语态结构中,主要差别在于"A GOES class M1.1 flare"被置于句首的重点位置,以突出强调。

一个完整的句子中通常包含多个元素,而这些元素的排布方式会影响其在句子中的表达效果,尤其是当这些元素的重要性在整个研究中较高,且研究人员或者实验人员的具体信息的重要性较低时。下面给出的例句中包括两个以上的研究焦点,当其分别使用主动语态与被动语态来表达时,元素的位置发生了变化,可以从中更加直观地看出元素位置对其重要性的影响。

【例3】 The relaxed magnetic field, which appears to extend radially into outer space supported a filament-like plasma sheet left over.(主动语态)

【例4】 A filament-like plasma sheet was left over, presumably being supported by the relaxed magnetic field, which appears to extend radially into outer space.(被动语态)

以上例句中"A filament-like plasma sheet"和"The relaxed magnetic field"是构成句子的重要信息,也可以说是不可或缺的元素。这个过程中,主动语态的表述使得向外延伸的松弛磁场支撑等离子片的过程按照时间顺序得以阐述。而在被动语态中,"A filament-like plasma sheet"放在句首,"The relaxed magnetic field"放在句尾,新的顺序使得句子焦点转移,突出强调"A filament-like plasma sheet",同时其他信息的重要性则有所降低。

三、 交叉使用主、被动语态

在论文行文中交叉使用主、被动语态可以使表述更为精准有力,从而提高整篇文章的逻辑性和结构的字句连贯感。

一个重要的方法是“connects backwards”法，即位于段落首尾句或位于句首的解释短句。以下为三个语句连贯的段落范例(语态为主动—被动—被动)：

【例】 This paper deals with several main biological effects of humoral immunity. These effects can be summarized as follows: humoral immunity could neutralize toxins and viruses; it could inhibit bacterial adsorption and conditioning; it could mediate ADCC and activate complement. However, this effect could also be affected by other factors, such as individual differences.

第一句使用主动语态直接概括了研究的主题“several main biological effects of humoral immunity”，简洁明了，直入主题。

第二句为被动语态，介绍了这一生物学效应的一些主要分支方向。

第三句则综合以上两句，应用被动语态结构，对这一效应发挥的可能影响做了进一步阐述。这个段落聚焦于主题词“main biological effects of humoral immunity”，作者应用主、被动语态使得内容建构较为连贯，叙述更加自然，同时能吸引读者进一步阅读与思考。

交叉使用主、被动语态对论文撰写的优势如下：①句子中最重要的元素得以充分强调；②句子精简不赘述；③变换节奏，使文章句子不雷同，增强论文的可读性和美感。

下面介绍如何正确使用人称的问题。当前在英语科学论文写作中尽量避免使用第一人称已经成为约定俗成的写作规则。但事实上，直至20世纪初第一人称“I”和“we”被习惯用于学术写作中。此后被动语态与第三人称的应用才在学术写作中占据主导地位。近几年来，更为积极有力的写作风格逐渐演变为学术写作的主流，第一人称也重归学术文章写作之中。但是“I”与“we”的使用仍受到广泛限制：在摘要、引言、结论与讨论中，第一人称可以合理使用，而在研究方法与结果中仍然沿用被动语态与第三人称。也就是说，使用第一人称可以在学术文章中表达作者的看法与观点，但在相对客观的研究方法、流程与结果中，使用第三人称和被动语态更为合理。

第四节　如何正确使用英文标点符号

在英文书面表达中标点符号是十分重要的，正确和规范的标点符号有助于读者更好、更清晰地了解文章所表达的内容，同时在一定程度上也起到了加强语气的作用。将英语作为第二语言的写作者，大多在标点符号的使用方面存在一定的问题，而这一点在科学论文中常有所体现。

对于以中文为母语的英文写作者来说，其在如何正确使用标点符号方面常会存在一定的问题，但对于学术类论文的写作而言，标点符号的正确与否将对文章的内容造成较大影响，因此作者应掌握标点符号的正确使用方法。本节就如何正确地使用逗号 comma(,)、冒号 colon(:)、分号 semicolon(;)等学术英语常用的几种标点符号进行系统的总结归纳。

一、 逗号的使用

从使用频次来讲，逗号是被运用最多的标点符号。逗号的使用语境相对较多，但同时其使用也有一定的标准，要正确运用逗号并非易事。下面对逗号的几大主要功能进行介绍。

1. 对事物或者短语进行罗列

【例】 I bought books, dictionaries, and workbooks at the bookstore.

2. 借助连接词将两个独立的从句分隔开来

【例】 Humans have landed on the moon as early as 1969, but until now scientists are still not sure whether there is really no life on the moon.

3. 位于介绍性短语之后

【例】 In preparation for the next Olympic Games, the athletes have conducted arduous training.

4. 分割插入语，将附加说明部分的句子与主句加以区别

【例】 All teachers, if they love students, will pay attention to the children's mental health.

二、 冒号的使用

冒号在英文写作中使用的频率相对较少，其使用的场景和规则较为简单，具体如下。

1. 对一个以上的项目进行介绍

【例】 Rainbow has seven colors: red, orange, yellow, green, cyan, blue, and purple.

2. 分隔具有一定联系的独立从句

将两个具有一定联系的独立从句进行分隔，即其中第二个从句主要对第一个从句起补充、说明的作用。

【例】 Anna has a foreboding that something bad will happen: her puppy may really be lost.

3. 冒号的三大使用原则

(1) 冒号后，除专有名词外，首字母均不得大写。

【错误示例】 I have three hobbies: Traveling, watching movies and playing computer games.

【正确示例】 I have three hobbies: traveling, watching movies and playing computer games.

(2) 若一引号内有多个句子，写作者常会使用冒号来引出内容，而此处本应采用的标点为逗号。

【例】 In Chapter 5, the author clearly starts his point of view: "Birds have wings, humans do not, but we have dreams, and finally made airplanes." This shows that humans have the courage and determination to move forward.

(3) 冒号后可接单词、短语以及完整的句子。

【例】 To cope with the rapid deterioration of the current global climate, what we need to do is: urgent action.

4. 使用冒号的误区

(1) 借助冒号将两个并无内在关联且各自独立的从句进行分隔。

【错误示例】 In order to study the evolution of the instability, we traced a blob of plasma: its positions are marked in Figure 2.

【正确示例】 In order to study the evolution of the instability, we traced a blob of plasma; its positions are marked in Figure 2.

【注释】

① 连接两个完全无内在联系且各自独立的从句时,应当选用句号。

② 假设两从句之间存在一定的内在关联,即第二个从句常是对第一个从句的补充和说明,在这种情况下,应采用分号对其进行分隔。

(2) 冒号被过度使用。冒号本身具有强调的作用,因此不宜被过多使用,即冒号在文中出现就意味着读者应当重视冒号之后的内容。若文章中多次出现冒号,意味着读者需要多次关注冒号后的内容,整体阅读的流畅性就会受到一定的影响。建议作者在需要对十分重要的信息进行强调时再使用冒号。

三、 分号的使用

在对具有一定关联性但本身独立的两个从句进行分隔时,常用到分号。此外,在从句中使用了逗号,但仍旧需要陈列复杂的概念或短语时,也应当使用分号。总体来看,分号除具有逗号的功能外,还具有一部分冒号的功能,即其使用起来更加灵活。分号的具体使用方法如下。

1. 句中加入两个及以上平等的概念

【例】 The filter's bandwidth is about 0.25Å; each image was recorded with an exposure time of about 20 ms.

2. 句中插入用连接副词或转折短语连接的独立从句

【例】 Sam thought David was inviting him to the picnic to enjoy a nice day out; as it turned out, David was planning a surprise birthday party.

3. 对篇幅较长或本身含有逗号的多个项目进行陈列时

【例】 Our family members came all the way from Denver, Colorado; Rochester, Minnesota; and even Paris, France.

4. 两独立从句已用对等连接词连接或已用逗号进行分隔时

【例】 My main research goal is to isolate the cause of the disease, as well as to contribute to the existing literature; for this will bring an end to starvation across the continent, create new study designs related to epidemiology, and change the very paradigm of my research field.

5. 不能使用逗号代替分号的情况

【错误示例】 There was no problem with the experimental plan, however, there were errors in the specific operation.

【正确示例】 There was no problem with the experimental plan; however, there were errors in the specific operation.

上述例句中"however"是用以连接两个独立从句的副词，其在句中独立存在时需要用分号，不得用逗号。两个独立从句之间只有在用 and，but，or，nor 一类的并列连词连接时才可用逗号。

【错误示例】 Nature is magical: it provides us with plants, which allows us to survive; and it provides us with fresh air, which is necessary for most life.

【正确示例】 Nature is magical: it provides us with plants, which allows us to survive, and it provides us with fresh air, which is necessary for most life.

四、破折号的使用

学术英语写作中很少使用破折号，但掌握破折号的正确使用方法也是一项必要的技能。破折号在大多数情况下可以被逗号、括号或者冒号的修改句型替代，其具体使用规则如下。

1. 将破折号用作逗号

破折号比逗号多了一层强调的意思。在写插入语时，可将逗号替换为破折号，由此能够给读者一个提示，使其更加关注破折号后的内容。

【例 1】 When the news of admission came in December, nearly two months earlier than expected, Billy was both excited and excited, and he needed to prepare for university immediately.（插入语由逗号导入）

【例 2】 When the news of admission came in December—nearly two months earlier than expected—Billy was both excited and excited, and he needed to prepare for university immediately.（插入语由破折号导入）

由上述实例可以看出，借由破折号使语句的核心内容得到了强调。

2. 将破折号用作冒号

破折号用作冒号这一情况常出现在强调句子结论时，其比冒号更为正式。

【例 1】 The principal finally decided the penalty to the student: dismission.（使用冒号）

【例 2】 The principal finally decided the penalty to the student—dismission.（使用破折号）

此外，将破折号代替冒号来使用还能够传达出一些特殊的感情，如期待感等。

【例 3】 Let's go where we went three years ago: Germany!（使用冒号）

【例 4】 Let's go where we went three years ago—Germany!（使用破折号）

总的来说，作者在选择标点符号的时候，除了要考虑写作内容外，还要考虑学术英语的特殊性和读者阅读的便捷性。

第五节 英语语言的常见错误

一、 句子结构的常见问题

（一）复合句前后不一致

1. 主语不一致

【错误示例】 We spotted the difference in propagation speed before and after 05:43:12 UT, so it used two linear fits to obtain the speeds; the result is illustrated in Figure 3.

【正确示例】 We spotted the difference in propagation speed before and after 05:43:12 UT, so we used two linear fits to obtain the speeds; the result is illustrated in Figure 3.

2. 人称不一致

以下示例的错误是主句中的实际主语是第一人称 we，而从句的主语是 one。

【错误示例】 The uniqueness of this event is that if one uses a single narrowband channel that is sensitive to hot plasma emission, we intuitively neglect the interaction with cold plasma, and vice versa.

【正确示例】 The uniqueness of this event is that if one uses a single narrowband channel that is sensitive to hot plasma emission, one would intuitively neglect the interaction with cold plasma, and vice versa.

3. 时态不一致

【错误示例】 As the corona is very inhomogeneous and is filled with dark features at a variety of scales, the induced interaction between hot and cold plasmas played a significant role in energy dissipation throughout the solar corona.

【正确示例】 As the corona is very inhomogeneous and is filled with dark features at a variety of scales, the induced interaction between hot and cold plasmas could play a significant role in energy dissipation throughout the solar corona.

4. 语气不一致

以下示例应改为虚拟句或者真实条件句。

【错误示例】 The uniqueness of this event is that if one uses a single narrowband channel that is sensitive to hot plasma emission, one can intuitively neglect the interaction with cold plasma, and vice versa.

【正确示例 1】 The uniqueness of this event is that if one should use a single narrowband channel that is sensitive to hot plasma emission, one would intuitively neglect the interaction with cold plasma, and vice versa.

【正确示例 2】 The uniqueness of this event is that if one uses a single narrowband channel that is sensitive to hot plasma emission, one would intuitively neglect the interaction with cold plasma, and vice versa.

5. 语态不一致

【错误示例】 In this multitemperature view, we identified three adjacent layers of plasma flowing at different speeds, and Kelvin-Helmholtz instabilities were detected at their interfaces.

【正确示例】 In this multitemperature view, we identified three adjacent layers of plasma flowing at different speeds, and detected Kelvin-Helmholtz instabilities at their interfaces.

（二）句子结构混杂

科学英语中描述一件事情或者表达一种观点时，建议仅用一种结构。避免将两种结构混在一起，导致文章缺乏连贯性和一致性。

以下例句同时使用了 what 和 that。

【错误示例】 We are recommending what procedure that you should follow.

【正确示例 1】 We are recommending the procedure that you should follow.

【正确示例 2】 We are recommending what procedure you should follow.

以下例句中 such 后应跟 as 或 that，而不应用 so that，即 such 和 so that 重叠。

【错误示例】 The new fan will be installed in such a place so that the whole area will be cooled.

【正确示例 1】 The new fan will be installed in such a place as to cool the whole area.

【正确示例 2】 The new fan will be installed in such a place that the whole area will be cooled.

（三）修饰语不一致

在一个完整的句子中，修饰词和修饰对象应靠近，以免产生歧义或者让读者感到困惑。修饰语不一致的情况有以下几种。

1. 动词不定式短语

以下示例的错误是动词不定式的逻辑主语与句子中的主语不一致。

【错误示例】 To refill the grease cups, the cylinder head has to be removed.

【正确示例1】 To refill the grease cups, the operator has to remove the cylinder head.

【正确示例2】 Before the grease cups can be refilled, the cylinder head has to be removed.

2. 分词短语

以下示例的错误是分词短语中的逻辑主语与句子中的主语不一致。

【错误示例】 Having adjusted the carburetor, the motor was started.

【正确示例】 Having adjusted the carburetor, the driver started the motor.

3. 动名词短语

以下示例的错误是动名词短语的逻辑主语与句子中的主语不一致。

【错误示例】 The engine developed much more power after adjusting the valves.

【正确示例1】 The engine developed much more power after the valves had been adjusted.

【正确示例2】 After adjusting the valves, the mechanic found the engine developed much more power.

4. 从句

以下示例的错误是从句与被修饰的词相距太远。which 到底是修饰 gage, boiler, 还是 outside of the boiler? 三者都有可能,因此会产生歧义。

【错误示例】 The gage on the outside of the boiler, which was repaired last week, is working satisfactorily.

【正确示例1】 The gage, which is on the outside of the boiler and which was repaired last week, is working satisfactorily.

【正确示例2】 The boiler was repaired last week, and the gage on it is working satisfactorily.

【正确示例 3】 The outside of the boiler was repaired last week, and the gage on it is working satisfactorily.

5. 省略从句

以下示例的错误是省略了从句，导致主语瞬间切换，语境突变。

【错误示例】 Although tested the day before, he could not start the auxiliary engine when the main power supply failed.

【正确示例】 Although tested the day before, the auxiliary engine would not start when the main power supply failed.

6. 杜绝垂悬修饰语

若一个修饰语没有与原本想要修饰的对象关联起来，将给读者带来阅读和理解上的困惑。

以下示例中，"Being in a dilapidated condition"应该是"the house"所处的状态，而该句会让读者误认为可能是"I"所处的状态。

【错误示例】 Being in a dilapidated condition, I was able to buy the house very cheap.

【正确示例】 Being in a dilapidated condition, the house was sold at a very cheap price.

以下示例中，"Roaring down the track at seventy miles an hour"应该是"the train"发出来的动作，但有可能被误解为是"the stalled car"发出来的动作。

【错误示例】 Roaring down the track at seventy miles an hour, the stalled car was smashed by the train.

【正确示例】 The stalled car was smashed by the train which was roaring down the track at seventy miles an hour.

（四）代词和先行词不一致

1. 先行词未清晰说明

以下示例中没有出现先行词，让读者不清楚"it"具体指代什么事物。

【错误示例】 We used the pixel with maximum emission intensity within each box as the barycenter, it was estimated to be one AIA pixel.

【正确示例】 We used the pixel with maximum emission intensity within each box as the barycenter; the tracking error was estimated to be one AIA pixel.

2. 先行词模棱两可

以下示例中展示了先行词模棱两可的情形。

【错误示例 1】 Delayed ignition occurs when you have a short circuit in your transformer.

【正确示例 1】 Delayed ignition occurs when there is a short circuit in your transformer.

【错误示例 2】 A new era began when they finally split the atom.

【正确示例 2】 A new era began when the scientists finally split the atom.

3. 先行词距离代词比较远

以下示例中,先行词为"the U. S. government"和"the KMT government",代词"they"指的是这两个政府,但是在句中,距离代词"they"最近的名词是"teams",可能会让读者误会,因此这里需要直接把"they"所指代的内容写出来。

【错误示例】 In the meantime, the U. S. government increased its aid to the KMT government. In March 1946 the United States successively organized army and navy advisory teams. On June 17 they signed the Sino-American Lend-Lease Agreement, which transferred 51. 7 million U. S. dollars' worth of military equipment to the KMT government.

【正确示例】 In the meantime, the U. S. government increased its aid to the KMT government. In March 1946 the United States successively organized army and navy advisory teams. On June 17, the two governments signed the Sino-American Lend-Lease Agreement, which transferred 51. 7 million U. S. dollars' worth of military equipment to the KMT government.

4. 先行词和代词未保持人称、数、性的一致

以下示例中,"The New Vacuum Solar Telescope"是单数,而代词"they"和

先行词在数量上不一致。

【错误示例 1】 The New Vacuum Solar Telescope operated between 05:34:14 UT and 06:07:30 UT, so they only recorded the relaxation stage of the flare.

【正确示例 1】 The New Vacuum Solar Telescope operated between 05:34:14 UT and 06:07:30 UT, so it only recorded the relaxation stage of the flare.

以下示例中,“each enterprise”是单数,而代词“they”和先行词在数量上不一致。

【错误示例 2】 If each enterprise goes it alone, they will never be able to improve the quality of their products.

【正确示例 2】 If each enterprise goes it alone, it will never be able to improve the quality of its products.

(五) 定语从句中 which 和 that 的区别及常见的错误用法

(1) that 用作介词的宾语时,不能直接放在介词后面,应将介词后置并省去 that 或改用关系代词。

【错误示例】 This is the factory in that we work.

【正确示例 1】 This is the factory (that) we work in.

【正确示例 2】 This is the factory in which we work.

(2) 先行词如果是 anything, everything, nothing, all, little 等词时,特别是先行词由形容词的最高级或序数词修饰时,常用 that 引出从句,因为 that 的限定意味较强。

【例】 It was the finest industrial exhibition that we ever saw.

(3) 不用 that 引导非限定性定语从句。

【例】 Yesterday I visited a flower show, which(不用 that)made a lasting impression on me.

(六) 主谓一致的规则

主谓一致原则也是作者在科学论文写作中感到困惑的语法规则,其具体应用总结归纳如下。

（1）What 从句或其他名词性从句作主语时，谓语动词用单数形式。

【例】 He claims to be an expert in astronomy, but in actual fact he is quite ignorant on the subject. What little he knows about it is out of date and inaccurate.

（2）主语后跟有由特殊连词（例如，as well as, rather than, together with, along with, but, except, accompanied by, in addition to, including, instead of, like, more than）引出的词语时，其谓语动词的单复数由主语决定。

【例】 Together with another two scientists, he is publishing a paper which not only suggests that one group of humanity is more intelligent than the others, but also explains the process that has brought this about.

（3）主语为 a portion of, a kind of, a series of 等短语时，谓语动词根据形式一致原则用单数形式；但当主语为 portions of, many kinds of 时，谓语动词相应采用复数形式。

【例】 Next year, after a series of mergers is completed, just four railroads will control well over 90 percent of all the freights moved by major rail carriers.

（4）there be 句型中 be 的单、复数根据就近原则，主谓一致。

【例】 There are thirteen or more of them, and if any is missing a deficiency disease becomes apparent.

（5）不定式、动名词作主语时，谓语动词用单数形式。

【例】 In this model, computing similarity by compressing vectors to short binary codes is more efficient than using Euclidean distance.

（6）当 not only...but also, neither...nor, either...or 或者 or 连接的并列结构作主语时，采用就近原则。

【例】 The message will be that neither the market nor the government is capable of dealing with all of their uncontrollable practices.

二、逻辑上的常见错误及规范

科学论文写作除了重视词语和句法这些基本的语言点外，还应重视语篇的组织和清晰的逻辑结构。英语科学论文写作中最常见的问题是文章的逻辑不清楚,句子之间或者段落之间缺乏连贯性。本节通过案例分析来阐述具体的写作技巧。

（一）合理使用连接词

写作科学英语时,应注意句子上下连贯,不能使句子之间各自独立,缺少衔接,须合理使用恰当的连接词。连接词能使文章层次清楚、意思明确、衔接流畅。

【例 1】 This sort of events cannot be observed with a single narrowband channel. However, shearing motions are very common in the solar atmosphere and should occur at a vast range of scales.

在上述例句中,however 作副词用时,表示“然而”“但是”,一般位于句首,同时要用逗号与句子的其他部分隔开。本例句表示前后两句的转折之意,运用“however”能让读者更清晰地了解作者的意图。

【例 2】 The sudden jerk of a plasma vortex was synchronized with the enhancements for emission measure of the plasma and the emission intensity of the 193 A channel. In addition, this sort of events cannot be observed with a single narrowband channel.

在上述例句中,“In addition”相当于副词,表示“另外”“除此之外”,通常放在从句的句首,后面接完整的句子。在本段中,“In addition”对前句进行进一步阐释,这样读者在作者的引导下就对实验进程有了更加清晰的了解。

【例 3】 Uniform time stamps of 1-8 are allocated to each snapshot, although the measurements for each instrument are taken at slightly shifted times.

“although”的基本意思是“尽管”“虽然”或“然而”“但是”,常用于引导陈述语气的让步状语从句,并且引导的句子常指事实而不指设想。在本例句中,“although”起着让步作用,为读者展示更加准确的实验数据。

【例 4】 The DEM of a coronal element normally varies with temperature in a Gaussian profile (Del Zanna et al. 2015); therefore, the plasma temperature can be estimated as the value where the DEM reaches its maximum.

在该例句中，“therefore”作为副词，表示“因此”“为此”“所以”，引导结果、结局或结论。“therefore”可引出一个独立句，但不能连接两个句子，因此当“therefore”前面没有“and”等连词时，须用分号。在本例句中，“therefore”引出结论，能使读者快速掌握段落的结构。

另外，常见的连接词还有 however，also，in addition，consequently，afterwards，moreover，furthermore，further，although，unlike，in contrast，similarly，unfortunately，alternatively，parallel results，in order to，despite，for example，compared with，other results，thus，therefore 等。建议写作过程中每写完一段英文，首要的任务就是检查是否较好地应用了连接词。

（二）注意段落布局的整体逻辑

通常科学论文的主体部分篇幅大、内容多，是对主要论点的展开和论述。论据的展开和数据分析等要围绕主题，段落的划分既要结构严谨，又要保证全文的整体性和连贯性，因此作者可以根据实际内容和需要，在文章中加入小标题，将主体部分分为几部分进行论述。还可以在每一段的开头明确告诉读者文章将讨论几个要点，以便清晰地把观点逐层叙述出来。可以使用以下参考句型：“Three aspects of this problem have to be addressed. ”“The first question involves...”“The second problem relates to...”“The third aspect deals with...”。也可以直接用描述步骤或过程的连接词，如 first，second，third，finally 等，或表示某种逻辑关系的连接词，如 furthermore，in addition 等，用来作补充说明。

尤其要注意的是讨论部分的整体结构，如本书第二章中所讲述的，讨论部分包括：主要数据及其特征的总结；主要结论、与前人观点的对比，以及本文的不足。因此该部分的写作也需要遵循一定的逻辑，这方面通常会被青年学者忽视。

如果研究的问题有些片面，可以参考以下句型：“It should be noted that this study has examined only...”“We concentrate (focus) on only...“We have to point out that we do not...”“Some limitations of this study are...”。

如果结论有些不足，可以参考以下句型：“The results do not imply...”“The results can not be used to determine (or be taken as evidence of)...”

"Unfortunately, we can not determine this from this data...""Our results are lack of..."。

需要强调的是，指出不足之后，一定要立即再次强调本文的重要性以及将来可能采取的手段，为别人或者自己的下一步研究埋下伏笔。可参考以下句型："Not withstanding its limitation..." "This study does suggest..." "However, these problems could be solved if we consider..." "Despite its preliminary character...""This study can clearly indicate..."。

总而言之，在英语科学论文的写作中，作为非英语母语者，进行高水平的英语论文撰写确实有难度。例如上述常见的冠词误用、常见词汇和短语的误用、句子结构与句意表达不当等。但是很多论文中经常出现的错误可以通过大量的写作练习来避免。另外，中英文表达也是有差异的，只有按照英文写作的格式和规范来完成写作，才能提高英语论文的写作水平。

综上所述，科学英语在长期发展的过程中，逐渐在语体、篇章结构和语法表达等层面形成了自己鲜明的语言风格。作为一门专业性和信息性都较强的学科，科学英语以鲜明特色的语言风格为表现手段，能够客观、规范、正式、准确地描述科学技术方面的有关情况、状态、活动和关系，严密、连贯、清楚地阐释和论证与科学技术相关的概念、定义和原理等。了解科学英语的语言风格特征，对于阅读、写作、翻译和研究科学英语是十分有益的。

SCIENTIFIC WRITING & COMMUNICATION

下篇

科研辅助技能

第七章

科学项目管理

科学研究可用工程管理系统的思维和理念，合理制定阶段性科学目标，协同合作实现科学远景。

第一节　科学项目

科学项目,即开展科学研究的一系列独特的、复杂的并相互关联的活动。这些活动有明确的目标或目的,必须在特定的时间、预算和资源的限定内,依据规范完成。项目参数包括项目范围、质量、成本、时间、资源等。其管理方法和思路与其他工程管理项目一样,可分解为几个阶段性任务:

(1) 启动项目,即明确科学需求,分配团队成员的角色和职责,建立项目文件系统,制定科学项目任务书。

(2) 规划项目,即根据项目任务书,制定项目计划书,评估科学需求,明确岗位和职责,制定详细的项目计划书,其中包括资金使用和时间规划,评估潜在风险,制定项目变更的控制方案。

(3) 执行和监督项目,即撰写项目计划书,管理技术参量,交流成果和进展,管理度支和时间表、风险和问题、团队。

(4) 项目结题,即给出项目预期结果,总结经验。

科学项目的生命周期可分为三个阶段:探索阶段、建议阶段和资助阶段。在探索阶段,初步定义科学目标和战略,分析科学目标的可行性和可研究内容,限定科学项目的范围;在建议阶段,须制定明确的科学目标和研究范畴,定义可实现的预期成果;在资助阶段,是在项目获得资助的前提下,按照科学目标完成项目相关的阶段性工作,实现科学项目的预期成果。科学项目的每个阶段都可以作为一个独立的项目,这也是一些重大科学目标的执行策略,如果在探索阶段发现科学目标无法实现,则可以终止进一步研究,考虑变更方向或者重新部署,规避项目失败的风险。

一、科学远景、战略和策略

科学远景是科学项目期望实现的终极科学理想，一般是科研人员关注的该领域的重点和难点。科学远景可以作为国际或国家级大型科学项目的科学目标，此时须全部或者部分实现科学日标；也可以作为重大或大型项目的科学背景，因为这些项目科学目标更小，专注于重大科学难题下更加具体的科学问题，因此无须完全实现远景，只需在某方面有所突破。科学远景是一种科学理想，可能实现，也可能无法完全实现。但是，科学远景关注长远的未来，可作为启迪或推动科学决策的参考。科学远景须清晰明确，有一定的关注点和方向性；科学远景须具有启发性，是能够激发科学探索的光明畅想；科学远景须具有一定的可执行性，是一种前瞻性的理念和思维。

科学远景须具备以下特征：①简要——概括成一句话或几句话；②指引性，能够指导战略决策；③凝练——囊括科学项目的精髓；④启发性——描述最好的可能结果；⑤吸引眼球——期望让项目获得资助。

科学战略是为了实现科学远景，分析现今的形式，定义战略目标以实现或接近科学远景，制定通往战略目标的途径。策略是为了实现战略目标而制定的中短期活动规划和系统决策。若只有战略没有策略，则需要耗费很长的时间摸索通往战略目标的道路；只有策略而没有战略的行为是一些随机行为。所以战略和策略结合是实现科学远景的最佳模式。

国际热核实验堆（International Thermonuclear Experimental Reactor，ITER）——“人造太阳”计划是人类为实现可控核聚变反应制造高效清洁能源而协调组织的超大型的国际合作研究项目，是人类在建设商用核聚变反应堆之前的最后一个实验热核反应堆。ITER 的科学远景是“The way to new energy（通往新能源之路）”，而 ITER 的科学战略则描述为“验证核聚变作为大规模无碳能源技术的可行性”。可以看到，科学战略的词语在给出宏伟的科学理想之外，还明确地加入了有效的限定词汇：“验证”“大规模”“无碳”。ITER 的科学战略中，不是笼统地写成“验证核聚变能源技术的可行性”，而是验证其作为“大规模”能源和“无碳能源”的技术可行性。其科学远景描述的不足之处在于没有限定核聚变能源与核裂变能源的区别，即“无放射性污染”，这一点隐含在“无碳”中。不提及这个词汇可能是更多地考虑公众情绪和政治原因，而非科学原因。ITER 的科学目标是“生产其消耗能量的 10 倍或以上的核聚变能量”，这属于科学战略之下的策略。

欧洲核子中心(CERN)的科学远景是“揭示宇宙的组成和运行规律”，这是人类无法实现的宇宙和天文学终极科学目标。其科学战略是：①提供人类知识最前沿研究所需的独特的粒子加速设备；②从事世界级的基础物理领域世界级的研究；③联合并服务于推动科学与技术前沿发展的人员。

太阳动力学观测台(solar dynamics observatory，SDO)是 NASA“与恒星共存(living with a star)”计划下的一个观测和监测太阳的大型卫星，主要科学仪器包括：①大气成像阵列(atmospheric imaging assembly)，用来在紫外和极紫外的多重波段同步拍摄太阳日面的图像；②日震与磁成像仪(helioseismic and magnetic imager)，用来研究太阳变化与判断太阳内部结构及磁场活动与结构；③极紫外线变化实验仪(extreme ultraviolet variability experiment)，用以监测太阳的极紫外线辐射强度。SDO 卫星的科学远景是“理解太阳变化的起因及其对地球的影响”，这也是无法实现的太阳物理学的终极科学目标。我们可以根据 SDO 卫星的科学设备的功能，粗略地判断 SDO 卫星为了实现科学远景所测量的太阳电磁波辐射参数。其科学远景应用性很强，而且目标十分明确。太阳的变化包括太阳作为恒星的生命周期(数亿年)、太阳的活动周期(10 年)、太阳爆发性活动(数天或小时级别)以及更小尺度的变化。这些活动分别影响着地球的存亡，气候的变迁，大气和近地空间的安全性，以及卫星、通信和导航系统等。SDO 卫星的科学远景用简短凝练的语言总结了日地之间不同时间和空间尺度的相互作用。

二、 科学项目的定义

科学项目，即为了实现科学战略目标所采取的策略。科学项目作为工程项目的一种，必须有明确的项目周期，有明确可量化的项目目标，须完成可支付成果——科学论文、科研产品、专利、软件和设备等。

项目任务书(project charter)定义了科学项目的内容和范围、科学目标和主要参与人。项目任务书初步确定了项目组成员的角色和职责、科学项目的主要目标，并描述了可交付成果。项目任务书的主要功能如下：首先，陈述明确的科学远景，包括科学目标、项目范畴、可交付成果（软件、专利、论文、科学报告、产品或服务等）；其次，建立项目组织框架，包括客户或末端用户、项目团队的结构和任务分工；再次，制定执行方案、研究计划、项目里程碑、资源规划，例如设备、材料、资金等；最后，识别潜在的风险，明确可能存在的问题和经费预算。

项目任务书旨在简略地描述项目内容，而工作说明书（statement of work）的主要作用是记录科学项目的所有方面。工作说明书中须包含以下内容：①项目简介，即研究内容和团队成员；②项目的目的；③工作范畴，即界定项目内容和非项目内容；④项目平台，即实验场地设施和实验平台；⑤科研任务，即项目内容的详细拆分；⑥里程碑，即定义项目进展的重要里程碑；⑦可交付成果；⑧项目执行计划；⑨界定标准和测试检测；⑩成功标准；⑪项目要求，即实验设备、团队成员资助；⑫度支计划；⑬项目结题，即如何验收成果。在撰写工作说明书的过程中，可以借助图表等可视化元素，辅助展示相关内容，例如时间表、项目职责矩阵、项目拆分结构等模块化内容。

三、 工作分解结构

工作分解结构（work breakdown structure，WBS）是基于可交付成果的工作层级分解，工作内容可逐层分解成可执行的最小工作包（work package，WP），下一层级的工作任务是对上一级的细分和拆解，工作内容以可交付成果为导向，最终目的就是完成工作包并交付成果。

根据项目任务书将科学项目分解成可管理的工作包。工作分解结构是项目管理中项目启动、计划、监理和控制过程的基础元素，很多项目管理的工具和技术是基于 WBS 或其组分而研发的。WBS 的高层元素必须与项目的范畴说明书（scope statement）的内容相互印证。资源分解结构（resource breakdown structure）须根据 WBS 定义的工作包分配资源；项目网络图（network diagram）须根据 WBS 的结构安排工作流程与节点；项目日程表（project schedule）须根据 WBS 的元素安排活动日程。

第二节 科学项目评估

科学项目评估的方法很多，本书仅介绍优劣分析法——SWOT 分析。SWOT 分析实际上是将项目的内外部条件进行综合和概括，进而分析项目的优劣势、面临的机会和威胁的一种方法。

SWOT 分析就是将科学项目的优势(strengths)、劣势(weaknesses)、机会(opportunities)和威胁(threats)四部分内外部因素，以矩阵的排列形式呈现出来，运用系统分析的思想，对各方面进行组合分析，准确掌握科学项目的战略定位、预期结果、可执行度和潜在风险，以寻找并制定合适的执行方案和风险控制策略。该方法可应用于基金申请书的可行性分析报告中，能够增强基金申请书的专业性，说明研究人员充分了解自己所提出的科学项目，清晰地知晓本项目的优势，能够通过可靠的途径弥补项目的劣势，对将来可能出现的新机会做好充分的后续科研或应用准备，对潜在的威胁设计备用方案或应对策略。

一、 构造 SWOT 矩阵

SWOT 矩阵可以分为两部分：第一部分为内部因素，主要包括优势和劣势，体现在科研团队的人员结构以及团队成员的国内外知名度和专业水平，以及实验室的研究基础和实验条件方面；第二部分为外部因素，主要包括机会和威胁，体现在国际对行业的支持力度，以及行业所处的发展阶段和热度方面。SWOT 分析法首先作出 SWOT 因素分析表，再制作内外部因素的分析矩阵，将项目背景和环境以简明的方式呈现出来并进行战略选择和分析，这是科学项目管理中常用的分析方法。SWOT 分析矩阵可参考图 7-1。

(一) 内部因素——优势

科学项目中的优势应主要从研究团队现有的实验条件、研究经验、团队组

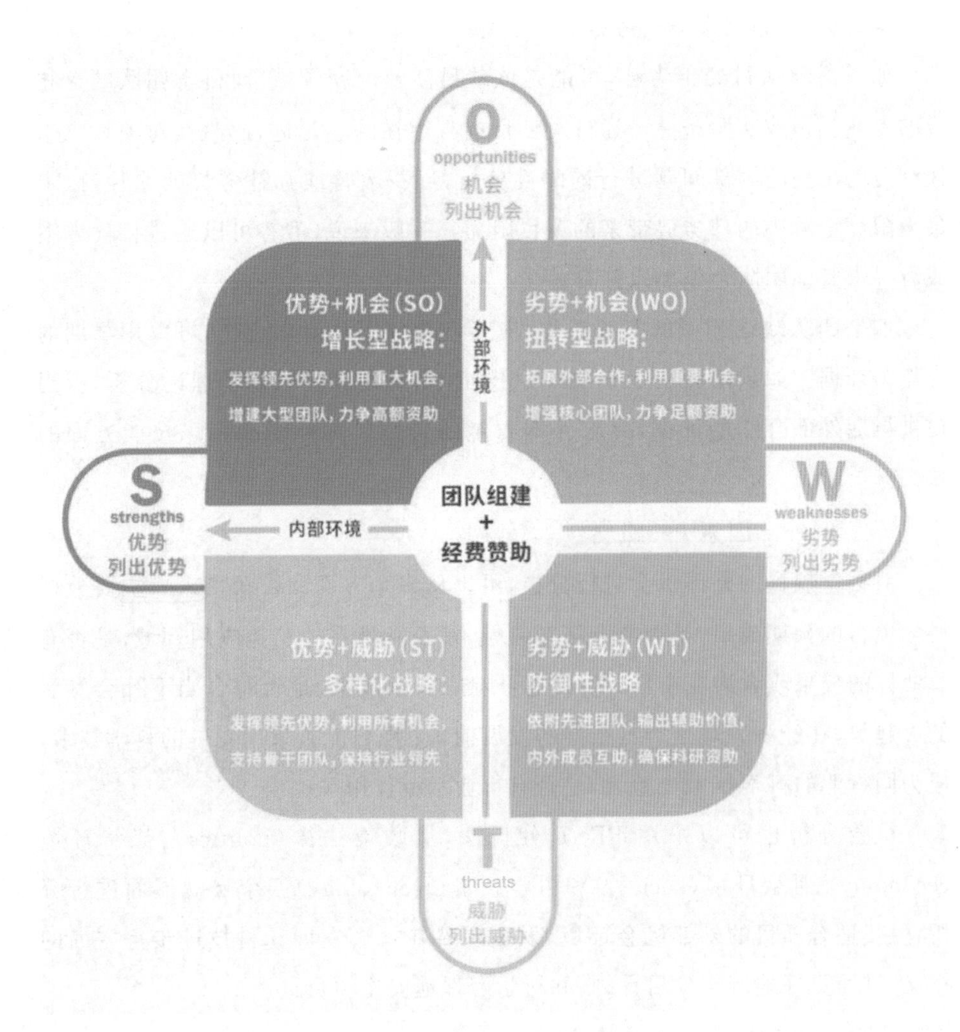

图 7-1　SWOT 分析矩阵

成和已有的科学成果等方面着手,能够展现比国内外潜在竞争对手更加优越或独特的科学思路、研究方法、理论或实践工具和科研实力等。寻找的关键是从项目本身出发,通过对比同类项目或相似研究,得出该项目的先进性和独特性,并以此作为项目的首要优势加强宣传和展示。而科学项目的行业前景、运营模式、业务模式、团队组成和自筹资金等项目内部优势可以作为补充要素,在矩阵图中展现出来。

（二）内部因素——劣势

如果科学项目处于劣势，可能是该项目涉及全新领域，而科学团队缺乏相应的专业知识或实验条件。通过对项目本身存在的不足进行分析，对项目未来执行可能出现的内部问题进行前瞻性分析，寻找改善或弥补劣势的途径，以求最大限度地解决内部劣势带来的项目阻力。一般来说，劣势可以通过替代方案或者寻求其他团队合作加以弥补。

如果团队缺乏相应的实验条件，应当向合作团队寻求合作，可以用早期的合作为证据。如果团队缺乏某项知识技能，比如数值模拟或者理论分析，应当提供早期外部合作的证据，寻求外部力量的合作以弥补团队在该技能方面的缺失。

（三）外部因素——机会

对科学项目的外部机会进行分析，可以从多个方面和视角切入。主要分析科学项目的预期成果，是否能开拓新领域，是否有潜在的其他应用领域，是否有革命性的成果或者潜在市场；项目是否响应国家政策，是否符合当下社会发展的大趋势，在经济领域是否有很好的发展前景；项目能否采用先进的科学技术，成为同行业的科学技术先验者，是否有行业示范作用等。

机会分析也可以采用 PEST 分析法，从政策法律（politics）、经济环境（economy）、社会环境（society）和科学技术（technology）四个宏观层面进行分析，寻找适合项目的外部机会环境，发掘项目在社会发展和科技进步等方面的意义，进而更好地制定项目计划，并科学合理地安排项目进展。

（四）外部因素——威胁

对于科学项目而言，外部的威胁主要有以下几点。项目执行的风险，比如项目实验是否能够由目前设备技术支撑，是否存在人员突发性离岗事件，是否存在天气或者其他自然灾害等因素导致项目不能够如期开展；是否存在政治风险，与当下社会发展的大环境相冲突等。中国学者现在最大的政治风险可能来源于欧美国家在先进设备和材料方面对中国的封锁，所以从事相应的科学研究时需要考虑备选方案。对科学项目的威胁应该给予足够的警惕和重视，并以此为项目提供查漏补缺的参考，提供合理的备用方案以应对潜在的威胁。

二、 战略分析

（一） 优势＋机会(SO)战略

SO战略，即发挥团队的领先优势，利用国内外重大机会，增建大型科研团队，力争高额经费资助。该战略属于内外双向利好、可以大力发展的战略。SO战略要求科学项目充分发掘自身内部优势，分析项目所处的外部环境并把握政治或政策等带来的重大机会。该战略要求始终紧抓项目创新点，即核心竞争力，从而在机会来临时能够一击必中。比如，美国禁止对华出口芯片，那么芯片以及上下游产业就是政治带来的机遇；国家提倡数字货币的发展，那么研究区块链和数字经济就是机遇；国家重大科学工程启动，那么相关的研究必然容易获得资助。

（二） 劣势＋机会(WO)战略

在科学项目自身没有优势，但是外部环境又存在重大机会的情况下，只能采用WO战略。科学项目本身的劣势可能导致其难以匹配外部的重要机会，这时需要调整项目状态，通过与其他团队的合作或将项目劣势点进行弱化，从而构建更专业化的团队和项目体系，以此推广科学项目。国内外合作就是这类科学项目避短的重要手段。因此，当项目面临重要机会而自身处于劣势时，应采用WO战略，即拓展外部合作，利用重要机会，增强核心团队力量，力争足额资助。

（三） 优势＋威胁(ST)战略

ST战略是利用科学项目的优势来削弱外部威胁带来的影响，如同行业竞争者的竞争力可以被项目本身特有的方法或技术打败，在原材料或设备等受到潜在冲击的情况下，可以发挥项目优势做好技术和模式创新，保持先进领域的领先水平以应对冲击。因此ST战略所采取的行动是：发挥领先优势，利用所有机会，支持骨干团队，保持行业领先。

（四） 劣势＋威胁(WT)战略

对科学项目来说，WT战略更多的是一种防御性策略，因为项目本身既不具有独特的创新优势，也不具有完善的外部机会。在这种情况下，要对项目作出釜底抽薪的改变,尽量减少劣势,同时寻找外部的潜在机会,学会合理利用外部威胁来完善自己的项目。所以 WT 战略能够采取的行动是:依附先进团队,输出辅助价值,内外成员互助,确保科研资助。

第三节 科学目标与项目目标

一、 基本概念

科学目标(scientific goals)是针对科学远景提出的策略性科学目的,一般针对关键科学问题设计科学目的,很难通过几个研究项目完全实现;而项目目标(project objectives)是需要在科学项目中实现的切实可行的预期完成的内容,具有一定的时效性。

例如,太阳动力学天文台 SDO 卫星的科学目标是:

(1) 观测太阳内部的动力学(to observe the dynamics of the solar interior)。

(2) 提供太阳磁场结构数据(to provide data on the sun's magnetic field structure)。

(3) 分析太阳物质与能量逃逸到日球的特征(to characterize the release of mass and energy from the sun into the heliosphere)。

(4) 监测太阳辐射的变化(to monitor variations in solar irradiance)。

这些科学目标都无法安全实现,只能在限定多个维度的精度和性能的前提下阶段性实现,所以科学目标是一种时代性的科学目标,因为每个目标需要量化的参数或性能都有无限提升的可能性,比如观测范围、光谱与粒子的能级与波段、空间和时间分辨率、仪器设备的灵敏度等。所以,须基于科学目标,设立切实可行的项目目标——即在项目的执行周期内,实现项目目标的具体内容。

很多科学目标不是短期能够实现或者解决的，需要几代人长期的研究积累才能实现，所以任何科学项目专注重大科学问题，其本身须定制宏伟的科学远景，但是在科学研究过程中，则须制定切实可行的具体执行策略——项目目标。项目目标须符合限定性原则，必须限定目标的范围（空间范畴），因为项目不可能完成所有的科学远景；必须制定一定的执行期限（时间范畴），因为项目不能无限期执行。当然，如果是大型科学项目，则可以在空间和时间上将其拆解成可实现的小项目——科学可行性分析、技术可行性分析、原型设备的研究。利用不同阶段的经费分期执行，也可以修改科学目标以适应经费的规模。将科学项目拆解成可管理的小项目，称为模块化。科学项目的模块化管理可以很好地实现无前后依赖关系的小项目同步进行。将模块化的任务分配给团队成员，可以有效地利用团队合作完成科学项目。对于有相互依赖或衔接关系的模块，需要有效地制定项目周期、启动与完成时间，避免项目拖延影响后续任务的执行。

二、 科学目标与项目目标的设定原则

设立科学远景和科学目标之后，需要制定明确的项目目标。项目目标可参照 SMART 原则设定，遵循明确化（specific）、可量化（measurable）、可实现（attainable）、相关性（relevant）、时限性（time-bound）五个原则，综合考量科学项目的整体目标，制定限定范畴的项目目标。这是科学项目立项的重要原则。

（一）明确化

SMART 原则的明确化原则是指项目目标要具体明确。明确呈现立项动机、研究方法、研究对象和应用场景等。只有明确化的目标才能为科学项目体系提供明确的发展方向，并以此来选择最合适的研究方法和技术路线。比如，设定目标为“我要赚更多钱”，这不是一个明确的目标。而如果目标为“我计划五年内投资收益达到工资的两倍”，这就是非常明确的目标，其中包含了项目执行人——我本人，项目内容——提升投资收益，时效——五年内，明确且量化的目标——工资收入的两倍。

（二）可量化

可量化是项目目标的另外一个评估点。所谓的量化，可分为精细量化和半量化。项目目标的指标或者数据要可统计、可分析，能够通过量化分析验证相关的项目结论。比如，科学项目的阶段成果能够可视化、有明确的程度标志；材料的可量化目标需要指定参数范围；设备的可量化目标需要有稳定的性能、误差范围等；完成一定数量的专利申请和科学论文。项目的量化目标可以这样制定，比如，“降低汽车内部噪声至30分贝以下”“材料的纯度控制在99.999%或更高”等。

例如，SOLIS太阳卫星的项目目标是：

(1) 对太阳的光球磁场视向分量，在2 mm^2的投影面积内，灵敏度小于或等于1 G，零点稳定到0.1 G以内，全日面成像时间低于15 min。

(2) 对太阳的光球磁场横向分量，在2 mm^2的投影面积内，灵敏度小于或等于20 G，其余量与视向分量相同。

(3) 对基于日冕线辐射的日冕边缘观测的磁场结构，角分辨率小于或等于3角秒，亮度噪声低于10^{-4}。

对人文社科和艺术哲学等领域的目标进行量化时，可以选择从不同方面进行目标考核，即分解成果考核，通过定性分析来实现另一种量化，如项目评级、匹配度等。总之，在项目目标量化过程中，最好能够使用几组明确的数据或者考核目标，将其作为衡量目标能否顺利实现的依据，即目标是可衡量、可检验的。

（三）可实现

项目目标的可实现性是指基于目前的理论方法、项目人员的能力水平、现有的技术和工业水平、可交付结果的难易程度等情况作出可行性分析。

科学项目的技术方面要符合基本的科学规律，创新的方法技术是基于现实情况，可实现、可完成的；团队成员须具备完成项目目标的知识水平和专业技能；科学项目有明确的执行方案，项目计划切实可行；项目任务是否与项目周期和项目级别匹配。

量化项目目标时，要制定合理的项目指标，切忌过高或者过低。过高的项目指标难以完成，难以掌控；过低的项目指标会降低科学项目的先进性，使其失去研究的意义。

（四）相关性

相关性要求项目目标符合科学远景和科学目的的预期，不超出科学项目的范畴。科学目标的各部分之间联系紧密，不能孤立出现。创新研究方法一定要基于已有的技术基础；团队任务分配与团队成员的专业技能匹配；资金使用能够合理地布局在科学项目的各个环节，主次分明，缓急有序；长期目标与短期目标严密配合。科学项目的相关性是完善科学项目体系、进一步推动科学项目深入的原则。科学项目从开始到最终结项必须遵循相关性原则，以实现项目的整体化和均衡发展。

相关性要求科学项目的目标合理、切实可行，现有的资源和技术能够支撑项目。项目目标可以通过以下问题来评估：①是否值得做？②时机是否合适？③是否与项目的需求和资源匹配？④团队是否具备相关的专业技能？⑤是否符合社会发展的需要？

（五）时限性

时限性即设定项目目标的开始和结束时间，在预设的时间内实现项目目标，完成可交付成果。项目目标的设定有利于制定后期的项目流程图、相应的资金使用和项目衔接节点，将项目各环节的时间和路线清晰地展现出来。科学的时间规划将极大地提高科学项目的可实现性，同时能够使项目的发展以更科学化的方式进行。

第四节　项目任务

一、项目任务分解

项目工作分解结构。用于对项目进行结构化和层次化处理，分解和细化项目模块，识别和分解项目的任务。项目工作分解结构是项目有效规划、执行、控制、监督和汇报的基石，后续的资源和财务分解、风险评估都是基于项目分解结构开展的。

项目工作分解根据项目范围说明书的内容逐级分拆，每项任务须独立且互斥，须包含项目范围内的所有内容，但不包含项目之外的任何内容。次级任务分解须遵循以下原则：独立、互斥且完备。项目分解主要基于以下其中一种开展：项目阶段（phase-based）、可交付结果（delivable-based）或职责（responsibility-based）。根据项目性质的不同，可选择合适的分解模式。图 7-2 和图 7-3 分别展示了房屋建造按照工程内容和工程进度两种方式进行的项目任务分解情况。

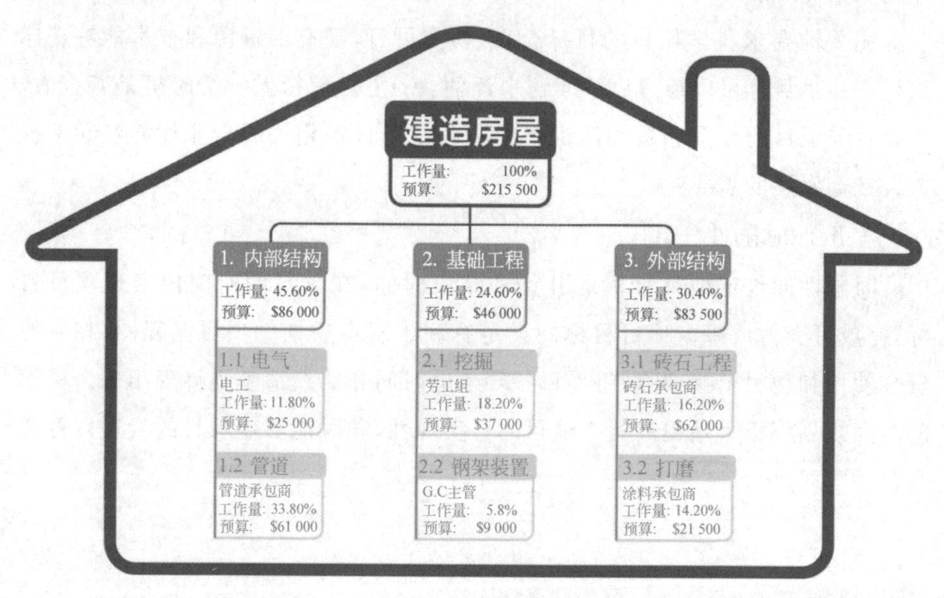

图 7-2 房屋建造工程的工作分解与财务预算结构（按照工作内容分解）

二、项目任务设计原理

（一）完备规则

工作分解结构须包含项目范围内的所有内容，涵盖全部可交付成果。不应包括任何项目范畴以外的工作，下属层级的工作总和必须等于上属层级所覆盖的工作，即逐层完备。

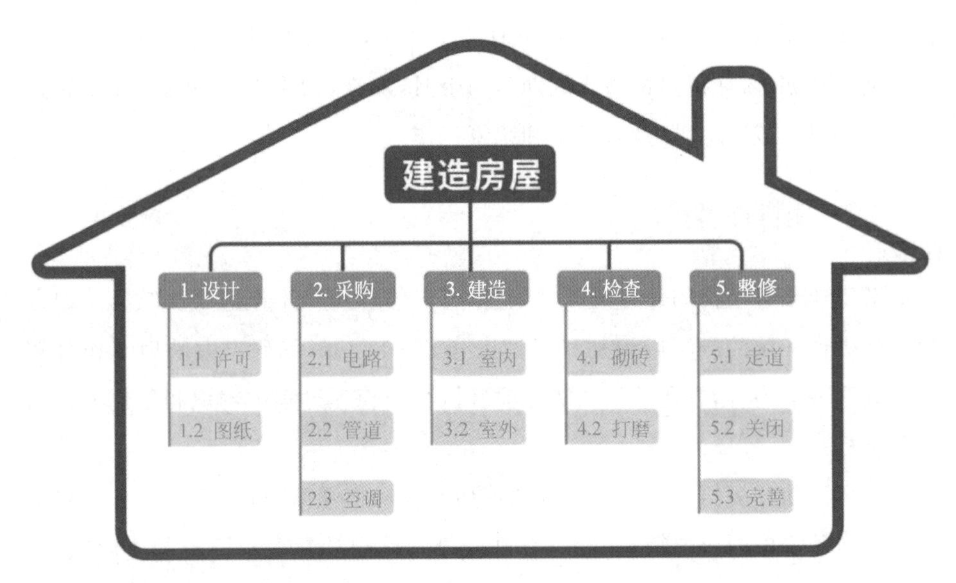

图 7-3 房屋建造工程的工作分解(按照工程进度分解)

（二） 互斥规则

工作分解结构不同元素间的范畴定义不能重叠。歧义的描述或分解可能导致重复的工作或与责任权限有关的误传。模糊或者重叠也可能导致项目成本计算的混乱。如果工作分解结构的元素名称有歧义，则应制作工作分解结构说明表(WBS dictionary)，它有助于厘清工作分解结构各元素间的分别。工作分解结构说明表包括里程碑、可交付成果、活动、范畴，有时也包括日期、资源、成本、品质等。

（三） 按结果分解

以结果为导向的工作分解结构是最常见的技术工作分解结构。科学项目以预期结果(可交付成果，如软件、服务、设备、材料、论文或专利等)为导向分解项目内容。工作分解结构按项目阶段细分工作，例如初步设计阶段、关键设计阶段，必须确保各阶段参照可交付成果明确划分，也用于定义进入和退出标准，例如核准的初步或关键设计审查。

（四） 细节层级

项目负责人必须决定何时终止细分工作——即工作包不再细分。这样有助于决定必要的活动持续时间，以产生工作分解结构所定义的交付成果。工作包应该要求团队成员完成至少 80 小时的工作量，当然也不应该超过进度报告的周期。比如，团队成员的报告周期是一个月，那么，如果工作包的工作量超过一个月，显然不利于团队及时汇报和统筹工作。

三、项目任务排序

对工作分解结构的任务按顺序编号，可以体现项目工作的层次结构。编号目的是提供一致的方法以识别和管理工作分解结构。编码方案映射工作分解结构说明表的内容，方便项目团队在项目执行和管理过程中辨识和量化项目内容和指标。

项目活动分解给出各项目部分的系列文件和信息清单后，应通过分析和确认项目活动清单内容的衔接关系，合理安排与确定项目各项活动的先后顺序，即对项目活动排序。

项目活动排序的依据是项目活动清单及其细节文件、项目活动的约束情况和前提条件、各部分之间的依存关系等。主要方法有顺序图法，通过编制项目网络图安排项目活动的顺序。

四、项目流程图

科学项目的管理借助于工作分解、任务分配和时间管理，有效地分解项目内容，分配任务、设定起止时间，安排相应的资金使用和物资调配。项目流程图以可视化的形式展示项目工作包，以数字、图形、符号和文字等内容，以及任务分配和工作衔接情况。项目流程图的主要作用为规划和指导科学项目管理，弥补纯文字表达形式的不足，形成多元化项目内容的展示，辅助项目负责人和团队成员清晰、便捷地了解项目所涉及的工作任务和时间资源分配情况。

甘特图是以条形化的形式展示任务分配、进度时间安排与节点等内容进行条形化展示的图形。在项目管理中，甘特图显示项目任务的开始和结束、概要元素或终端元素的依赖关系，管理者可通过甘特图掌控项目当前各任务的进度。

甘特图采用工作分解结构的多层工作包(WP),并给工作包分配编码,并按照编码纵向堆叠工作包。甘特图的纵轴是工作分解结构的工作包,按照编码排列;甘特图的横轴是时间进度,每个工作包的条幅代表时间跨度,最左侧是任务启动时间,最右侧是任务结束时间。

图7-4和图7-5分别展示了简易和复杂的甘特图。项目任务的每个工作包都会分配开始和结束的时间。甘特图的横坐标是日期,用长条表示工作包的时间跨度,最左端是开始日期,最右端是结束日期,可以用透视度或者内嵌更小的长条表示该工作包的进展情况。高级别的工作包时长应当等于次一级工作包集体时间长,即以最早开始的工作包为起始时间,以最晚结束的工作包为结束时间。如果工作包之间存在衔接关系,则可通过箭头连接结束的工作包和新开始的工作包,见图7-4。这时候工作包可以按照项目的阶段排列。

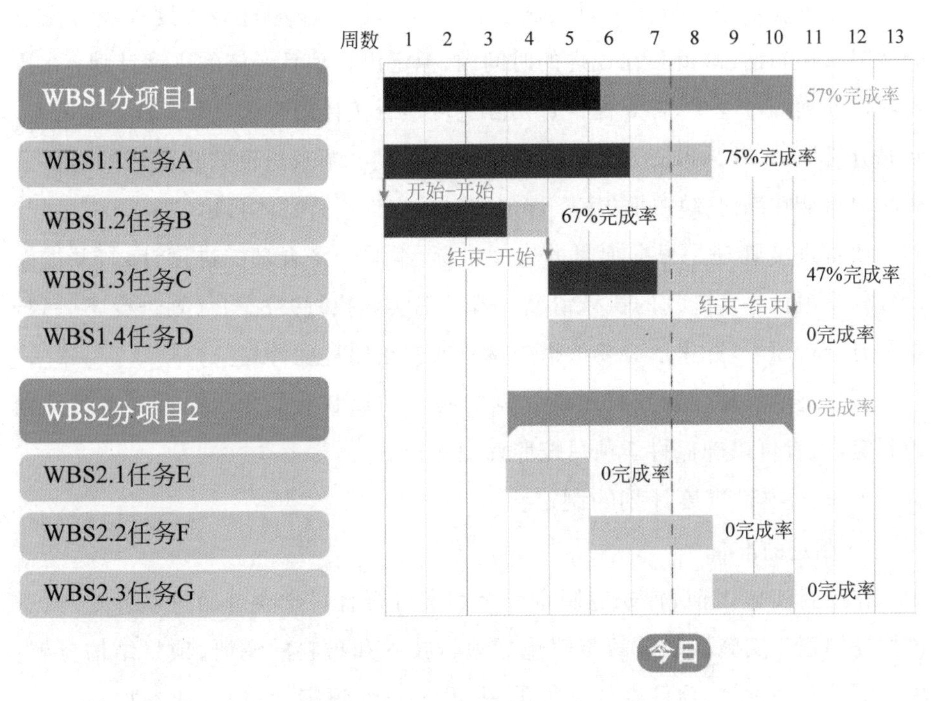

图7-4 简易甘特图的项目进度安排

任务名称	任务周期	启动时间	完成时间
科学项目	28天	2015-1-9	2015-2-5
第一阶段	5天	2015-1-9	2015-1-13
任务 1.1	3天	2015-1-9	2015-1-11
任务 1.2	2天	2015-1-12	2015-1-13
第二阶段	15天	2015-1-14	2015-1-28
任务 2.1	3天	2015-1-14	2015-1-16
任务 2.2	6天	2015-1-17	2015-1-22
任务 2.3	5天	2015-1-23	2015-1-27
任务 2.4	1天	2015-1-28	2015-1-28
第三阶段	8天	2015-1-29	2015-2-5
任务 3.1	5天	2015-1-29	2015-2-2
任务 3.2	3天	2015-2-3	2015-2-5

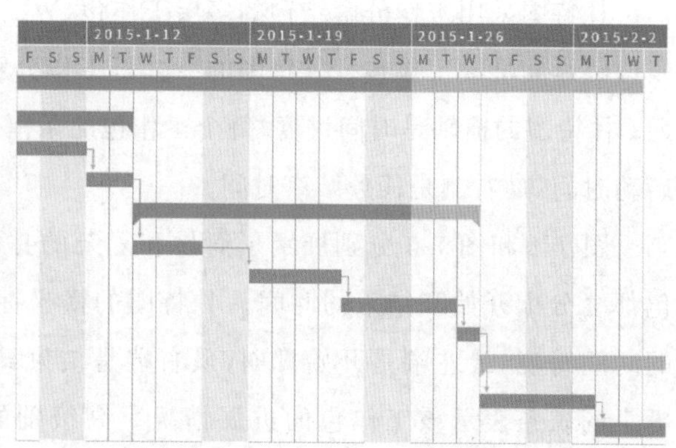

图 7-5 复杂的甘特图

五、项目进度管理

项目进度管理是指在项目实施过程中管理各阶段的进展程度和项目完成的期限。换句话说，就是在规定的时间内，拟定出合理且经济的进度计划；在执行项目计划的过程中，常规性检查实际进度是否按计划要求进行；若出现偏差，及时分析原因，并采取必要的措施协调工作进度。项目进度管理的目的是保证科学项目能在满足其时间约束条件的前提下实现项目总体目标。

项目进度管理是根据项目的进度目标，编制经济合理的进度计划，并据以检查科学项目进度计划的执行情况。若发现实际执行情况与计划进度不一致，要及时分析原因，并采取必要的措施调整或修正原进度计划。

项目进度管理包括项目进度计划的制定和控制两部分。前者是执行计划的制定，后者可以确保科学项目按照计划进行。

（一）项目进度计划的制定

1. 制定的准备

在项目实施之前，首先应制定一个切实可行且科学合理的进度计划，然后再按计划逐步实施。制定的步骤包括项目技术和材料的调研、项目结构分解、项目活动时间估算、项目进度计划编制、开展重要评审和召开（或参加）国际会议等。

为保证科学项目进度计划的科学性和合理性，在编制进度计划前，务必对现有的研究、材料和技术进行完整的调研，以作为编制进度计划的依据。信息资料包括项目背景、项目实施条件、项目实施单位的资质、团队的专业能力和技术水平等。

2. 制定的依据

项目进度计划制定就是计划和安排项目活动起始和结束日期的工作，并反复不断精确且具体地安排项目工作内容。主要利用二段式法测量各项任务的时差，对整个项目任务网络进行正向计算和反向计算，以此来确定关键路径，即确定从开始到结束没有时差的一系列连续项目。

主要参考指标如下：

(1) 最早开始时间(earliest start time)，即根据项目逻辑、数据日期以及任何进度制约因素确定的，某项计划或项目尚未完成部分有可能开始的最早时间点，用 ES 表示。

(2) 最早完成时间(earliest finish time)，即根据项目逻辑、数据日期以及任何进度制约因素确定的，某项计划或项目尚未完成部分有可能完成的最早时间点，用 EF 表示。

(3) 最迟开始时间(latest start time)，即根据项目逻辑、项目完成日期以及任何施加于计划项目的制约因素确定的，在不违反进度制约因素或延误项目完成日期的条件下允许计划项目最迟开始的时间点，用 LS 表示。

(4) 最迟完成时间(latest finish time)，即根据项目逻辑、项目完成日期以及任何施加于计划项目的制约因素确定的，在不违反进度制约因素或延误项目完成日期的条件下允许计划项目最迟完成的时间点，用 LF 表示。

各指标之间的关系为：EF＝ES＋持续时间，LS＝LF－持续时间。在不影响项目完成日期的条件下，规划活动的最早开始时间可以推迟的总时间量称为时差 TF，TF＝LS－ES。

基于上述科学项目时间管理，项目进度计划制定的结果应包括项目进度计划书、项目进度计划书的支持细节、项目进度管理计划书、更新后的项目资源要求以及其他文件的更新结果。

（二）项目进度计划的控制

在项目进度管理中，制定出一个科学合理的项目进度计划可以为项目进度的科学管理提供可靠的前提和依据。如果进度出现偏差,并不一定意味着项目管理出现了问题,也有可能是项目计划制定不合理或者后期项目执行不严格,或者两方面原因兼有。调整或者控制项目进度也是项目管控工作中的一部分,只要能够科学地调整或修正项目计划,并且确保完成项目,就是优秀的项目管理。

在项目实施过程中,由于外部环境和条件的变化,往往会造成实际进度与计划进度之间出现偏差,如不能及时发现这些偏差并加以纠正,项目进度管理目标的实现就可能受到影响,所以,必须严格实行项目进度计划控制。

项目进度计划控制以项目进度计划为依据,在实施过程中对实施情况不断地进行跟踪检查,收集有关实际进度的信息,比较和分析实际进度与计划进度之间的偏差,找出偏差产生的原因和解决办法,确定调整措施,对原进度计划进行修改后再予以实施。这些步骤周而复始,贯穿整个项目实施的全过程。

六、项目时间管理

(一)关键路径法

关键路径法(critial path method,CPM)是计算一套项目活动的方法。其过程为:从工作分解的任务清单出发,预估项目活动所需的时间,并建立它们之间的关联性,确定逻辑终点(里程碑或者可交付成果)。CPM 法计算项目达到某项目阶段或项目终点所需的最长时间,并且计算在不延误项目工期的前提下每项任务启动和结束的最早和最晚日期。CPM 法确定了哪些任务是关键任务,即其本身决定了项目周期;哪些任务的总时长可调,即适当的延误不影响项目的总周期。

CPM 法一般采用单代号网络图(activity-on-node diagram),如图 7-6 所示。图中,ABCDE 是关键路径,因为它们的总时长是最长路径,也决定了完成项目所需的最长时间。而在 AFGE 和 AHE 路径中,F、G、H 的总时差是可变的,比如 H 的总时差可以在 15～20 变化。

(二)计划评审技术

计划评审技术(program/project evaluation and review technique,PERT)与关键路径法的过程相同,都是基于工作分解的任务清单分析项目所需的时

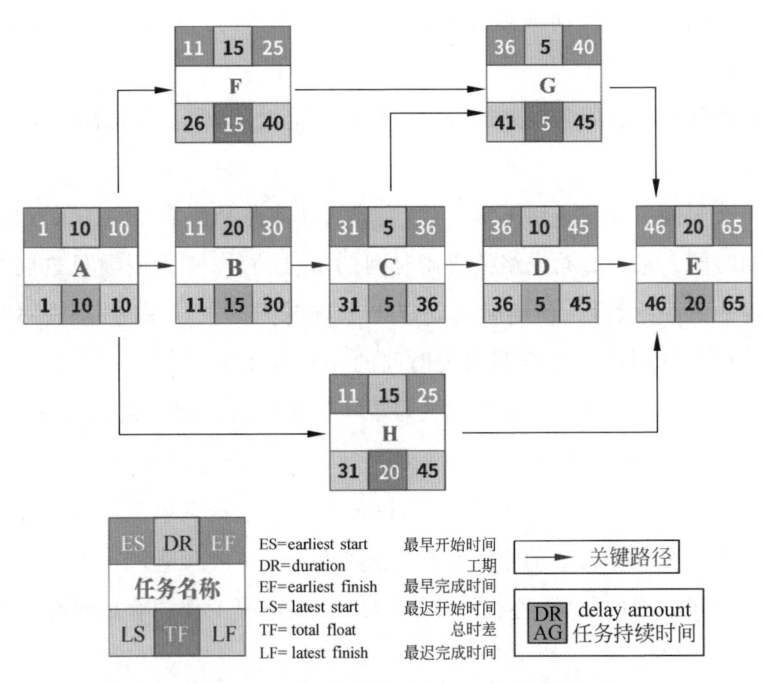

图 7-6　关键路径法单代号网络图演示

间。PERT 和关键路径法是互补的工具，因为关键路径法对每一个任务活动只做一次估计和成本估算，而 PERT 则利用三种时长估计：乐观、悲观和最可能时间。图 7-7 所示为 PERT 双代号网络图。

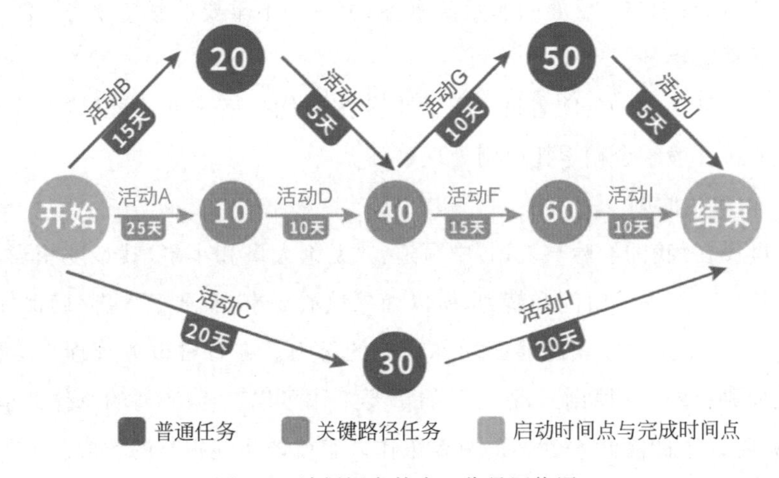

图 7-7　计划评审技术双代号网络图

乐观时间：完成活动或路径所需的最短可能时间，假设一切都比预期的要好。

悲观时间：完成活动或路径所需的最长可能时间，假设一切都出错，但不包括重大灾难。

最可能时间：假设一切正常进行，完成活动或路径所需时间的最佳估计。

预期时间：完成活动或路径所需时间的最佳估计（考虑到项目进展并不总是和规划的情况一致）。预期时间是以上三种时间的加权平均，乐观时间和悲观时间的权重分别是 1/6，而最可能时间的权重是 2/3。

预期时间的标准差：完成活动或路径所需预期时间的变化范围。

（三）日常时间管理

无论是项目负责人还是团队人员，每天都会处理很多事务。如何优化时间实现个人价值和工作功效的最大化，这是多数人没有意识到的一个问题。下面列举一些时间管理的原则，这些原则总体来说是按照工作内容的重要性设置优先度。

1. ABCD 分析

项目中的每个参与者日常工作和生活中都会遇到各种或大或小的事情，如果不根据事情的轻重缓急程度来进行排序，则会影响项目完成进度，时间也会零碎化。建议按照事务的重要性和紧迫度排列，将其分为四个类别。A——重要的紧急事务；B——重要的非紧急事务；C——不重要的紧急事务；D——不重要的非紧急事务。

将归类到 A、B、C、D 名目之下的事务按照优先度排列，可以按顺序处理。ABCD 分析一般结合帕累托原则处理事务。

2. 帕累托原则

苏世民在《我的经验与教训》中写道："无论大事和小事，其难度相当，两者同样会耗费一个人的时间和精力，所以如果决心做事，就要做大事，确保你的梦想值得追求，未来的收获能够匹配你现在的努力。"在日常事务管理中，可采用帕累托原则（或二八原则），即 20％的重要工作可以产生 80％的总体效应。所以，人只要专注日常事务 20％的重要工作内容就能实现很高的效应。另外一个原则是 80 分原则，即完成一件事 80％的效应与剩余 20％的极限效应所需的时间是相当的。比如，实现 80 分的完美度需要 2 周，实现 90 分的完美度需要 4 周，而 100 分的完美度需要 8 周，越接近完美的部分，其耗时可能会翻倍。所以人们需要权衡是否需要实现 90 分或 100 分的完美度。

3. 艾森豪威尔法则

艾森豪威尔法则将事务按照紧急和非紧急、重要和不重要制作成决策矩阵。如图 7-8 所示，左右代表紧急和非紧急，上下代表重要和不重要，组合成事项归类矩阵，可以一目了然。右上角代表紧急且重要的事务，这种事务需要自己亲自去做，而且必须马上执行。左上角代表重要但非紧急的事务，这种事务是重要事务，但是不需要马上行动，所以只需将此类事务规划好日期，等此类事务后期变成重要且紧急的事务之后，再立即执行。当重要性降低之后，不重要的紧急事务在属性上归为不重要，但是需要我们立即关注并且采取行动，如图 7-8 中右下角所示。这类事务很耗费时间，或者将时间拆解得很零碎，让人无法专注重要的事务。应对此类事务，可以委托代表参与，作为项目负责人，可以委派其他团队成员参与，让他们向自己汇报相关工作，这样就不会占用自己大量的时间了。另外一类是不重要且不紧急的事务(如图 7-8 中左下角所示)，这类事务完全可以不做。

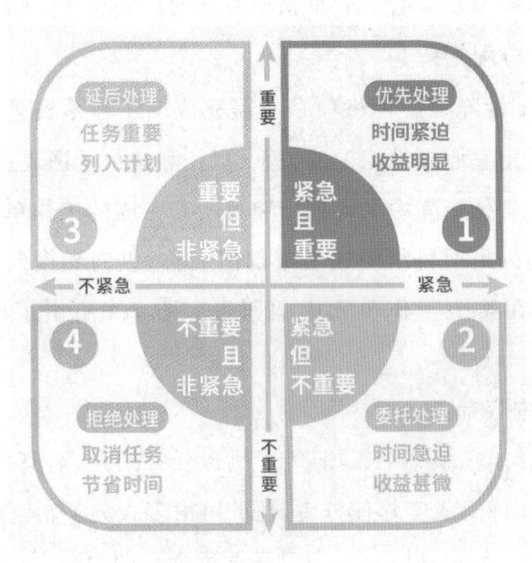

图 7-8 艾森豪威尔矩阵——时间安排

七、项目沟通管理

（一）项目干系人

项目干系人(project stakeholder)指参与项目的个人或组织,其利益直接受到项目成功与否的正面或负面影响。科学项目组常见的项目干系人包括以下几种：

(1) 科研项目的资助机构。如果是国家或政府部门的项目,则国家自然科学基金委、科技部、地方政府的科技部门就是项目干系人；如果是企业或者其他科研机构外协的项目,那么企业或者外协的委托方也是项目干系人。

(2) 科研项目的承担单位。高等院校、中科院机构等都是重要的承担单位。

(3) 科研项目负责人。科研项目负责人也就是科学项目发起人,是责任最大的人。

(4) 科学项目的团队。科学项目的团队包括科学项目承担方的项目组成员和外协项目承担方的项目组成员。

(5) 科学项目指挥部或科学委员会。大型科学项目一般会设置工程指挥部或者科学委员会,科学委员会一般是大型科学项目的承担团队成员。

（二）职责分配矩阵

项目职责分配矩阵是一种将项目所需完成的工作落实到项目有关部门或个人,并明确表示出它们在组织中的关系、责任和地位的图表。

一般情况下,责任矩阵中纵向列出项目所需完成的工作单元,即 WBS 中最小的工作包,横向列出项目组织成员或部门名称,纵向和横向交叉处表示项目组织成员或部门在某个工作单元中的职责。图 7-9 给出了职责分配矩阵的示例。

常见的职责内容有：

(1) 谁负责(responsible,R),即负责执行任务的角色,具体负责操控项目、解决问题。R 是实际完成工作任务者,任务可由多人分工,其程度由 A 决定。

(2) 谁批准(accountable,A),即对任务负全责的角色,只有经他/她同意或签署之后,项目才能进行。A 是最终责任担负者,具有决策权与否决权,每一个

	孙麓	思达	王卓	张羽	杨勇	谭平	关山	邱月	李淼	贺天
WBS1分项目1	R	A	I	C			Q		C	Q
WBS1.1任务A		I	I	Q						A
WBS1.2任务B			R	C						R
WBS1.3任务A				R		Q				R
WBS1.4任务B								A		R
WBS2分项目2		C	A	R		Q				Q
WBS2.1任务C				Q	A	R	C			
WBS2.2任务D				A	Q					R
WBS2.3任务E			A		Q	R	R			

R 负责(R即responsible) A 批准(A即accountable) Q 质量监督(Q即quality reviewer)
C 咨询(C即consulted) I 通知(I即informed)

图 7-9 职责分配矩阵

任务活动只能有一个 A。A 还需负责协调满足项目执行的先行条件和资源，负责最终交付成果。

(3) 咨询谁(consulted，C)，即具有完成项目所需信息或能力的人员。C 是最后决定或行动之前必须咨询的人，可能是上司或外人，咨询为双向沟通模式，须为 A 提供充分必要的资讯。

(4) 通知谁(informed，I)，即拥有特权、应及时被通知结果的人员，而不必向他/她咨询或征求意见。I 是告知者，是一个决策定案后或行动完成后必须告知的人。在各部门、各阶层或后续计划中，为单向沟通模式。

(5) 质量监督(quality reviewer，Q)，负责质量监督的人员，这类人员分为内部人员和第三方质量监督人员。内部人员主要职责在于控制项目质量，避免后续大量调整。而第三方质量监督人员，则需要客观的评价项目是否符合预期，达到可交付成果的质量。

（三）责任分配矩阵的编制程序

(1) 确定工作分解结构中所有层次最低的工作包，将其填在责任分配矩阵列中。

(2) 确定所有项目参与者，填在责任矩阵的标题行中。

(3) 针对每一个具体的工作包，指派个人或组织对其负全责。

(4) 针对每一个具体的工作包，指派其余的职责承担者。

(5) 检查责任矩阵，确保所有参与者都有责任分派，同时所有的工作包都已经确定了合适的责任承担人。

（四）责任分配矩阵的功能

(1) 明确每一个团队成员的分工。每一个项目成员会被四个字母中的至少一个标记，从而使他们明白在各个子流程中的职责。此时的作用范围仅限于个人。

(2) 定义团队成员之间的联系。每一个流程中涉及人员的关系，如汇报、征求意见、指导执行、执行等关系通过 R、A、C、I 的标定体现出来。然而，每个子流程中的 R、A、C、I 自成单元，不同子流程中的 R、A、C、I 不能体现其关系。此时作用范围扩展到人与人的关系。

(3) 诊断项目资源配置情况。从矩阵中可以看出每个部门承担了多少任务，每个人承担了多少任务，每个环节投入了多少人，是否有足够的人来承担所有的任务，所有这些信息都可用来诊断项目人力资源配置状况，以支持项目经理的决策。

（五）项目沟通管理的形式

优秀的项目沟通是项目成功的关键，沟通管理也是项目管理的重要组成部分。项目沟通管理实际上是一种包括对项目信息资料的收集、加工和使用等方面的全面管理，具体包括项目信息资料的收集、项目信息的加工、项目信息资料的使用。

项目沟通活动一般发生在项目相关人员的多个维度：

(1) 对内，即项目团队内部；对外，即资助机构、公众、客户等。

(2) 正式，即报告、纪要、简报等；非正式，即邮件、备忘录、专门讨论会。

(3) 纵向，即组织的上级与下级部门；横向，即同级部门。

(4) 官方，即简讯、年度报告；非官方，即无记录沟通。

(5) 口头与书面等。

（六）项目沟通的方法

1. 口头沟通方法

(1) 要求——坦率明确，防止误导、误解。

(2) 特性——反馈及时，察言观色。

(3) 方法——各类项目会议、一对一对话。

2. 书面沟通方法

(1) 要求——格式正确，简洁清楚。

(2) 特性——便于留存，厘清职责。

(3) 方法——各类项目文件、邮件。

3. 电子媒介沟通

(1) 要求——开放有效，多向沟通。

(2) 特性——简化沟通，降低成本。

(3) 方法——各类项目电子文档、电子会议。

（七）项目沟通计划

科学项目的推进必须坚持周期性的沟通计划，这样可以监督项目的进展，及时解决项目遇到的问题，及时调整进度适应项目的推进。另外，周期性的沟通计划可以促使团队成员稳步执行任务，到期汇报进展，完成项目交接。

项目组沟通分为两方面：第一，项目任务的下达；第二，项目进展的汇报。任务的下达必须明确责任人、任务的内容、完成的形式和截止日期，这样才是有效的任务传达。而项目负责人须分派任务，监督项目进展，协调项目的衔接，解决项目遇到的问题，所以安排周期性的团队沟通工作十分重要，一则可以确保项目顺利进行，二则可以及时解决项目遇到的困难，三则可以及时提交项目进展给项目资助方。我国自然科学基金的年度进展总结和结题报告就是项目沟通的形式，当然这是项目负责人对项目资助方——国家自然科学基金委员会的汇报。作为项目负责人，还需要收集项目团队的任务进展情况，所以安排定期的内部沟通工作也是必要的。

内部沟通的形式有很多种，包括邮件沟通、电话交流、座谈、组会等，这些是项目交流的主要形式。国外比较流行定期的组会，比如每周或者每两周安排组会，团队成员须向团队负责人或首席科学家汇报进展，这样可以定期检查团队成员的工作进展，增强团队之间的感情与互信，及时解决项目遇到的问题。

大项目需要制定更加规范的内部沟通计划，可以采取以下沟通计划：技术活动月报，由项目组负责汇总，总结项目组月度的技术研发活动，与项目计划比较，汇总项目任务完成情况；财务月报，汇总财务和审计部门提供的设备支出、劳务支出和项目度支情况；季报，项目负责人汇总度支、子合同、技术问题和项目进展情况；技术报告，即项目团队的系列技术总结。

第八章

科学数据管理

在大数据时代，使用计算机和进行数据管理是科研人员的必备技能之一。

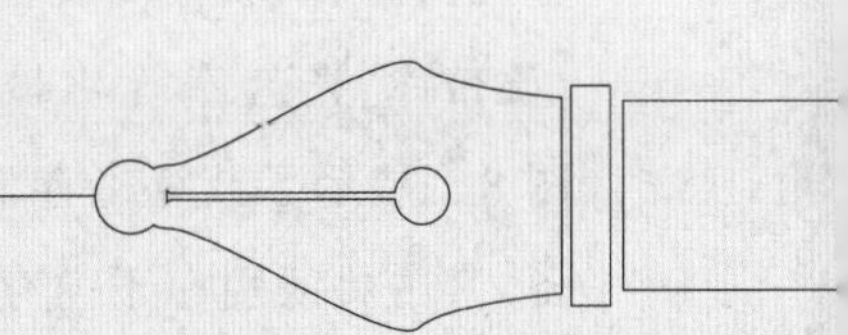

第一节 存储设备

存储设备是指计算机中存放文件和数据的硬件设备，它是计算机的重要组成部分，也是现代科学研究中必然用到的设备。计算机的中央处理器(central processing unit，CPU)控制计算机从存储设备读取数据，导入至内存(random-access memory，RAM)。如果程序完成工作，则该程序的执行命令及其产生的数据从内存释放，如有数据需要保存，则将其永久保存在存储设备中。CPU 主要负责计算机的控制与计算；内存具备一定的数据存储能力，且是唯一可以与 CPU 直接进行数据交换的存储设施。

根据数据存储与传输的特点，存储设备可以分为主存储器(寄存器、缓存、内存)、二级存储设备(硬盘、固态硬盘等移动存储设备)、三级存储设备(磁带库、光盘库等机械控制存储设备)和离线存储设备(光盘、闪存等)。图 8-1 展示了计算机存储系统的框架与层级结构。内存与硬盘同属存储设备，其主要区别在于内存的数据在断电后便无法调用也无法找回，而硬盘中的数据则可永久保存，重启后可再次读取。硬盘等存储设备的缺点是与 CPU 的连接性较差，读取速度比内存慢很多，但是它们的成本较低，适合存储和备份大量数据。图 8-2 给出了主要存储设备的容量、价格、读取速度和电力需求层级关系。

内存是直接与 CPU 交互的存储设备，属于主存储设备，其数据传输速度非常快。通常内存的容量是衡量一台计算机性能好坏的重要指标，但在计算机电源断开的情况下，其储存的内容会全部消失。另外，内存的造价也相对昂贵，因此无法单独作为大容量的规模化存储设备使用。图 8-3 展示了台式计算机主板的内存条插槽和内存条图片。

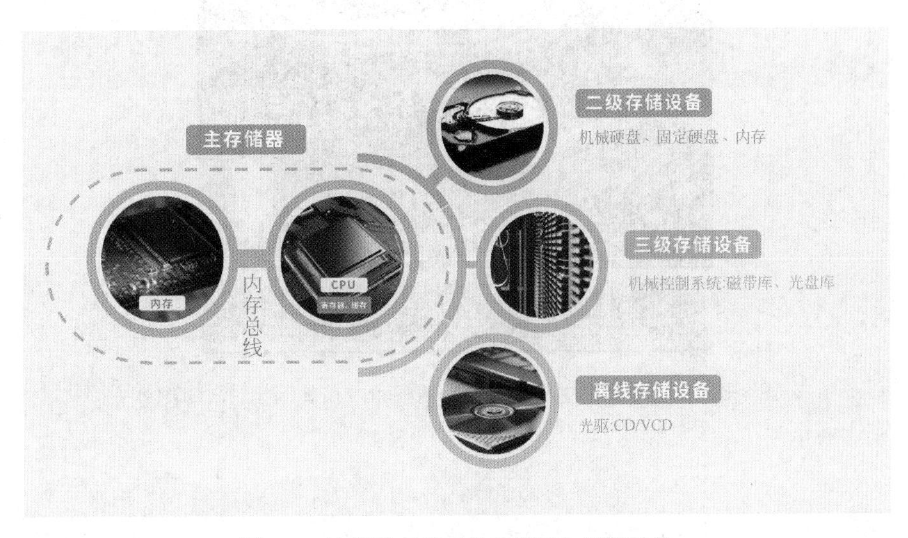

图 8-1 计算机存储系统的框架与层级结构

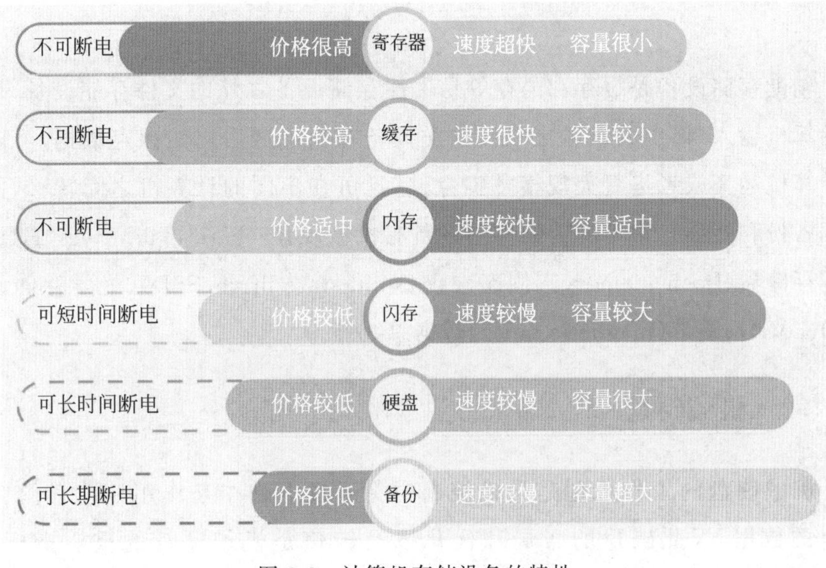

不可断电	价格很高	寄存器	速度超快	容量很小
不可断电	价格较高	缓存	速度很快	容量较小
不可断电	价格适中	内存	速度较快	容量适中
可短时间断电	价格较低	闪存	速度较慢	容量较大
可长时间断电	价格较低	硬盘	速度较慢	容量很大
可长期断电	价格很低	备份	速度很慢	容量超大

图 8-2 计算机存储设备的特性

图 8-3 台式计算机主板的内存条插槽和内存条(金士顿,DDR3)

第二节 辅助存储设备

辅助存储设备是缓存和内存等易失性存储设备之外的文件存储设备,是辅助计算机输入/输出的设备之一。这类设备在断电之后仍然保存数据,可以配合计算机运算或者进行大规模数据存储,且可在不同的计算机之间转移,便于数据备份和转移。常见的辅助存储设备有机械硬盘(hard disk drives,HDD)、快闪存储器(flash memory)、固态硬盘(solid-state drive,SSD)、光学存储设备(CD、DVD)、磁带(magnetic tape)、数据总线等。

一、机械硬盘

机械硬盘的工作原理是电机控制磁头通过电磁相互作用读取存储在碟片上的数据,因此碟片的布局和优化以及转速是机械硬盘的重要指标,其结构原理可参考图 8-4。机械硬盘是当今台式计算机和笔记本电脑中普遍使用的大容量存储设备,也是其他数据存储设备的主要组成部分。多数计算机已经开始配置固态硬盘。由于固态硬盘价格相对昂贵,因此一些计算机会同时采用固态硬盘和机械硬盘，并相互配合使用。固态硬盘用于存储被频繁读写的文件，比如操作系统文件；而机械硬盘提供充分的存储空间，用以存储不经常读写的文件。这样就优化了读写速度，同时提供了经济可靠的存储空间。

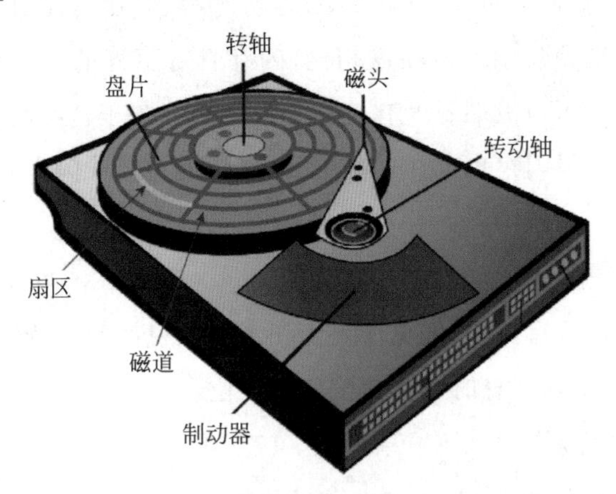

图 8-4　机械硬盘的结构示意图

目前，市场上通用的机械硬盘容量最高可达 18 TB，转速可达 5 400～10 000 r/min，数据传输速率约为 64 MB/s。机械硬盘的性能参数参见表 8-1。

表 8-1　机械硬盘的性能参数

参　　数	说　　明
容量	硬盘存储设备的存储容量，是衡量硬盘性能最重要的指标。如今市面上主流的硬盘容量为 500 GB～10 TB
转速	每分钟旋转的圈数（revolutions per minute，RPM）。转速越高，数据的传输速率越快，噪声、耗电量以及发热量也越高。市面上主流的硬盘转速为 5 400～15 000 r/min
磁盘缓存	为了减少 CPU 读取磁盘的次数，提升磁盘读/写的效率，配置小块内存来储存频繁使用的磁盘内容。市面上主流的硬盘缓存为 2～256 MB
平均寻道时间	磁头寻找数据所在磁道所花费的平均时间，是衡量硬盘性能的重要参数之一，单位为 ms（毫秒）。常见的硬盘寻道时间为 5.2 ms、8.5 ms、8.9 ms、12 ms 等
内部传输率	硬盘将数据从盘片中读取出来，然后存储在缓存内的速度。内部传输率可直接体现出硬盘的读写速度，是衡量一个硬盘整体性能的决定性因素。目前主流硬盘的内部传输率在 60 MB/s 左右，连续工作时稍低

二、快闪存储器

快闪存储器，简称闪存，属于非易失性存储器，允许在操作中多次进行编写或者擦拭。闪存可分为 NOR 与 NAND 两种型号，其中 NAND 闪存被广泛应用于存储卡与移动硬盘中。与硬盘相比，闪存具有更好的动态抗振性，并且被制成储存卡时对高压与极端温度有较高的抵抗性。基于这些特性，闪存广泛应用于移动设备中。但闪存也存在一些不足之处，使用基于闪存技术的存储器时应格外注意。

（一）区块擦除

闪存支持随机读写操作，但无法提供任意的随机改写。读写信息时以单一字节为单位，但是擦除信息时以整片区块为单位。

（二）记忆损耗

闪存的擦写次数有限，对于多数移动设备而言，可通过耗损平衡与坏区管理等磨损管理技术延长其内部闪存的使用寿命。

（三）读取干扰

读取干扰指随着时间的推移闪存的读取方式会导致同一区块相邻记忆单元的内容改变。若连续从一个记忆单元中读取数据，则会导致随后被读取的周围记忆单元受损。通常读取次数达 10 万次左右时便会发生读取干扰现象。

（四）写入干扰

写入干扰（编程干扰）指对页写入时，阈值电压相近及闪存电荷不稳定等因素导致的邻位出错现象。相近的电压组越多，越易受到干扰。比如多阶存储单元（multi-level cell，MLC）采用四组相近电压，比单阶存储单元（single-level cell，SLC）更易受到写入干扰。

三、固态硬盘

固态硬盘采用集成电子元件存储数据，通常采用 NAND 闪存架构，其内部结构见图 8-5。相对于机电驱动的机械硬盘，固态硬盘的读写速度更快（持续读写速度已超过 500 MB/s），因其不用传统的磁头读写，寻道时间可以短至 0.1 ms

或更低，而转速为7 200 r/min的机械硬盘则需要12～14 ms。由于固态硬盘没有移动部件，所以它还具有高防振抗摔性、低功耗、无噪声、抗磁场干扰、工作温度范围大等优点。其缺点在于容量相对较小，使用寿命偏低且售价高。由于价格及存储空间与机械硬盘有巨大的差异，因此，固态硬盘暂时无法完全取代机械式硬盘。

图8-5 固态硬盘的内部结构

固态硬盘的价格一般是同容量机械硬盘的几倍。比如，容量为1 TB的机械硬盘(东芝P300)的售价约为300元，而容量为1 TB的固态硬盘(东芝RD500)的售价约为1 400元。随着工艺的发展与进步，固态硬盘的价格将逐渐下降，可能会逐步替代机械硬盘。

下面将详细分析固态硬盘的特点。

(一) 价格昂贵

随着工艺技术的发展与进步，目前固态硬盘的制造成本呈持续降低趋势，消费级固态硬盘的价格已经降到了普通用户可以承受的范围，市场上多数台式计算机和笔记本电脑已经开始部分或者全部配置固态硬盘。一些大容量的SSD，如英特尔660P这类QLC的闪存产品，其价格也能够和机械硬盘相竞争。然而对于一些具有庞大容量存储需求的企业或者机构而言，高容量、高性能的SSD价格仍然比同等性能指标的高端机械硬盘高出许多，所以大型数据存储中心仍然主要配置机械硬盘。

(二) 数据不可恢复

固态硬盘的设计基于闪存技术，当负责存储数据的闪存颗粒毁损时，现有的数据修复技术难以实现从损坏的半导体芯片中找回数据，所以，固态硬盘的数据安全需要额外处理。

（三）写入寿命受限

固态硬盘在写入数据时会造成闪存的损耗，但是读取数据时不会。闪存颗粒的擦写次数有限，当达到固态硬盘的擦写次数上限后，闪存将变成只读状态。该缺点是固态硬盘得到更广泛应用的一大障碍。

（四）数据消失

由于固态硬盘采用 NAND Flash 架构，在长期断电的情况下，电荷会缓慢泄漏，这样会导致固态硬盘的数据逐渐消失。固态硬盘上数据保存的时间长短与温度相关。消费市场上普通的固态硬盘在室温 30℃的环境中静置不通电可保存数据约 1 年。据英特尔公司提供的温度与数据保存的研究报告显示，存放温度每提高 5℃，数据保存时间会缩短一半。

（五）读取干扰

读取干扰现象是指在多次读取闪存后，会导致同一区块中相近的记忆单元内容改变。若连续从一个记忆单元中读取数据，会导致随后被读取的周围记忆单元受损。通常读取次数高达 10 万次时，会发生读取干扰现象。可通过调整固态硬盘上控制芯片的算法来避免读取干扰问题，使闪存控制器读取动作总次数在计数值达到阈值后，复制受影响区块至新区块，而后将原区块抹除后释放到区块回收区即可。

（六）掉速

固态硬盘采用闪存架构，必须擦除后才能写入新数据，随着固态硬盘未使用的空间越来越小，固态硬盘的速度也将越来越慢。因此，使用固态硬盘时，为了保持最优的读写速度，可使部分存储空间保持空闲状态。

四、光学存储设备

光学存储设备通过激光刻录写入信息。CD 采用红外光刻录，DVD 采用红光刻录，蓝光 DVD 则采用蓝光刻录。由于激光的波长越短，单位面积刻录的信息密度就越大，因此 CD 的容量最高可达 1 GB，DVD 的容量可以高达几吉字节,而蓝光 DVD 的容量则可达几十吉字节。光学存储设备具有轻薄、便于携带的特点。由于光学存储的集成度不高,单件设备的容量不大,因此不宜用于大规模数据的存储与转移。

CD/DVD 属于物理存储,不受电磁信号的干扰,只要做好物理防护,控制在一定的温度和湿度范围内,数据便可长期保存。根据光学存储技术协会(Optical Storage Technology Association)估算,只读光盘可保存上百年,而可擦除光盘仅可保持 30 年左右[①]。光学存储可用于资料存档,较少用于数据的永久保存,特别是大量历史数据或者人类知识的物理存档。很多大型机构的实验数据也采用 DVD 库的形式存档,以供将来查阅。

光盘库是一种可自动加载及卸载光盘的自动化数据存储设备。光盘库具备大规模数据存储、自动化控制、文件跟踪、访问控制等能力,可供少量用户同时访问,且数据访问速度较慢,一般用于存储历史档案等非常用数据。

五、 磁带

磁带是一种窄长的塑料带,表面镀有可磁化材料,通过镀层的磁化可记录数字化信息。20 世纪末,磁带用来录制音频和视频信息,是当时多媒体信息记录和传播的主要媒介。计算机可通过控制磁带机从磁带中读写信息。磁带和光学存储一样,逐步被快捷、便携的可移动硬盘替代,在家庭或办公领域使用较少。但是磁带和光学存储设备一样属于物理存储,不容易受外界干扰。

磁带柜是一种集成化的磁带储存设备,如图 8-6 所示。机内设计多个沟槽用以放置磁带匣,同时配置多个磁带机,利用机械手臂抓取磁带匣。机械手臂一般设有条码读取器,能够识别磁带匣的条码编号,而操作者和相关程式软件可通过编号查阅磁带匣所储存的资讯。此外,机械手臂由自动化程序控制,能精准地取出、放回槽中的磁带匣。而通过代码化的磁带匣和智能化的机械手臂,可以将磁带柜制作成大型数据储存设备,用于存放档案资料。

① https://web.archive.org/web/20100502085258/http://www.osta.org/technology/dvdqa/dvdqa11.htm.

图 8-6 磁带柜中的机械手臂和编码化的磁带盒

磁带库是目前相对便宜的海量存储设备，并且可以保存很长时间，所以多用于历史数据存档、人类知识的永久记录。很多人类早期的天文观测资料就存储在磁带库中。索尼公司 2017 年宣布研发了一款基于超精细晶体粒子的薄膜技术，可在指甲大小的磁带中存储约 4 GB 的数据。

六、数据总线

数据总线负责计算机主板与大容量存储系统之间的数据传输，其性能高低将直接决定数据传输的速度、程序运行的快慢和系统性能的好坏。常见存储设备的数据总线有以下几类。

（一）ATA 和 SATA 技术

高技术配置(advanced technology attachment，ATA)，也称为并行技术配置(parallel ATA，PATA)，采用 40pin 并口数据线连接主板与硬盘，最大的理论速度约为 133 MB/s。由于并口线具有抗干扰性差、排线占用空间较大、不利于计算机内部散热等缺点，所以 ATA 已逐渐被 SATA 取代。

串行 ATA(serial advanced technology attachment，SATA)是一种计算机

总线，采用串行方式传输数据，主要用于主板与大量存储设备之间的数据传输。常见的2.5英寸硬盘采用7pin数据接口，通过SATA总线与主板连接，15pin电源接口低电平供电，见图8-7。SATA结构简单、抗干扰性强、对数据线要求低、支持热插拔，并且总线使用嵌入式时钟信号，具有更强的纠错能力，很大程度上提高了数据传输的可靠性。SATA的理论速度也比ATA高很多，SATA-Ⅱ的理论速度可达300 MB/s，SATA-Ⅲ的理论速度可达600 MB/s。另外，SATA的数据线比ATA更细，有利于机箱内的空气流通且便于整理线材。

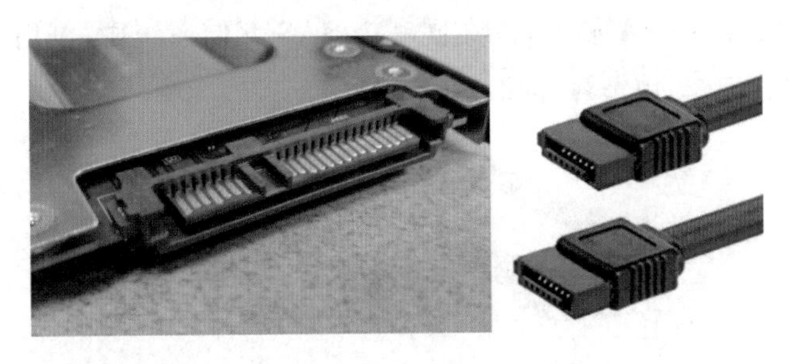

图8-7　硬盘数据接口(2.5英寸)和SATA排线

（二）SCSI技术

小型计算机系统接口(small computer system interface，SCSI)是一种适用于计算机及其周边设备之间系统级接口的独立处理器标准，其数据线见图8-8。SCSI接口是一种通用型接口，可连接外部设备——磁盘、磁带、光盘驱动器、打印机、扫描仪及通信设备等。SCSI具有多任务并行、同步或异步传输数据、连接电缆长(可达6 m)等特点。目前最新的标准为Ultra 640 SCSI，其传输频率为160 MHz，数据频宽为16 bit，最大同步传输速度可达640 MB/s。SCSI接口便于系统集成、降低成本、提高效率，越来越多的设备开始使用SCSI接口标准，但受限于成本问题，目前SCSI仍主要用于中高端服务器与工作站上。

（三）SAS技术

串行连接小型计算机接口(serial attached SCSI，SAS)为新一代SCSI技术，采用串行技术以获得更高的传输速度，并且通过缩短连接线改善内部空间，

图 8-8 SCSI 数据线

其数据线见图 8-9。SAS 可改善存储系统的效能、可用性、扩充性。SAS 接口比 SCSI 接口更小，采用直接的点对点序列式传输方式，最大传输速率可达 12 GB/s。SAS 可向下兼容 SATA 硬盘，故在同一个 SAS 存储系统中，可用 SATA 硬盘替代部分 SAS 硬盘，以节省存储成本。

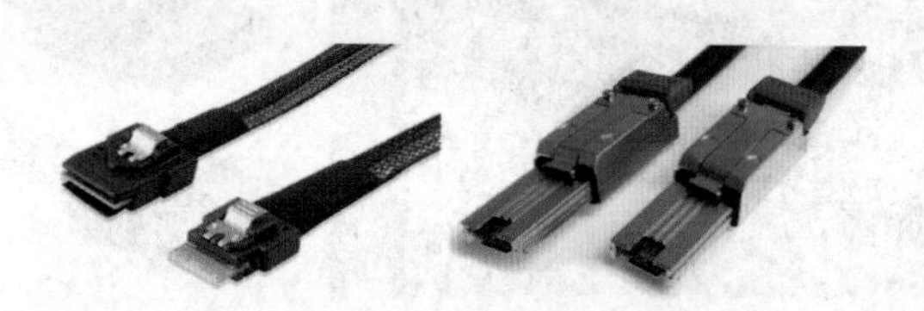

图 8-9 SAS 数据线

（四） iSCSI 技术

网络小型计算机系统接口（internet small computer system interface, iSCSI），又称为 IP-SAN，是一种基于因特网及 SCSI-3 协议的存储技术。相较于 SCSI，其有 4 个革命性变化：

(1) iSCSI 技术可通过 TCP/IP 网络发送原本只用于本机协议的信息，极大地扩展了硬件的连接距离。

(2) iSCSI 连接服务器的数量可无限拓展，而 SCSI-3 的上限为 15 个。

(3) iSCSI 是服务器架构，可实现在线扩容以及动态部署。

(4) iSCSI 可与任意类型的 SCSI 设备通信，可用于存储集成及数据恢复。

（五） 光纤通道技术

光纤通道技术（fibre channel，FC）是一种高速网络存储交换技术，可在存储器、服务器及客户机节点间实现远距离、高带宽的大型数据传输，最高可达 16 GB/s，其实物图见图 8-10。由于 FC 的价格高昂，所以 FC 接口通常用于高端服务器领域。

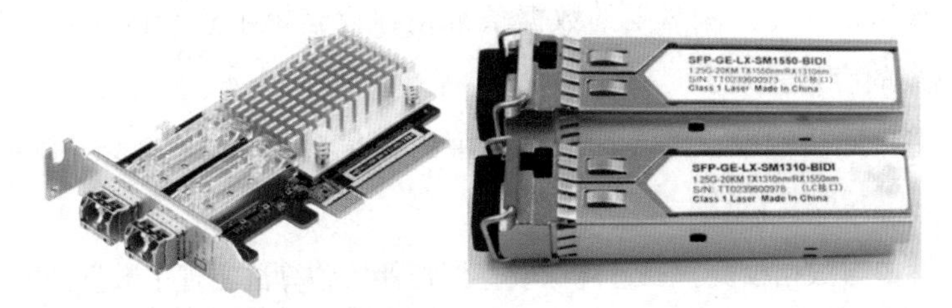

图 8-10 光纤通道扩展卡和 SFP 光模块接口

第三节 数据存储方案

一、独立磁盘冗余阵列

独立磁盘冗余阵列(redundant arrays of independent disks,RAID),简称磁盘阵列,采用虚拟化存储技术把多个硬盘组合成硬盘阵列组,利用数据冗余和部分备份等手段设计优化的存储方案,可以更加有效地提高数据存取速度,提升数据的安全性。

RAID 使用奇偶校验算法实现数据冗余。如果 RAID 阵列中的一块磁盘出现故障,工作磁盘中的数据块与奇偶校验块可以立即重建丢失的数据。假设数据 A 分割为 A1、A2 和 A3 三组数据模块,分别在不同的磁盘上独立存储,三者进行线性运算可获得冗余数据 Ap。如果第二个磁盘出现故障,即 A2 丢失,RAID 系统可根据 A1、A3 和 Ap 完备地恢复数据 A2,这就是根据冗余备份恢复数据的原理。当然,也可以备份 Ap 和 Aq 两份冗余数据,这样即使 A1 和 A2 同时损坏(当然两个磁盘同时损坏的概率比单个磁盘损坏的概率低很多),系统根据 A3、Ap 和 Aq 也可以完全恢复 A1 和 A2,从而极大地提高了数据系统的抗风险能力。

RAID 采用以下几项关键技术：

(1) 数据条带化。磁盘上的数据条带化存取缩短了磁盘的机械寻道时间，提高了数据的存取速度。

(2) 多盘同步读取。同步读取阵列中的多块磁盘，数倍减少了数据读取的时间。

(3) 镜像与数据校验。通过镜像或存储奇偶校验算法实现了数据的冗余保护。

RAID 的优点有：

(1) 容量大。可在数个磁盘上同步读取和存储数据，大幅增加数据吞吐量，提高了数据的传输速率。

(2) 可靠性强。通过数据校验增加了容错功能，通过相互校验恢复损坏的磁盘数据，整体上提升了系统的冗余性和可靠性。

(3) 高性能。RAID 采用数据条带化技术，将数据分散到独立的磁盘上以获得更高的读取性能。

RAID 系统通过磁盘组合和数据冗余，可以根据不同的安全性需求和成本考虑，采用单独配置或者层级内嵌实现相应的性能和安全性。常见的 RAID 系统有 RAID 0、RAID 1、RAID 5、RAID 6、RAID 7，以及嵌入式布局 RAID 01、RAID 10、RAID 50、RAID 60 等。

（一） RAID 0

RAID 0 采用数据分条技术，将数据拆分为数个模块，分布式存储于数个磁盘中，实现同步读写，可以数倍提升读写速度。图 8-11 展示了两个磁盘组合而成的 RAID 0 系统，数据 A 分割为 8 份(A1，A2，…，A8)，分别存储在两块磁盘中，这样数据的读写速度可以提高两倍；但是如果任何数据丢失，数据就会缺失，也无法恢复。这样，RAID 0 配置几个磁盘，读写速度就能提高几倍。但是，任何一块硬盘的损坏都会导致整个磁盘阵列数据丢失，数据安全性较差，这也是 RAID 0 系统的致命缺点。也就是说，RAID 0 系统的优点在于可以提高整个磁盘阵列的读写性能和吞吐量，但不提供冗余或错误修复能力，容错率很低。所以，RAID 0 系统很少单独使用，一般与其他 RAID 系统组合或者嵌套式使用，在最大化利用其高性能读写能力的同时，提高系统的安全性。

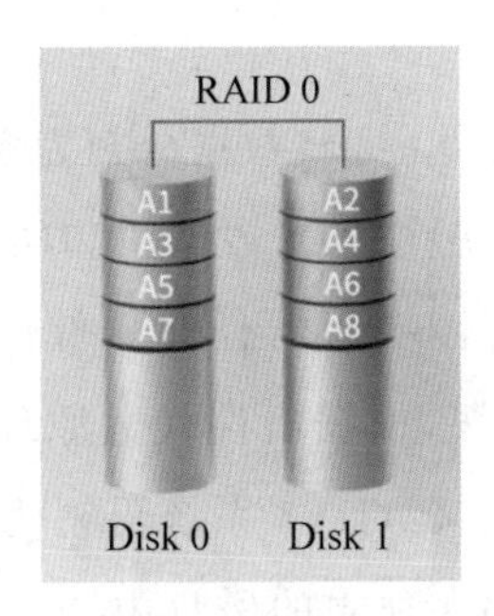

图 8-11 RAID 0 系统硬盘架构示意图

(二) RAID 1

RAID 1 采用磁盘镜像技术,即数据在两个独立的硬盘中存储同样完整的两份。这样任何一份数据损坏,完整的数据仍然保持在磁盘阵列中。图 8-12 示出了两块磁盘组成的 RAID 1 系统,数据 A 分割为 A1、A2、A3 和 A4,数据 A 和镜像分别存储在独立的磁盘中,通过数据镜像实现了数据冗余。新磁盘替代损坏的磁盘后,系统会自动根据另一份数据完整地恢复损坏的数据,一直保持两份镜像数据冗余存储。在读取文件时,RAID 1 系统从最先找到数据的磁盘中读取,优化了数据读取时间。当然,与 RAID 0 的磁盘阵列同步读取相比,其速度慢很多,但是 RAID 1 系统确保了磁盘阵列的数据安全性和可恢复性。

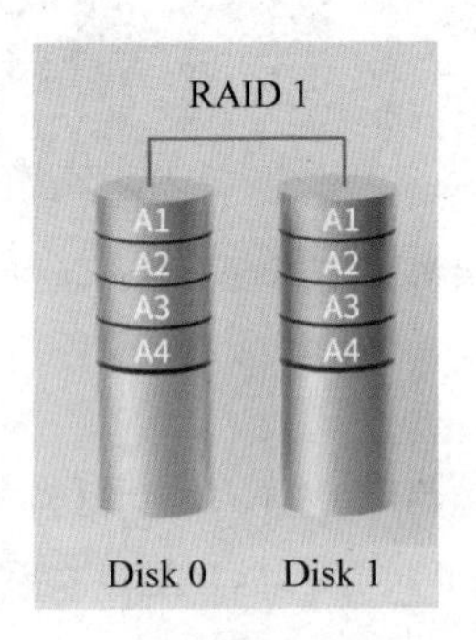

图 8-12 RAID 1 架构图

RAID 1 具有良好的磁盘冗余性能,在保护数据安全方面十分可靠,然而其磁盘利用率仅为 50%,是空间利用率最低的 RAID 系列。为维持系统的稳定性与数据的安全性,须及时更换损坏的磁盘,以保持数据镜像能力。

（三）RAID 5

RAID 5 采用磁盘分割技术，即将数据分割为多个数据模块，再利用线性组合生成一份冗余信息（奇偶校验信息），数据块和额外的冗余数据模块呈分布式存储在独立的磁盘阵列中，见图 8-13。任何一份数据损坏（磁盘故障），都可以利用冗余数据块和其他数据块，根据线性代数原理计算损坏的数据块，然后在更换新磁盘后恢复该数据快。RAID 5 系统可视为 RAID 0 和 RAID 1 层级的折中方案，数据分割之后存储在独立的磁盘中。它与 RAID 0 系统一样可数倍提高数据读写性能，同时冗余备份部分数据，而不像 RAID 1 系统一样镜像完整的数据。所以，RAID 5 系统是一种存储性能、数据安全和存储成本兼顾的存储解决方案，其特点在于并不备份完整的文件，而是备份部分数据，在节省磁盘资源的同时提高读写性能。RAID 5 的优点在于兼顾了空间利用率与安全性，缺点在于需要额外的运算资源，且仅能承受一个硬盘损毁。

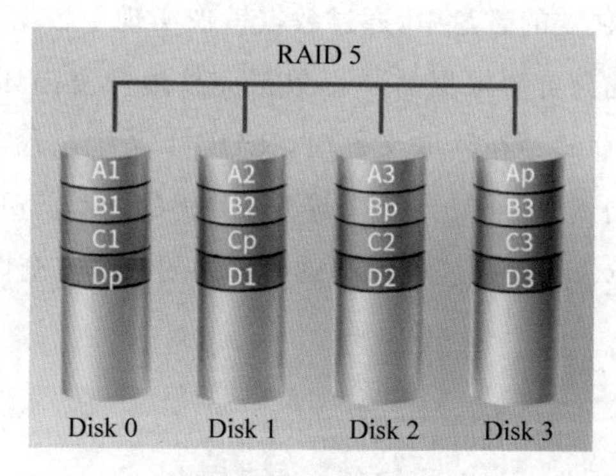

图 8-13 RAID 5 架构图（其中 Ap、Bp、Cp 和 Dp 为冗余数据块）

（四）RAID 6

RAID 6 系统与 RAID 5 系统一样，采用磁盘分割技术，但是 RAID 6 备份了两份数据冗余信息，见图 8-14。所以，RAID 6 系统可以应对任意两个磁盘同时失效的情况，但是也需要给冗余信息块分配更大的空间，磁盘使用率比 RAID 5 系统更低，数据安全性却更高，通常仅用于对数据安全性有相当高要求的领域。

（五）混合 RAID

混合 RAID，又称嵌套式 RAID，是指不同级别 RAID 之间相互组合使用，

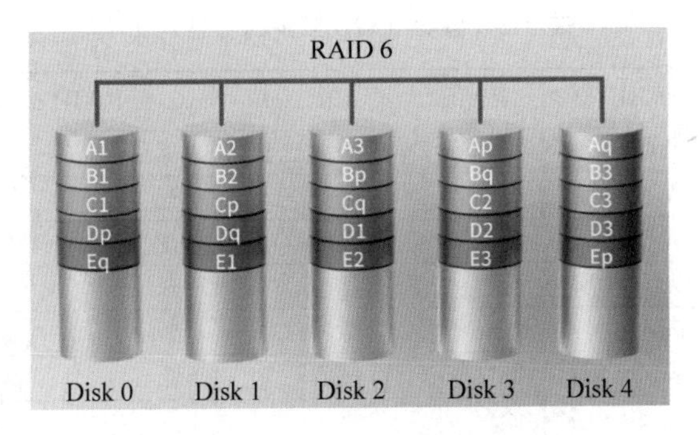

图 8-14　RAID 6 架构图

［其中，(Ap，Aq)，(Bp，Bq)，(Cp，Cq)，(Dp，Dq)和(Ep，Eq)为双份冗余信息块］

将两种或两种以上的 RAID 组态放在同一组磁盘阵列中，充分利用基础 RAID 层级的优势，弥补它们之间的劣势。比如，RAID 10 系统先建立两组 RAID 1，再由这两组 RAID 1 组合成 RAID 0 系统，形成混合 RAID 系统。

RAID 01/10 层级是 RAID 0 与 RAID 1 的嵌套配置：RAID 01 先镜像后分割，RAID 10 先分割后镜像。图 8-15(a)展示了 RAID 10 层级的数据块存储情况，数据在第一层级(RAID 0)分割成 A1 和 A2，而在嵌套的层级(RAID 1)中，A1 数据块镜像存储在两个独立的磁盘中，A2 数据块也作相同的处理；而在 RAID 01 层级中，分割和镜像的顺序相反。RAID 01/10 层级至少需要 4 个硬盘才能实现。表 8-2 对比了各类层级的 RAID 系统的性能、资源利用率和性价比。

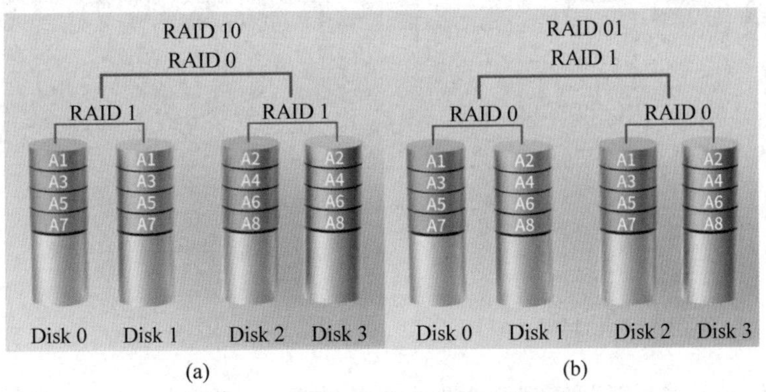

图 8-15　RAID 10 和 RAID 01 架构图

表 8-2 各类 RAID 系统的特性对比

RAID 等级	RAID 0	RAID 1	RAID 5	RAID 6	RAID 10
别名	条带	镜像	奇偶校验带	双重奇偶校验带	镜像加条带
容错性	无	有	有	有	有
冗余类型	无	有	有	有	有
热备份选择	无	有	有	有	有
读性能	高	低	高	高	高
随机写性能	高	低	一般	低	一般
连续写性能	高	低	低	低	一般
需要的磁盘数	$n\geqslant1$	$2n(n\geqslant1)$	$n\geqslant3$	$n\geqslant4$	$2n\geqslant4$
可用容量	全部	50%	$(n-1)/n$	$(n-2)/n$	50%

（六）RAID 50

RAID 50 是 RAID 5 和 RAID 0 的嵌套使用，原理与 RAID 10 类似，所不同的是，RAID 50 先进行数据分割和处理部分冗余信息，然后再做 RAID 0 系统，具体配置如图 8-16 所示。

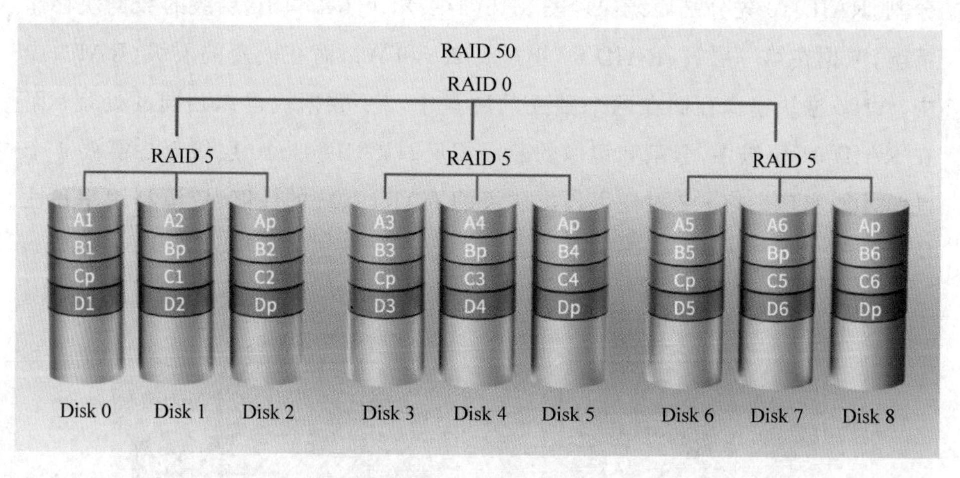

图 8-16 RAID 50 系统

二、 网络存储系统

现代日常的科学研究都会产生大量的数据，比如科学卫星、大型科学设备等每天都产生数百太字节数据。如何存储和维护大规模数据、保证数据的安全性，是任何科研人员和机构都需要考虑的问题。安全可靠的大规模数据存储系统可以让科研人员无须关注数据存储的硬件和安全性，更加专注科学研究业务，而数据存储系统的日常维护则交给专业人员处理。本节重点介绍三种适合小型团队、实验室和科研机构等不同级别机构使用的数据存储系统：直连式存储、网络附属存储和存储区域网络。

（一） 直连式存储

直连式存储(direct-attached storage，DAS)是指直接连接到计算机的存储方式，存储设备可以是移动硬盘、固态硬盘、光学驱动器等，也可以是由这些设备组合而成的集成存储系统，比如 RAID 磁盘阵列等，其网络配置形式可参考图 8-17。DAS 分为内直连式存储和外直连式存储两种。内直连式存储是指存储系统通过 SCSI 总线与服务器直接连接，但是 SCSI 数据总线受空间距离和设备数量的限制。外直连式存储利用光纤通道克服了传输距离和挂载数量的限制。DAS 连接简单、易于配置和管理、费用较低。但因为每台计算机单独拥有自己的存储磁盘，这种连接方式不利于存储容量的充分利用和服务器间的数据共享。再者，存储系统没有集中统一的管理方案，也不利于数据维护，因此 DAS 不适合作为企业级的存储解决方案。

DAS 的优势在于：①安装和配置简单，成本较低；②直接通过数据总线读写，速度非常快；③可以配置成 RAID 系统，提高数据的安全性；④避免网络访问，具有更高的网络安全性。

DAS 的局限性在于：①无法通过网络管理 DAS 系统；②无法通过网络共享最大化利用存储资源；③依赖服务器主机，服务器本身容易成为系统的瓶颈；④当服务器崩溃时无法完成数据转移和备份。

DAS 系统适用于服务器在地理分布上很分散，难以通过 SAN 或 NAS 进行互联的应用场景，如各个商店或银行的分支。另外一种情况则是，存储系统必须直连到应用服务器上。很多中小型企业要求商业数据必须作为商业机密本地存储，存储系统须直连到服务器中。DAS 方案可以通过计算机远程访问和控制，解决存储空间共享的问题，具体方案可参考本章第三节。

（二） 网络附属存储

网络附属存储(network-attached storage，NAS)是指利用网络系统与服务

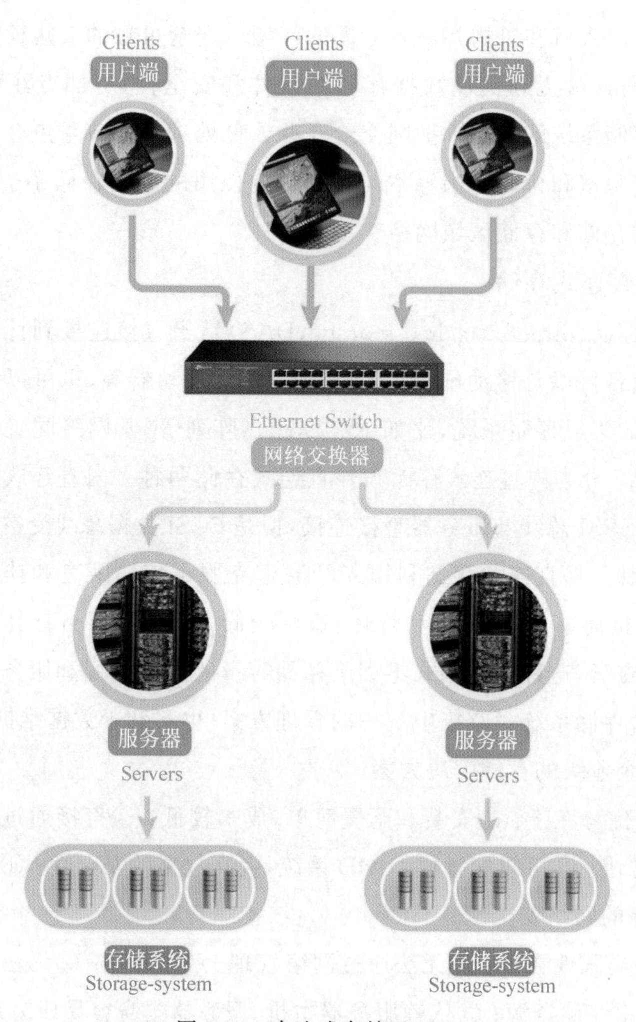

图 8-17　直连式存储(DAS)

器建立资料存储的连接,为异质网络用户提供集中式资料访问服务。如图 8-18 所示,NAS 单元通常作为资料存储设备连接到网络中,为用户提供资料存储服务。网络中的计算机可以访问 NAS 的存储资源,能为科研团队和小型机构提供很好的存储服务。NAS 存储的优势在于,计算机和 NAS 存储设备无须物理接触,可以放在不同的空间内,通过网络访问实现异地存储和多用户资源共享。

NAS 的优点在于:①适合长距离传输数据;②分布式部署,即主机、用户及其他设备分散分布于不同的空间;③可应用于高效的文件共享任务。

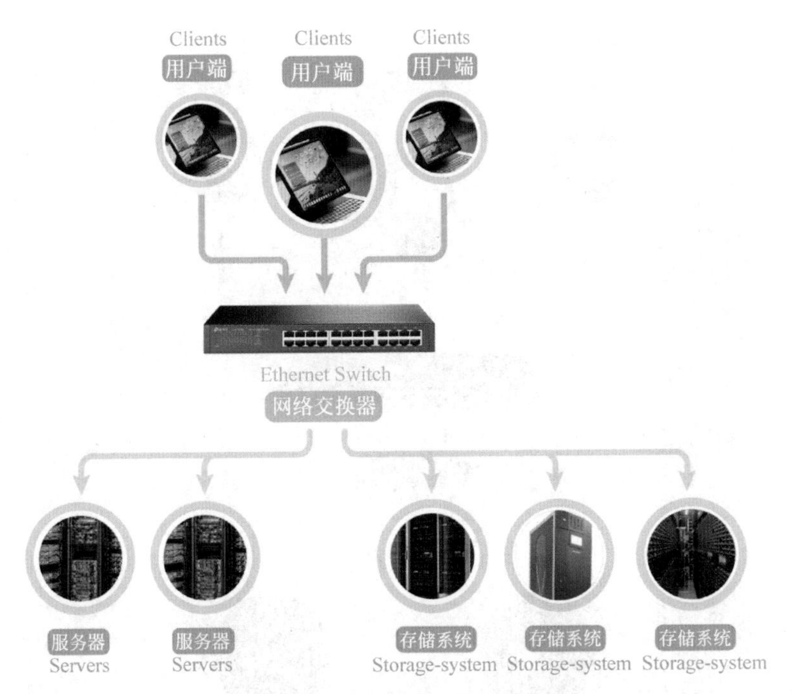

图 8-18 网络附属存储(NAS)

NAS 的局限性在于：①占用网络带宽，会影响局域网内部其他网络的应用；②可扩展性受限于网络管理；③访问须经过文件系统的格式转换。

（三）存储区域网络

存储区域网络(storage area network,SAN)是由多个存储设备组合而成的存储网络，其框架结构如图 8-19 所示。对于操作系统而言，SAN 的功能相当于 DAS 设备，用户无须关注 SAN 的硬件设备和网络构架，只要把 SAN 当作本地硬盘使用即可。

SAN 采用高速光纤通道连接成存储网络。用户无须关注文件存储的细节，只需将文件交付给 SAN，而 SAN 系统则像一个管家，添加或减少空间并不影响用户的使用，用户甚至感觉不到这些变化。所以 SAN 在用户体验上就像 DAS，所不同的是，SAN 不是简单的同构磁盘阵列，而是将复杂的异构硬盘网络整合在一起，可供多个服务器同时使用。SAN 网络系统和 NAS 系统在用户体验方面类似，所不同的是用户无须关注文件存放的地方，只需将文件交给 SAN 即可，所以 SAN 系统就像 NAS 系统加上管家。

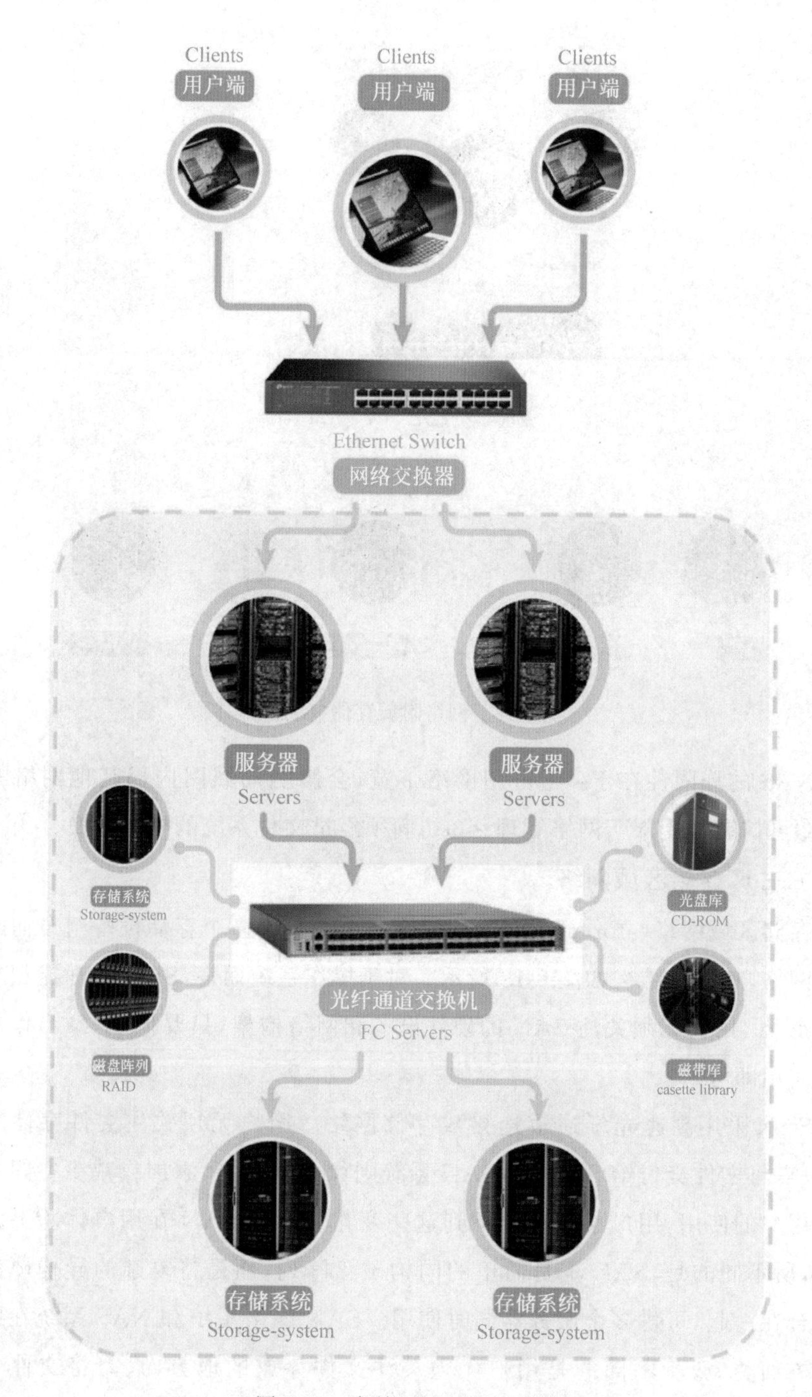

图 8-19 存储区域网络(SAN)

SAN 系统比 DAS 系统价格昂贵，主要是配置初期需要购置光纤通道等基础配件，但是 SAN 系统的扩容只是简单地添加硬盘，其平均成本不断降低。SAN 系统的初期成本比 DAS 系统高很多，但是随着容量的增大，其成本不断降低，所以 SAN 系统主要适用于存储量大的工作环境，比如互联网服务提供商及银行等大型机构，而且其数据安全性也相对更高。

SAN 的优点在于：①可简易地与现有局域网相连，不受基于 SCSI 存储结构的布局限制；②允许企业随意根据需求扩大存储容量，扩容成本降低很多；③允许服务器连接到任何存储阵列；④利用高速光纤通道，具有更高的带宽。

三、云存储

云存储是一种网络存储共享的商业模式，其框架结构如图 8-20 所示。运营商负责存储设备网络的搭建、维护和数据安全，用户根据自己的需要购买云存储虚拟服务，通过公共网络与云存储空间进行数据交互。用户将数据存放在第三方托管的多台虚拟服务器上，而非其专属的服务器上。云存储一般提供网页或软件端口，或者映射到虚拟网盘，这样用户可以实时或者延时完成数据上传和下载。云存储实际上是一种共享存储模式，可以实现资源的最大化利用。比如，个人拥有 1TB 的硬盘空间，而人均使用 0.33 GB，如果把 100 个人的 1 TB 的存储空间整合成云存储，便可供 300 人使用。每个人可根据自己的需求购买或者租赁所需虚拟化资源空间，这就是云存储的基本思路。

存储服务提供方是托管公司，他们建设大型分布式存储系统，开发相应的管理与维护工具，用户则通过网络或者软件接口租赁或购买数据存储服务。

云存储的结构模式分为四层：

(1) 存储层。存储层是云存储中最基础的部分，其存储设备可以是 SAN、NAS 或 DAS 等或者由它们组成的异构网络。云存储中的存储设备数量庞大，分布广泛，彼此之间通过广域网、互联网或光纤通道网络相互连接。

(2) 基础管理层。基础管理层是云存储中最核心的部分，也是最难实现的部分。其功能在于通过集群、分布式文件系统和网格计算等技术，协调云中的多个存储设备，共同对客户提供同一种服务。

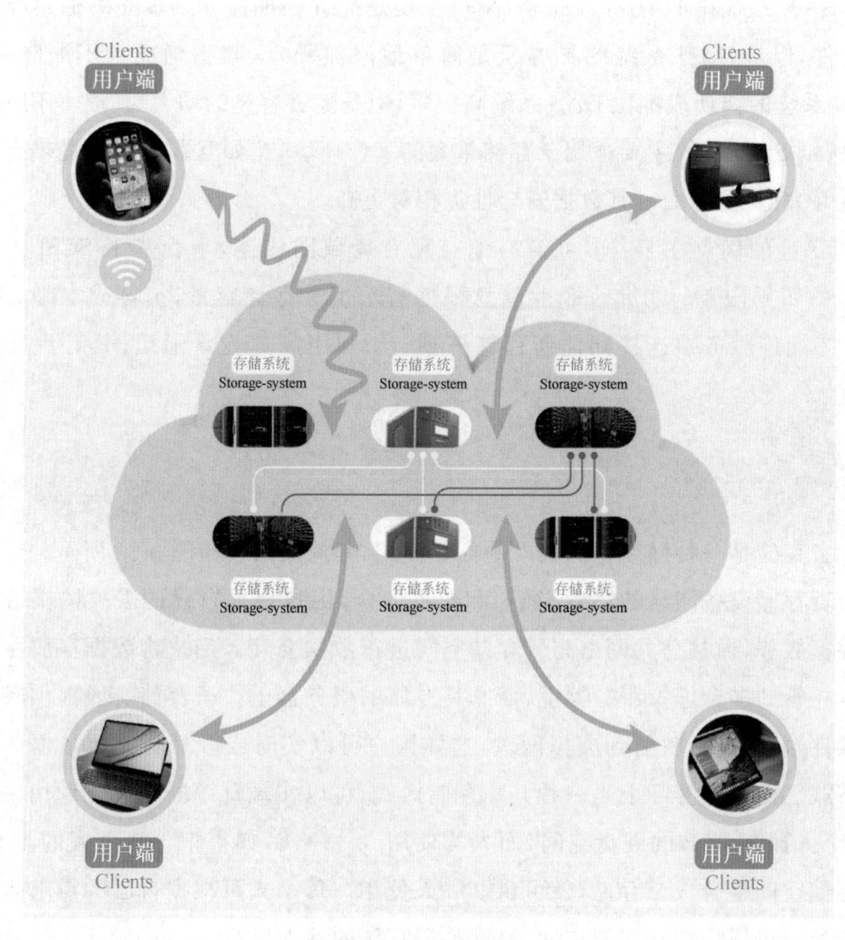

图 8-20　云存储架构

（3）应用接口层。应用接口层是云存储中可变性最高的部分，不同的云存储运营商可根据其业务需求，开发不同的应用服务接口，例如视频监控应用平台、网络硬盘应用平台、远程数据备份应用平台等。

（4）访问层。对于云存储的使用客户而言，可通过公用的应用接口登录云存储系统。具体的访问类型与访问手段由云存储运营商指定。

云存储须解决诸多难题，其中包括存取速度的提升、线性拓展能力、数据按需迁移至最近的物理站点、确保数据存储的高度适配性和自我修复能力、确保多租户环境下的私密性和安全性、允许用户基于策略和服务模式按需扩展性能和容量等。

云存储的优势在于：①存储管理可以实现自动化与智能化，整合存储资源，最终呈现给客户的是单一的存储空间；②提高了存储效率，通过虚拟化技术避免了存储空间的浪费；③可以自动重新分配资源，提高了存储空间的利用率；④具有负载均衡、故障冗余功能；⑤可实现规模效应和弹性扩展，降低了运营成本及避免了资源浪费。

云存储服务也存在一些缺点与潜在的隐患，包括：①使用云存储服务存储机密数据时，须更为谨慎地考量云存储运营商的安全性；②云存储基于网络传输数据，其访问性能低于本地存储设备；③进行数据使用记录追踪的难度高；④传输大型数据时，可能存在由于网络终端等原因导致数据差错或丢失数据等风险。

云存储服务发展已有数十年，很多大型互联网公司推出了相应的云存储平台，它们提供的服务在容量、数据传输速度及其他特色功能上各有不同。表 8-3 总结了主流云存储的参数和性能。

表 8-3　常见的云服务平台

云服务平台	运营商	可运行环境	容量	传输速率	客户端单个文件大小限制
百度网盘	百度	Windows/Mac/iOS/Android/Windows Phone/Linux	2 TB 付费扩容	100KB/s(免费) 2MB/s(付费)	20 GB
OneDrive	微软	Windows/Mac/iSO/Android/Windows Phone	5～28 GB 付费扩容	未限速	10 GB
腾讯微云	腾讯	Windows/Mac/Android/iOS	10 GB 付费扩容	限速 100KB/s	1 GB(免费)， 20 GB(付费)
Google Drive	Google	Windows/Mac/Android/iOS/Linux	15 GB 付费扩容	未限速	5 TB
iCloud Drive	Apple	iOS/Mac/Windows/Linux	5 GB 付费扩容	未限速	15 GB
Dropbox	Dropbox	Windows/Mac/Android/iOS/Linux	2～25 GB	未限速（多平台同步文件）	不设限

四、跨平台数据转移

（一）数据备份与同步

文件同步(file synchronization)指文件在两个或者更多存储空间中通过一定的方式同步更新的过程。文件同步一般可分为两种：单边文件同步与双边文件同步。单边文件同步又称为镜像，即需更新的文件从源位置被复制至一到多个目标位置，但无文件被复制回源位置。双边文件同步中，更新的文件双向拷贝，使源位置与目标位置中的文件同步变化且保持一致。通常所说的文件同步是指双边文件同步。

文件同步通常用于多平台办公或团队协同办公。通过文件同步软件，如BitTorrent Sync、Dropbox、SKYSITE 等，可自动实现文件实时同步，更加便利地实现数据在多个存储位置的备份，有效降低数据损坏带来的损失。文件同步的优势在于多平台同步办公。比如，用户在办公室处理并保存一份文件，系统会自动监测到文件的更新，实时同步到其他平台，文件同步软件会自动完成这些操作。例如使用云存储手动同步，须将更新的文件上传到云平台，多数云平台会将文件增加一个后缀，以体现文件版本的不同，这样也避免了由于疏忽而导致早期版本被替代，造成不可恢复的损失。用户回家之后使用不同的计算机处理文档，须从云存储下载最新版文件，处理完成之后再次上传到云存储，此时云存储会增加另外一版文件。第二天用户回到办公室之后，则须再次下载该文件的最新版。这种情况下，办公室计算机保存了第 1 版和第二天编辑的第 3 版文件，家中的计算机则存储有两版文件——云存储持有第 1 版和第 2 版文件。如此往复，每台计算机都有多种版本的文件，需要注意的是要明确记住版本的区别。而如果使用文件实时同步软件，则不存在此问题。

文件同步的过程大致如下：将多个存储设备组织成星形拓扑结构，以一个工作设备为枢纽，其他所有设备为发散开的轮辐，轮辐设备中的数据仅跟随枢纽设备发生变化。当用户进行文件更新时，枢纽机器中的数据会发生变化，进一步影响所有轮辐机器的数据。

文件同步时会对源文件与目标文件均进行冲突检测，以防止未知的文件覆盖而导致数据丢失。在使用文件同步软件时,也存在一定的安全隐患。特别是对于企业而言,使用第三方平台提供的文件同步软件时,应注意,虽然备份文件避免了数据丢失的风险,但也存在信息泄露的风险。因此对于机密的数据信息,应更加谨慎地选择备份方案。

常用的数据备份软件有 BitTorrent、Sync、Dropbox、EnduraData、EdpCloud、Files.com、MOVEit 等。如今,可提供云服务与实时文件同步的软件众多,用户可视需求进行选择。

（二）文件对比与版本管理

1. 文件对比

文件对比是指比对文本文件的异同,进行统计和展示。在编写大型文本或源码时,须不定期地对其进行修正与调整,借助于文件对比程序或软件可直观有效地展示文件修改前后的差异,有助于更高效地进行编写与开发工作。很多软件或者文本处理程序能够很好地展示文件的差异性,主要用于对比不同版本的文件,以便修改和最终定稿。常见的文件对比软件有 diff、cmp、FileMerge、WinMerge、Beyond Compare、File Compare 等,各文件对比软件的性能参见表 8-4。

表 8-4 文件对比软件一览表

软件	收费	支持平台	文件上限
Beyond Compare	付费	Windows/Mac OS/Linux	>2 GB
Compare＋＋	付费	Windows	
diff、diff3	免费	Windows/Mac OS/Linux	>2 GB
FileMerge	免费	Mac OS	
WinMerge	免费	Windows/Mac OS/Linux	2 GB
Ediff	免费	Windows/Mac OS/Linux	
Far Manager	免费	Windows	

2. 版本管理

版本管理(version control)主要用于大型程序管理和团队合作编程,特别是多平台、多用户联合编程时,版本管理尤其重要,可以防止出现因失误而造成的不可恢复的操作。

在一篇文章的撰写或者大型应用软件的开发过程中，其中一个或者一组文件在正式完工前会被反复多次地修改或调整，有时会因阶段性的成果不达标，需要将项目调回至前几个阶段，重新开始编写。利用专门的版本管理工具，可以更高效地管理各个阶段的版本文件，让作者或开发者将精力更多地投入文章撰写或项目开发中。

主流的版本管理软件有 Git、SVN、Code Co-op、CVS 等。利用 Git 进行版本控制和软件源代码托管服务的平台 Github，目前是世界上最大的代码存放网站和开源社区。

（三） Linux 系统之间的数据管理

多数服务器和数据处理工作站都采用 Linux 系统，且通常不带有图形操作界面，客户可远程登录并控制服务器，进而对服务器进行维护与数据管理。Linux 系统可通过安全外壳协议(Secure Shell，SSH)——一种加密的网络传输协议直接远程控制服务器。

SSH 在网络中建立客户端和服务器之间的安全隧道，旨在保证非安全网络环境中的信息加密完整可靠。SSH 建立在应用层基础上，专为远程登录会话和其他网络服务提供安全协议。利用 SSH 协议，一方面可对传输的数据进行加密，有效地防止域名系统(DNS)欺骗和 IP 欺骗，弥补网络中的漏洞；另一方面可以压缩传输的数据，加快传输的速度。除 Linux 外，SSH 几乎适用于所有 Unix 平台，如 HP-UX、AIX、Solaris、Digital Unix 等。

SSH 由客户端和服务器端的软件系统组成。服务器端在后台开启一个守护进程(daemon)响应来自客户端的连接请求，包括公共密钥认证、密钥交换、对称密钥加密和非安全连接。客户端则包含 SSH 程序以及远程拷贝(secure copy，scp)、远程登录(secure login，slogin)、安全文件传送协议(secret file transfer protocol，sftp)等应用程序。

客户端远程登录时，SSH 提供两种级别的安全验证：基于口令的安全验证、基于密钥(公钥)的安全验证。口令登录仅须在终端输入特定格式的命令即可发送远程登录申请，每次登录时须输入远程主机的密码。密钥登录首先在本机生成密钥对，然后将密钥复制至远程主机中。首次设置成功后，密钥登录无须再次输入密码，并且可有效防止“中间人”攻击，但密钥登录消耗的时间相对较长。

（四）远程管理软件

1. Putty

Windows 系统无法与 Linux 或 Mac 系统直接建立联系，但是 Putty 软件可提供虚拟终端与 Linux 系统通过命令行进行交互，以实现对 Linux 系统服务器的控制。

Putty 是一个串行接口连接软件。Putty 的特点在于：支持 IPv6 连接，可以控制 SSH 连接时加密协定的种类，自带 SSH Forwarding 功能，支持公钥认证等。

使用 Windows 系统的计算机利用 Putty 远程管理 Linux 服务器具有许多优点：完全免费，兼容性好，全面支持 SSH1 和 SSH2，软件体积小，操作简单等。

其使用步骤简便，利用虚拟图形操作界面代替 Linux 下的终端连接命令即可。

2. Xshell

Xshell 是一个安全终端模拟软件，可在 Windows 界面下远程访问不同系统的服务器，其功能类似于 Putty。Xshell 可支持 SSH1、SSH2，以及 Windows 平台的 Telnet 协议。相较于 Putty，Xshell 具有更丰富的外观配色以及样式方案，在使用上也更具图形操作系统的特色。值得注意的是，Xshell 对个人、教育用户免费，商业环境下的使用则需要收费。

3. TeamViewer

TeamViewer 是一个适用于 Windows、Mac OS、Linux、iOS、Android 等诸多操作系统，用于远程控制的应用程序，可快速实现桌面共享与文件传输。

TeamViewer 的安全性有较高的保障，包含多重加密。TeamViewer 的密钥交换和会话编码与 https/SSL 有相同的安全标准，可生成固定的 PartnerID 以及随机的会话密码，更好地保障远程系统的信息安全。

TeamViewer 的特点显著：无复杂的安装步骤，无防火墙干扰，高速度、高质量，高安全标准，多功能，美观易用。其可提供远程控制支持与会议演示功能。

4. Splash

Splash 是一款简单易用的远程桌面软件，其效率高、性能好，可跨多平台，目前可支持 Windows、Mac OS、Linux 等操作系统，以及 iOS、Android 等移动设备系统。Splash 由服务器端 Streamer 和客户端 Remote Desktop 两部分组成。

Streamer 是远程控制的服务器端，用于远程控制，可支持 Mac OS、Windows 及 Linux 系统。Remote Desktop 是远程控制的客户端，用于控制运行 Streamer 的计算机，可支持 Mac OS、Windows、Linux、iOS、Android、Web OS、Blackberry 等系统。

通过 Splash，可简单方便地利用个人计算机或者手机、平板等便携式设备远程控制其他服务端设备。Splash 分为个人版、商业版、企业版等，其中个人版免费。

5. PC Anywhere

PC Anywhere 可实现简易且安全的远程连线，具有基本的检视界面且针对每项作业提供简易的图形选项，方便新手使用。内建 FIPS 140-2 验证 AES 256 位元加密，可确保阶段作业的安全性。PC Anywhere 目前可支持 Windows、Linux、Mac OS、Windows Mobile 主控端系统以及 Windows、Linux 及 Mac OS 被控端系统。PC Anywhere 结合了远程控制、远程管理、高级的文件传输等功能，提高了技术支持率并减少了呼叫次数。

第九章

科学传播

学习科学不是要求每个人都做高深的研究，而是培养追求真理的态度，树立正确的科学观。

第一节　科学传播的基本理论

科学是一种理论知识体系，是人类对于真实世界的客观认识，是人类认识世界和改造世界的社会实践经验的概括和总结。科学传播主要是以公众理解科学的理念为核心，通过一定的组织形式、传播渠道和手段，向社会公众传播科学知识、科学方法、科学思想和科学精神，以提升公共的科学知识水平、技术技能和科学素养，促进公众对科学的理解、支持和参与。科学传播影响着社会、文化、经济等诸多方面，其本身源于科学发现，以科学技术的进步为出发点。科学传播的受众是普通民众，其作用是将最新的科学技术知识转化成人们的意识和理念。

科学传播的层次由三个方面构成：一是大众科学信息的获取渠道，包括报纸、杂志、电视等媒体，以及网络多媒体，如微博、微信公众平台等，这些都属于新媒介的范围；二是科技的进步程度，主要体现在科学技术的创新性，这需要技术的支持；三是教育的专业化，现在许多大学都开设了相关的学科课程，形成了系统的学习模式。从广义上讲，任何形式的科学知识、科学理念和科学思想的传递都是科学传播，其中包括学校教育、科学会议和科技文献出版等，这几种形式的科学传播属于科技人士内部或者更广领域的同行之间的知识传播和知识教育与传承，这里不再赘述。本章将着重介绍传统纸质媒体（期刊等）和新媒介平台（微博和微信公众号等网络平台）的科学传播。

科学传播在整个社会传播系统中占有极其重要的地位，是人类社会发展和进步过程中不可或缺的一部分。知识传播的发展经历了三个重要阶段：①基于纸质媒介的印刷品传播阶段；②基于有线网络的计算机传播阶段；③基于高速无线通信的移动终端传播阶段。当然，这三种媒介并不互斥，并且将会长期共存，互相弥补其他传播手段的不足。目前的观点趋向于相信数字信息将会替代传统纸质媒介，这是因为人类进入电子信息时代不久，尚未经历全球规模的灾害或者战争冲突。纸质媒介或者其他能够永久存储人类知识文献的载体仍然十分重要，人类重要的知识积累需要实物化的媒介进行永久性的存储，以防范电子信息时代大型灾害的来临。

印刷品传播阶段的主要载体是语言和文字手稿，这是学术传播的最早阶段，其主要形式有讲座、交流会等，如中国古代文人之间互赠诗词手稿就属于这种早期的学术成果传播模式。17 世纪 70 年代，英国出现了一种信函交流的形式，研究人员通过写一份新成果的介绍信给对该课题感兴趣的人，相互交流思想心得。口头传播的优势是获取信息的速度快，弊端是传播范围相对较小，而且信息容易失真。

随着印刷技术的发展，专著和期刊等形式的学术出版物开始出现，从此开启了以印刷型科学文献为主体的学术传播方式，并在将近两个世纪在学术界占据主导地位。印刷型传播信息传播范围广、信息内容更详细、信息权威有保障，但弊端在于传播速度也相对较慢，且出版周期长。

中国虽然是印刷术的发明地，但由于没有形成现代科学方法论，所以新技术的出现属于优秀个体的随机性行为，而非完整自证的科学传承。纸质印刷品的弊端就在于排版时容易出错，而且纸质版本能够保存的时间有限。所以，中国的古籍就出现了不同的版本，而版本之间除了文字错误之外，也有后人改写的成分。最著名的例子就是《红楼梦》（又名《石头记》），流传的版本常见有曹雪芹原著附脂砚斋评述的《脂砚斋重评石头记》（八十回）和尾附高鹗续写的后四十回的《红楼梦》（共一百二十回，乾隆辛亥萃文书屋木活字摆印本），这是典型的由手抄本记录刊载到刻印本批量印刷阶段的转变。刻印技术替代手抄之后，书籍可以批量印刷，制作成本相对较低，知识才得以更加广泛地传播。

有线网络传播时期的主要载体是电子期刊和文献数据库等，其中常见的有 SCI 科学文献索引和 EI 工程文献索引等，收录了世界上具有一定影响力的期刊论文。学术团体出版机构积极运用网络进行学术出版，逐渐形成了完整的网络学术信息传播体系。网络传播速度较印刷时期更快，在获取信息方面也能更加即时和便利。可供科学工作者和公众选择的学术交流平台有很多，例如 ResearchGate、科学网等。

传统纸质印刷型学术传播以正式出版型科技文献为主，而网络化环境中学术传播的正式性内容既包含科学文献，也包含与研究相关的数据、代码、图表和动画等附属信息。网络环境带来的最大变革是学术传播的途径，电子邮件、远程网络会议、二维码等技术的运用，既能帮助用户更快、更全面地获取信息，又能提升期刊或者会议的影响力。电子期刊和在线期刊作为纸质期刊的补充也得到了广泛的应用和重视。

目前的科学传播可以说是社交媒体传播的鼎盛时期。社交媒体以即时性、互动性等特点受到科研工作者的青睐，逐步代替邮件、学术会议、海报张贴等，成为目前最受欢迎的信息分享工具。一些学术出版和服务机构、广播电台和网站媒体也开始使用社交媒体进行学术信息传播。很多科技期刊也有了官方的Twitter、微信公众号或者微博账号，以便共享学术信息，发布各类专业领域的科学论文或者科普知识文章。另外，抖音或者小红书之类的自媒体平台上也有各种形式的科学交流视频或者讲座等。这种网络期刊之外的科学信息传递和科普发展越来越流行，而且随着人工智能的发展能够实现精准化推送和订阅。

社交媒体的开放性特征扩大了学术信息的送达范围，受众中不仅有领域内的专业学者，还有一些非研究社区的公众对象，不同受众在接受信息后产生不同的反馈。同时，社交媒体具有“以用户为中心”的特性，受众可以选择自己感兴趣的传播主体、主题领域及接受方式。此外，在社交媒体平台上，接受者也可以转变为学术传播的参与者，通过评论、转发等行为将学术信息进一步扩散传播。

总体来看，多形式、多平台、多渠道的社交媒体传播已经成为新时期科学传播的主流方向。社交媒体传播能够实现双向互动，传播速度极快，受众面广，也不受时间和空间的限制，弊端则是内容质量难以把控和存在知识产权风险，这两个方面在本章都会进行详细介绍。

第二节 科学知识的大众传播

一、 面向公众的科技论文写作

科研人员要撰写面向同行的科技论文、技术报告、基金申请书等，为什么还要撰写读者群体为非科研人员的文章呢？其写作动机可能在于学术课程的要求或者工作需要；有些科研人员出于意愿撰写面向公众的文章，以便广泛接触来自不同领域背景的读者，并宣传自己的科学研究成果。其他写作动机还包括：向公众传播实用科技信息、吸引公众参与科技工作、促进公众对科学研究的支持等。在欧美国家，传播科学是科学家的重要工作之一，因为他们需要博得纳税人的支持，以获得更多的经费支持科学研究。另外，发达国家的很多民众愿意学习和接纳新知识，以终身学习为目标。同时，一些资助机构会要求基金项目的主持人即科研人员将部分科研经费用于科学普及。因此，科学传播者和科普受众大量存在。科普的形式可以多样化，其中包括设计权威的科学网页，撰写科普论文，提供新闻稿，在科学会议、图书馆、中小学做科普报告等。

作者在撰写面向公众的科技类文章时，如何投稿到合适的发表平台是一个重要的问题。作者可以考察非专业读者阅读的科学类在线刊物和印刷刊物等的发表平台，不能局限于专业科技期刊范围。经验暂时欠缺的作者可从本地刊物、区域刊物或专业刊物（包括所属机构刊物）、个人博客、微信公众号等平台开始。当作者发现合适的刊物之后，首先应该明确该刊物是否接受自由撰稿，即全面了解“投稿须知”或“作者指南”。其中，期刊一般会注明相关要求，比如接受或者不接受某种学科领域的文章，还须了解具体投稿的信息，比如文章长度、写作风格、稿酬标准、投稿地址等。

许多期刊在接收文章之前会要求潜在作者提交一份撰稿设想（article proposal），又称为询问信（query letter）。询问信能够使作者把撰写时间和方向放在最重要的位置，同时可以让编辑迅速评估文章思路和作者的写作水平。询问信通过提问、咨询等方式，向被访者了解情况。询问信的使用范围很广，可以对不同的对象进行调查，也可以针对一些性格不同的群体或个人，还能对他们的问题提出质疑，对其谈话内容和语气加以评价。

一般而言，询问信要控制在一页左右的篇幅。在询问信开头，需要描述计划撰写的文章，一般涉及以下问题：文章的主题是什么？计划写作哪些子话题？该主题吸引读者的原因是什么？作者的科学信息来源是什么？文章采用什么结构？可能使用哪些插图？等等。在询问信结尾处，用一段话来说明个人的撰稿水平。若作者此前不曾为期刊撰稿，可以提供自己写过的文章，获取有关撰写询问信和为期刊撰稿的更多信息。

为期刊、网站等撰稿时，作者先要分析该期刊或网站早期发表或发布的文章，以便调整文章的格式和写作文体符合对方的规范。比如，段落长度，用语正式程度，是否可以使用小标题将文章分成若干部分，是否可以罗列科学要点等。符合对方要求才能提高文章的录用概率，这一点与科技论文投稿相同。

科技期刊的读者对科技论文课题可能早就感兴趣，至少对科研本身兴趣浓厚。因此，除了需要指出课题的重要性外，科技论文作者通常无须在语言上运用特别的技巧来吸引读者。然而，撰写面向公众的文章时，作者必须设法分析读者的兴趣点和激发读者的好奇心，而公众的个性和喜好千差万别，不同刊物的读者、不同网站的用户、不同广播节目的听众，其兴趣点各不相同。因此，作者的出发点应抓住读者可能关心的话题，然后将文章内容与之联系起来。

如何激发好奇心呢？科学本身就妙趣横生，不妨利用其中的神奇故事来吸引读者。因此科普论文的写作过程中，除了需要有作者自己的思路和方法外，还必须有丰富的知识储备，不妨在写作的时候将多种学科的知识进行综合，这样才能使文章的内容更全面，结构更完整，逻辑性更强。例如，作者可以就某个专业话题，根据自身的理解与经验，结合日常生活的一些小故事进行撰写，形成一篇较为完善的科普文章。

除了“讲故事”的方法之外，还有很多其他表达方式也可以吸引读者，尽量避免使用类比、图形等太过于专业的呈现形式。如果某些专业术语在文章中必须用到，或者读者应当学会以备将来使用，那就一定要下定义。定义专业术语有个好方法：先给出日常词语，再提供专业术语，这样就不会让读者畏难。此外，一定要定义专业术语的缩写，以确保读者理解通篇的缩写。

文章中如果提到数字或单位，名词的呈现方式要易于理解。比如天文学中的“光年”，对于受过科学培训或者有一定自学能力的人，自然很好理解其定义或者能自行寻找到答案，但是对普通读者来说，可能很难有一个清晰明确的概念。此时，可以加一段注释辅助读者理解。比如，“光年就是光在太空中行走(传播)一年所经历的路程，即 9 460 000 000 000 千米，相当于太阳与地球之间距离的 64 000 倍。”这样的语句就比较通俗易懂，而且便于青少年和非专业读者掌握。另外，对于科学的精确数值，无须过于限制数字的严谨程度。此处光年的定义就采用了约数，方便读者记住数量级和两三位有效数字，而非准确数值。

但需要注意，在写作中尽量不要使用一大串数字，因为这会让读者失去往下阅读的兴趣，可以适当穿插轶闻趣事、举例说明或者以更直观的表达方式来吸引读者注意，同时也有助于阐明具体论据。另外还可以适当使用一些幽默的文字或者双关语来使文章增色。

同时，还应该注意的是，由于不同的人对于同一个课题的观点可能会有不同的看法和见解，这就要求作者具备良好的语言表达能力，以及较强的文字处理能力。此外，还要注重培养写作的思维方式，因为只有具有较高的文学素养，才能写出好的作品。

当然，还可以遵照本书其他章节论述过的写作原则。比如，尽量使用简明词语，句子结构要简单，段落不要太长等。最后，可以寻求读者反馈。将文章拿给非科研人员阅读，再根据反馈来修改文章，最后进行投稿。

二、科技论文科普化

除了通过面向公众的科技论文写作，促进科学知识传播还有一条有效途径，就是将科技论文科普化。科技论文的科普化就是将科学技术与日常生产生活相结合，通过文字、图表等形式向公众传播科学的最新成果，使其成为一种文字媒介，更加广泛地被大众接受。它是以科技论文的写作模式为载体，在特定的时间段，针对某一学科某一方面的研究成果而发表，并由专家学者对其做出评价，最终形成的结果能被大家普遍认可的一种文风表达方法。其目的是让那些曲高和寡的阳春白雪能“飞入寻常百姓家”。

科学普及简称科普，又称大众科学或者普及科学，是指利用各种传媒以浅显、通俗易懂的方式让公众接受自然科学和社会科学知识。科技论文的科普化，就是将科学技术作为载体，向大众传播有关的科学理论，并将其运用到生活中，使之成为一个完整的体系；或者把一些研究成果直接展现在人们面前，让更多的人了解它，从而达到宣传的效果；也可把这些成果应用到科研项目中，使之发挥出更大的传播和实践作用。

顶级学术期刊的经验表明，学术期刊中完全可以融入科普内容，从而成为重要的科普载体。例如，世界顶级期刊《自然》和《科学》专门开辟了通俗性栏目普及科学知识。因此采用学术论文科普化的方法，将学术期刊中有深度的科研成果转化为有温度的科普知识，惠及大众，是学术期刊参与科学普及、履行提高公众科学素养职责的价值体现。

科技论文科普化的主要意义与价值在于：

(1) 有利于完善科技论文的理论研究。科技论文的普及是一个不断发展的过程，它不仅关系到作者的自身利益，还影响着国家的经济建设和文化的进步与创新。因此要积极推进我国科技论文的科普化，使其更加符合社会的需求和人民的需要。

(2) 有利于丰富科研成果的转化形式，提高研究成果的实用性，促进科学技术的进一步应用，为科学研究的深入进行提供必要的基础条件。

(3) 有助于推动社会主义市场经济健康快速发展与持续稳定增长，为广大公众参与科技事业打下良好基础。

(4) 可以帮助政府更好地把握住国内的科技政策，制定出适合我国政府的相关方针，使之更具有针对性和方向性，从而能够在一定范围内合理地引导市场的资源配置，使之发挥更大的作用。

要想有效地将一篇学术论文改写为科普文章，应该遵从学术论文科普化的原则：

(1) 内容广泛的科技论文是以科学知识为基础，以实用性为主要目的的文章形式。论文的作者在完成科研任务后，通过阅读相关文献，整理具有一定参考价值的研究成果和论据，并经过撰写、出版等程序，最终形成能够反映客观事实的科普成果。

(2) 科技论文的质量高，结构合理，便于推广。科技论文的发表需要专业人员进行指导，在写作过程中，也要求作者不断提高自身的学术素养，使其更符合社会的需求和人民的利益，而不是一味地追求经济效益。

(3) 科技论文的研究对象范围广、影响大。提高对科技论文的重视程度，有利于促进国家的进步与发展。因此在选题时，应考虑到不同行业、地域的情况以及社会发展的实际状况，选择适合的主题作为选题。

三、 论文科普化的写作

一般来说，学术论文科普化的主笔应该是论文作者，因为他/她最了解自己的研究成果，能传达出最准确、有效的信息；同时又需要用普通大众能够看得懂的文字，以轻松、活泼的笔调写出来，既要保证文章内容的严谨性、科学性和知识性，还要注重语言的生动性。

下面介绍将学术论文改写成科普文章的写作要点：

（1）选题角度问题。从科技论文的选题角度来看，要想提高公众的参与度，就必须让广大人民群众了解自己的需要并迫切地关注自身的利益诉求，而不是盲目跟风，要让社会大众看到真正有价值的东西。

（2）文章内容的实用性。从科学技术的应用层面来说，也应该注意到科技的发展离不开新的事物与知识，因此在技术的开发与创新上应当考虑实用性，最好与公众的日常生活相关，使其更容易被人们接受和喜爱。

（3）语言科普化。应减少过多的长句和冗长复杂的公式术语，增强论文的趣味性、通俗性，适当插入美观的图片；同时文章不宜太长，应符合现代阅读习惯，一篇文章介绍清楚一个科学知识即可。

（4）倒置学术论文格式。先开门见山地给出研究的结果和结论，再慢慢还原研究过程，这种写作模式比较符合阅读逻辑和习惯，即使读者未能完整阅读一篇科普文章，也能记住开篇的科学知识和作者的观点。

（5）升温科学知识。将作者的科研经历或者科学史上的史料故事融入科普文章写作，能让科学知识变得有温度；也可以采取讲故事的方法，在阅读科普类文章时，读者虽然倾向于相信事实和数据，但是更容易被故事吸引，并沉浸其中。例如在论证自己的观点时，可以把这个论证过程讲述成一个故事，这个过程也许是一个病例、一个实验或一则科学记录，无论是哪一类，一定要用自己的语言重新讲述一遍，尽量用口语化的语言讲给读者听。

（6）标题醒目。一般不用学术论文原来的题目，推荐使用一些带有神秘性、颠覆性、曲折性色彩的表述。少用过于专业的术语，而是从读者的认知层次出发，让科普文章的文字像日常对话一样，保证90%以上的目标读者能够看明白。因此了解这篇文章目标读者的阅读习惯与兴趣点，以及特别的阅读需求，也是十分重要的写作环节之一。例如写“探索宇宙的奥妙”话题的文章时，需要用到大家常常讨论的天文现象场景来展开。还需要注意的是计量单位，不能过于专业，例如可以将“150毫升水”替换成“半杯水”等。

第三节　新媒体下的科学传播

除了本章第二节中提到的期刊等传统纸质媒体以及网络文章等在线媒体之外，科学传播的新途径还有自媒体。随着智能手机和移动互联网的普及，公众获取信息的方式已经与过去大不相同。快速传递和简洁易懂的主流传播形式，也给当今最新科学进展的传播带来了挑战。除了传统的学术机构或者科普机构，任何独立的科研工作者个体都可以用自己的声音向大众进行传播，这就是自媒体时代的能量。

自媒体（we media）是指普通大众通过网络等途径向外发布他们本身的事实和新闻的传播方式。自媒体是普通大众经由数字科技与全球知识体系相连之后，一种提供和分享个人或组织的事实和新闻的途径，是私人化、平民化、普泛化、自主化的传播者，以现代化、电子化的手段，向不特定的大多数或者特定的单个人传递信息的新媒体的总称。

自媒体内容的主要表现形式有文字、图片、音频、视频等，这使自媒体内容的呈现形式丰富多样。随着科技的快速发展，近年来，随着智能手机的迅速升级、微信和微博等公众平台的普及使用，自媒体开始广泛兴起，科普传播也由传统的单向被动接受，走向双向互动、主动关注、选择接受的模式。越来越多的社会大众不再满足于被动地接受科普知识，他们成为更为主动的科普知识分享者与传播者。

本节重点以微信公众平台和抖音短视频平台为例，介绍新媒体环境下科学知识大众传播的特点、途径、方式和影响等。

一、微信公众号的传播

（一）微信公众号科普文章的风格特点

目前许多学术期刊、研究机构、资助机构、政府部门都开通了微信公众号，这就具备了学术论文科普化在时间和空间上的传播基础。

微信带动了科普创新传播模式,发挥大众平台的力量,形成了科普微信公众号品牌化、个性化、草根化,流行性、创新性、多样性,以及全民参与科普化等特点,因此与生活密切相关的科普内容受到广泛关注。微信平台以十分灵活的方式实现了科普资源共享,广泛地提高了科普资源分享和利用的效率。微信公众号的广泛使用,十分有利于科学知识的广泛传播,全民皆可参与,其平台主体包括官方科普组织和机构、专业领域科普、个人自媒体科普等,共同形成了全民科普传播的新局面。例如"科普中国""国家自然科学基金" "中国科学院"等都是由科普行政管理部门或科普官方组织、机构运营的科普类微信公众号。"果壳网""丁香医生""科学解码"等则是由专业公司运营的科普微信公众号。一些医学类学术期刊的微信公众号,抓住普通大众对医学知识的迫切需求,定位于服务大众,将医学知识科普化,取得了良好的效果。另外,各类科普场馆或者相关科研机构的官方微信号,以及科研人员或者高校教师通过个人朋友圈也可以传播各类科普热点、科普知识并进行科普活动。

从风格上来讲,科学与百姓的生活息息相关,因此须从公众熟悉的领域入手;采用公众听得懂的语言和喜闻乐见的形式,避免使用专业术语、符号、公式,使文章简单易懂;追热点,围绕热点事件深入挖掘背后的科技内涵,根据不同的内容热点、形式热点,制定细致、深入的科普宣传方案;注重与大众积极互动,根据受众的反馈意见随时调整内容和形式。例如"中科院之声"将微信公众号打造成科学知识平台,其推送的内容涉及天文学科、高分子半导体、动植物、计算机软件等知识,这些科普内容使其微信受众范围远超学术期刊的受众范围。"我是科学家 iScientist"微信公众号以"我是科学家,我来做科普"为宗旨,是由中国科学技术协会主办、果壳网承办的一个科学家从事科普工作的平台,实现了将医学、生物学等专业知识向科普内容的转化。新媒体工具除了能向读者输出内容,还能让不同学科、不同层次的读者之间产生互动,提高他们对科技传播的参与度。除了在自媒体平台上撰写和发布文章外,此类有影响的公众号还会定期开设科学家科普能力培训班。类似的讲座会加入一些简单而充满趣味的视频、动态图片演示等,可以让公众快速理解一些复杂的理论或观点。

微信平台的传播十分快捷和广泛,实现了即时信息交流,主要通过短图文、短视频、互动体验传播内容。“全国科普日”“中国科普博览”“格致论道讲坛”等科普公众号或者官方网站通过联系实时热点发布相关话题文章。例如，2020年5月的《引发虎门大桥振动的“卡门涡街”的启示：伟大的发现往往与应用无关》，用易懂的语言和例子阐述了材料技术的问题，并引申到科学研究在生活中的实用性；还有一些竞赛、问卷调查、征文比赛等活动，都能有效地吸引公众参与，完成科普的宣传和调研工作。另外，中国科学院等科研机构的很多老师和科研工作者还走进中小学课堂，参与培养青少年学生科普意识的活动。

微信平台的传播还有一个显著特点，就是受众人群广泛，涵盖范围比传统的科普传播广泛得多。在互联网时代，知识传播变得碎片化、快餐化、娱乐化，这使得更多的青年人能快捷和便利地获得科普信息，并将信息主动传播。通过青年人科普化的二次传播，不常阅读科技期刊的老年人、儿童和普通民众也能及时获取相关的科学知识。以“常规科学内容＋日常生活琐事”相结合的方式，让用户在获得基本信息之后，再多了解一些知识。以前文提到的微信公众号“丁香医生”为例，2020年新冠肺炎传播期间，该公众号的“常规科学内容”即“每日辟谣 ＋ 疫情每日播报”，通报大众最关心的疫情发展情况；“日常生活琐事”根据话题热搜、官方报道等内容进行延伸，比如《疫情期间不敢出门买菜？7类食物储存妙招，让你买一次吃一周》《这9个生活细节，是防御疫情侵犯的关键》等，此类文章排版形式简洁明快，文字通俗易懂，避免了读者阅读大量文字的畏难情绪；《面对疫情，丁香医生9张图告诉你应该怎么做》等文章主要用图片配以简洁的文字说明的形式来展示科普内容，使读者一眼就能获得关键信息，节省了阅读时间，同时增强了文章的趣味性。微信公众号“谣言粉碎机”攻破了“咖啡致癌”“自来水硬度高，长期喝会得结石”等多个谣言；“话食科普”由广东各高校食品领域的专业教师和食品企业的技术人员组成专业团队，利用专业背景知识，通过视频直播，对大众在食品与健康方面的问题进行答疑解惑，鉴别谣言，解密了“吃鸡肝对头发有好处有科学依据吗”“用铁锅炒菜可以补铁”等热点生活小常识和食品安全问题，在社会上产生了积极和广泛的正面影响。

（二）微信公众号文章的写作

微信公众号文章的写作要点如下：

(1) 简洁。公众号文章必须具有能让人看一遍就“一目了然”的特点。因为通常来说，公众号科普文是用来填补读者一些碎片时间的，所以语言必须极其简练、直接，尽量避免太复杂难懂的科技专业词汇。

（2）前后呼应。在科普文章写作中，如果把科学的结论直接写出来，很容易漏掉中间的一些推理过程和论据，因此作者在写作中必须每写一段就停笔，重新阅读，仔细查看是否把整个推理过程写完整了，以达到科普文章不仅具有易读性，还不乏科学的理论依据。

（3）巧妙利用句型。句子的长短也是公众号文章很重要的一个方面，句子不宜太长，这意味着应该活用逗号、分号、冒号、括号等标点符号，让过长的句子变得简短易懂。

（4）添加摘要或者导读。摘要或者导读可以让读者快速获取信息，决定是否阅读全文。有些公众号的文章甚至提供文字内容总结和阅读时间建议，比如全文 2 000 字，10 幅图片，阅读时间约 3 分钟。这些简短的文字对于获取碎片化知识的读者来说非常有帮助。

（三）自媒体科普文章的版权问题

微信公众平台的科普文章目前主要以文字、图片、语音、视频等形式或者组合的方式呈现。文章内容可能会参考其他的科学著作或者其他网络媒体的全部或者部分内容，有些科普文章甚至复制大段内容或者全部文字，这是典型的抄袭或者剽窃行为。公众号的文章多数采用网络端其他文字的图片、语言或者视频等，大多数存在违背或者侵犯知识产权的问题，这是电子时代尚未规范化的领域。为公众号撰写科普文章，须妥善处理作品本身及其多媒体元素的著作权问题。

1. 文字版权问题

（1）原创作品的著作权问题

《中华人民共和国著作权法实施条例》第 2 条规定：著作权法所称作品，是指文学、艺术和科学领域内具有独创性并能以某种有形形式复制的智力成果。这一定义蕴含了如下含义：

① 必须是文学、艺术、科学领域内的智力成果。

② 这种智力成果必须具有“表达的独创性”。著作权法秉承的是“思想表达二分法”，即只保护思想的表达，不保护被表达的思想这一原理，故著作权法要

求的独创性在于表达而非思想。表达的独创性必须由作者独立完成,不是模仿也不是抄袭,对于独创性要求不高,也与文学、艺术、科学价值无关。

③ 必须能以有形的形式复制。

微信公众号推送消息只要符合上述法律法规的规定,即属于受著作权法保护的作品。著作权的详细规定可参考第一章第一节。

(2) 原创作品著作权声明的方式

在当今信息传播多层次、多维度的网络环境下,对于自身享有著作权的科普文章声明著作权归属、转载许可等信息,更有利于优秀原创作品的传递,以及科学知识的分享。目前微信公众号中存在的著作权声明方式主要有以下几种:

① 微信公众平台自带的“原创”声明功能。对自身原创作品可以选择“原创”标记,当他人转载该声明了“原创”的作品时,系统会自动显示“内容转载自某公众号”以标明出处,该方式在一定程度上解决了被其他公众号冒充原创的问题。

② 微信公众平台提供的“白名单账号授权”。白名单账号授权主要有两种权限,即可修改文章和可不显示转载来源。这种方式仅限于享有原创标记的公众号。通过设置不同的权限,可授予其他公众号合法转载的权利,以促进优秀原创作品的传播。需要说明的是,白名单情况下转载仍须标注著作权人的名称。

③ 自行在文章首尾显著的地方进行著作权声明。所有公众号原创作品均可以自行进行著作权声明。例如,“本文由×××版权所有,转载请注明出处/来源”“×××原创作品,转载请联系许可”“本文来自×××,未经许可谢绝转载”“本文系×××获权首发稿件,转载需获得著作权人本人同意,并在显要位置标明文章来源”,“本文版权所有、禁止转载”,等等。

2. 图片版权问题

无论是在微信公众平台,还是在个人博客、简书等自媒体平台上撰写文章,有时需要插入一些图片。如前文所述,提供图片的文章或者纯图片的科普内容受众广,也更受读者欢迎。那么如何规避图片的版权问题呢?

首先,弄清楚图片商用与个人使用的区别,选择正确的图片素材库。目前受欢迎的大型正规图片网站如 Pexels,其所有的图片都可免费被个人或者商业组织用于任何合法的目的。还有一些免费图库网站如昵图网、千图网等,此类网站是做图片分享的,不能商用；可以向某些网站购买图片版权,例如海洛创意、壹图网等,其价格不高,可提供商业授权。

其次,所有图片使用时务必注意版权问题。应按照创作者的授权要求标明创作者及来源；如果没有查到作者,建议直接更换一张版权归属清晰的图。如果实在无法弄清楚来源,建议注明“来源于网络”,如果遇到版权纠纷,可及时删除或替代。

总体而言,为避免版权纠纷,建议采取以下三种方法：①大规模使用的图片,须自行设计或拍摄；②小规模使用的图片,从正版图库购买版权；③无法查证来源时,尽量避免商业使用,如须使用,应做好版权声明,并规避可能的侵权行为。

3. 音乐版权问题

无论是微信公众号的科普文章,还是科普短视频制作,背景音乐是必不可少的元素,其对促进情感带入、愉悦读者,或者舒缓情绪都起着十分重要的作用。

一首完整的音乐作品的版权由四个部分组成,即词版权、曲版权、录音版权、表演者权益。如果作者用一首歌做原版原唱,需要同时拿到以上四种权益的许可；如果用一首歌来翻唱或者现场演绎,只需要拿到词、曲版权即可。音乐版权根据不同的使用情况会涉及不同的引申权益,比如互联网信息传播权、翻唱权、公播权、改编权、同步权、复制权等。若作者需要一首歌作为短视频的背景音乐,同时该视频会在互联网上传播,在这种情况下,作者需要拿到词、曲版权,录音版权,表演者权益的同步权及互联网信息传播权。同时音乐版权的收费会根据使用的区域、使用授权的年限来独立计算。

综上所述,在自媒体平台上进行创作,只有尊重著作权、尊重原创,按照法律规定合法传播信息与观点,才能营造一个健康、向上、规范、有序的思想碰撞环境。

4. 避免侵权的建议

(1) 文字版权问题。与第三章中提到的学位论文查重一样,公众号文章同样也需要注意重复率,避免抄袭。

(2) 图片版权问题。千万不要以为在网络上随便下载一张照片没有问题，一定要到正规的图片网站进行下载。图片有明确的版权说明要求，下载使用要加上来源和原作者。所有图片保留来源，如果遇到版权争议，可以提供可靠的证据。

(3) 字体版权问题。建议直接使用微信公众平台系统默认的文字样式，如果使用专业公司定制的文字样式和格式，也可能涉及侵权问题，最好提前购买版权。

(4) 背景音乐问题。建议在正规网站下载使用，正规的网站通常会明确说明该首歌曲或音乐是否可以免费使用，使用时也应该注明出处。

二、 科普短视频传播

通过短视频进行线上传播已经成为当下科普的新形势。其原因如下：一是由于媒介技术的不断进步，各种短视频平台迅速崛起，以“视觉”这种单一感官为主的文字已不再是人们最倾向于获取信息的方式，人们更愿意采用“视听结合”的方式来接受信息；二是随着移动设备的广泛使用和 5G 时代的来临，人们逐渐养成了通过手机等移动设备进行碎片化视频学习的习惯。短视频以其短小精悍、视听结合、随时可以观看的特点受到了空前的欢迎。

各大视频网站也支持知识科普类短视频的创作。2019 年 3 月联合国权威机构启动了“DOU 知计划”，共同发起了短视频全民科普行动，支持发布 5 分钟以内的知识科普类短视频。传统的视频平台也开始联合博物馆爱好者或从业者共同创作知识科普类短视频。国内不少自然类博物馆已经开通了官方抖音账号，例如上海、北京和浙江自然博物馆等；一些科技类场馆(例如中国科技馆)在抖音平台上发布了一系列有趣的科学实验，定位于好玩炫酷和易于操作，也包括不少生动易懂的科普讲座。哔哩哔哩弹幕网推出了“我是行走的博物馆”项目，鼓励 UP 主创作介绍博物馆及其特点的短视频，并联合观复博物馆、上海自然博物馆共同推出短视频和直播活动。

国外也有同样的案例。例如，英国自然历史博物馆馆藏丰富、研究实力雄厚，对科学教育与公众传播也非常重视，已经实现了线上、线下全媒体发展。该馆也推出了一系列科普短视频，例如备受好评的《神奇世界》系列，在网络上的传播效果非常好。

总的来说,科普微视频在传播科学知识、传授科学技能、弘扬科学思想等方面发挥着越来越重要的作用,科普微视频也逐渐成为科学传播的新形势,越来越受到大众和科研职能部门的青睐。

在现代社会的传播环境中,科学传播将不再是单向、被动的传播,传播者和受众之间的界限也越来越模糊,公众可以选择更多的大众媒介形式,实现与专业科学领域的专家进行互动和交流,利用信息技术加速科学的传播。因此通过本章提到的线下期刊、线上自媒体平台、短视频平台等传播途径,创作出一批科学性强、寓教于乐、趣味性十足、彰显科普性的文章、手绘漫画或者视频,不仅可以促进科学的传播,丰富科普资源,还可以更进一步推动提升大众科学素养的公共事业的发展。

第四节　科技谣言

科技谣言是指与科学话题相关,引发公众兴趣或关注,却未经证实的信息。如今,随着网络技术的迅猛发展和智能手机的广泛普及,传统的社会信息传播格局被改变,与口耳相传的传统谣言相比,网络谣言的传播速度更快,传播渠道更多,影响范围更大,甚至会影响社会公共秩序。本节主要讨论科技类谣言的有害传播,探究此类谣言产生的原因与表现形式,并提出有效的谣言应对策略。

一、科技谣言得以传播的主要原因

公众对科技风险的恐慌往往不是源于事实真相,而是源于真相的缺席。鉴于大众媒介的公众信誉,人们从报纸、官方电视台听到某个消息时,通常默认该消息已经获得证实。而对一条口头传播的消息,或者自媒体平台上发布的信息,即便他认为这个消息具有可信度,也可能并不是百分百肯定其就是真的。因此这位读者可能采取和大家讨论、询问等方式来求证这条消息的真伪。还有一种情况是，当权威信息传递渠道不畅通或某个信息的公开度较低时，人们往往更倾向于相信来路不明的谣言，尤其是在自然灾害来袭或公共卫生事件暴发等极端情况中，科技类谣言充当起官方信息传递渠道失灵时的信息替补来源，成为公众获取信息、应对危机和缓解内在焦虑的手段。在这样的过程中，谣言就传开了。

科技类谣言通常涉及晦涩难懂的专业知识，一些背景知识有限的读者往往难以对这类谣言作出有效和客观的评价。当谣言涉及学界尚未达成一致的科技问题时，会更加让公众难辨真伪。由此，抱着“宁可信其有”的态度相信并传播给周围的人，成为大家寻找真相、规避风险和缓解焦虑的有效手段。以现在广泛讨论的5G技术为例，虽然学界已对这类议题发起过诸多讨论，但至今各个媒体平台上仍充斥着大量与其相关的科技类谣言，诸如“5G基站辐射对人体有很大危害”。再如，“震惊！”“警惕！”“居然！”此类字眼充斥我们的生活，另外，还有“节能灯致癌又剧毒！”“多吃脂肪能降低死亡率！”等令人震惊的消息。这常常让大家对周围的一切感到迷惑——不能通晓各方面知识的公众，难免会感到紧张和担忧。

二、如何应对谣言的传播

（一）畅通信息传播渠道

不管谣言的传播缘起哪一种情况，各种科学媒体平台应更加注重官方和权威信息的流通，从根源上遏制不实谣言的产生与扩散。领域内的专家和学者可以充分利用电视、公众号平台、微博等新媒体从多种渠道发布正确的信息和经过确认的新闻数据，打击不实谣言。相关部门还应注意完善网络舆情监测与预警机制，及时甄别和遏制不实的科技谣言，利用法律手段打击恶意传播虚假信息的行为。很多专业的平台也会开通辟谣渠道，比如微信公众号“谣言粉碎机”就会针对热点谣言进行澄清，发出正确而正义的声音。

（二）强化科学普及

科研工作者应该充分发挥科学常识普及和社会教育的权威功能，及时传播各学科领域的前沿研究成果，增强公众对披着科学外衣的虚假信息的识别和免疫能力。宣传教育部门应该采取各种措施，从社会层面提升网民的媒介素养，提高网民辨识网络信息瑕疵和甄别不实谣言的能力。除了官方科普协会，较为官方和订阅量比较大的自媒体平台也应该致力于科普宣传工作，像“全国科普日”和“全国科技工作者日”这种有意义的特殊日期也是向公众传播科学知识，让大家了解科技为生活带来的变化以及科学发展的好时机。据报道，中国科学技术协会自 2004 年开始举办全国科普日活动，各地各部门在全国科普日期间累计举办重点科普活动近 8 万次，参与的公众超过 15 亿人次，已经成为世界上参与人数最多、覆盖面最广的科普活动。

值得注意的是，相关教育机构应该特别注重培养青少年的网络媒介素养意识和能力，因为他们正处于社会学习的关键期，其科学知识结构尚不完善，认知水平有限，很容易被网络谣言误导。因此，对青少年群体开展相关的科学常识普及工作，提高其信息判断和使用能力，也是非常必要的。

科学是令人着迷的瀚海星辰，为了让更多的人能够欣赏到星空的无尽美好，科学家们辛勤工作，只为将科学的星光播撒到每个人的心中。因此谣言并不可怕，只要用科学的态度去面对、求证和探索，科学的种子就会在心底发芽，让世界多一片靓丽的风景。

第五节　科学与艺术

科学与艺术之间到底存在什么关系呢？从表面上看，科学与艺术属于不同的学科，差异极大。科学具有抽象性，艺术具有形象性；科学重理性，严谨求真，依靠归纳与推理，艺术重感性，浪漫求美，依赖灵感与想象；艺术追求情感的主观表达，科学则倡导从客观的角度去探求真理，它们通常被视为两个矛盾的对立个体。但在 21 世纪的今天，我们以建立文明的现代化和谐社会为目标，更加重视以人为本和人的精神文明发展，同时也越来越认识到，只有把科学与包括艺术在内的人文科学融为一体，才能真正达到智慧的顶点。

基于科学与艺术的辩证关系，以及多年来对艺术与科学结合的实践探索，为进一步促进科学与艺术的融合创新发展，将二者结合进行推广、普及和运用，上海市科学普及志愿者协会成立了“上海科学与艺术分会”，让科学与艺术携起手来，以丰富多彩的方式，展示科学与艺术映射出的深层人文景观与精神，促进科学与艺术的互动、互补与融合，增强科学界、艺术界与社会公众的沟通，提高公众的科学文化素质，为科学界和艺术界的成员们提供一个全新的服务平台。艺术与科学全方位的合作平台服务于艺术家的更高追求，近几年已产生了许多高水平的艺术作品，包括许多舞台作品等，让人们亲身感受到科学与艺术融合创新的美的体验，享受人类最高理想境界的和谐之美。

一、艺术与科技的融合

很多科学期刊，例如《自然》的年度科技图片集，在美感上几乎不次于任何美术和时尚期刊，达到了科学与艺术结合的高峰。再如，作为世界权威的航空航天机构，美国航空航天局（NASA）的艺术品位一直被大众认可。其中，艺术天文学（Artistic Astronomy）成为一门新型学科，即结合天文观测的科学结果、艺术家的想象力和艺术的渲染力，为大家展示无法直接目睹的外太空景象。2016年，在美国林肯中心举办的全球交流大会（Lincoln Center Global Exchange）上，NASA与艺术家贾斯廷·格里哥利亚（Justin Guariglia）合作，记录气候变化，以全新的方式向公众展现变化中的地球地形地貌。早在1962年，NASA就在世界各地征募了一批最杰出的艺术家，允许他们近距离接触太空项目，用独特的视角描绘人类探索太空的历史进程，把宇宙与天文学最前沿的发现以摄影作品等形式展示给大众。在阿波罗11号登月49周年之际，NASA在人类月球日当天发布了一个探测月球表面的视频，NASA的工程师厄尼·赖特（Ernie Wright）使用该航天局的月球勘测轨道飞行器（LRO）收集的数据创作了这个视频。视频的配乐是法国印象派作曲家德彪西（Achille-Claude Debussy，1862—1918）的经典作品 *Clair de Lune*（月光）。为庆祝NASA成立60周年，NASA与美国国家交响乐团在华盛顿合作举办了一场音乐会，也演绎了这首优美的作品。月亮阴晴圆缺、月球荒芜的地貌，辅以美妙的音乐，向观众展示了艺术与科学的完美相融。

二、手绘科普

（一）手绘科普作品的优势

手绘漫画是一种符合青少年及儿童需求和喜好的表现形式。手绘具有随机性和不确定性，同时也自带一种独有的生动和灵气，更加具有创作者的个人“气息”，不同作者的作品具有不同的风格和效果。很多时候，科学家想表达的内容无法用文字或语言为非专业的听众和读者表述，但是可以运用图像表达的方法，手绘利用图像和表情可以将复杂和专业的知识轻而易举地展现在一个思维空间中。这种方式对于一些天文地理和气象的科学普及来说十分适合。手绘漫画一般会结合一两个故事来展开，或者是家喻户晓的经典故事，或者是时下流行话题的桥段，因此无论是青少年还是普通民众，在接受科普的同时会有一种很自然的代入感，这样对于科普来说效果更好。

（二）手绘漫画的小技巧

1. 选定主题

以气象科普为例，手绘漫画创作应该选择一种典型天气，最好是大众感兴趣的内容，比如台风、雾霾、寒潮或者梅雨等，这样有代表性的天气适合进行手绘创作。比如，中国传统的二十四节气就是根据日正时分的日影制定的，并且可以指导农耕生活，见图 9-1。而中国传统农耕文明的经验科学也可以通过现代科学来理解，例如图 9-2 绘制出了太阳与地球的相对方位，辅助人们理解二十四节气的由来。

2. 写故事

选定角色和内容以后，接下来要编写一个言简意赅的小故事，也就是通常所说的文案。文案的编写在很大程度决定了漫画的风格和科普的成功率。一个好的文案必须首先能引起读者的兴趣，然后使他们意犹未尽地往下阅读，并且丝毫察觉不到最终的科普结论，看到最后才“恍然大悟”。

3. 画漫画

将写好的文案进行场景化，分成一张张图片内容，然后手绘人物和场景，最后根据文案进行图片的着色、精修以及过渡和排版处理，使之连接成一篇完整的手绘漫画作品。

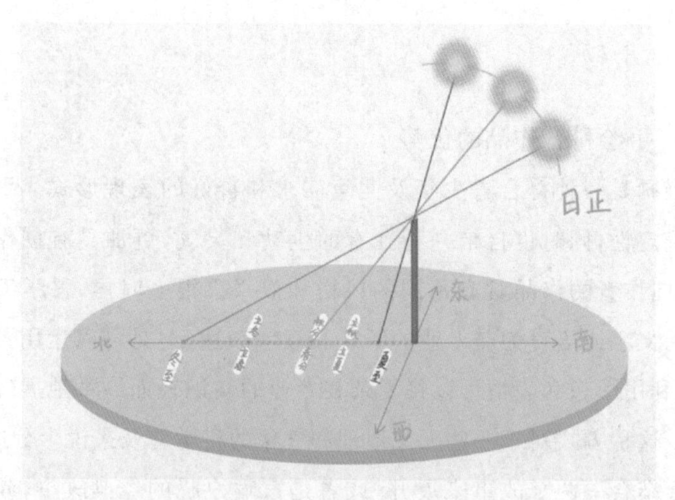

图 9-1　农耕时代人们根据日正时分日影的变化勘定二十四节气

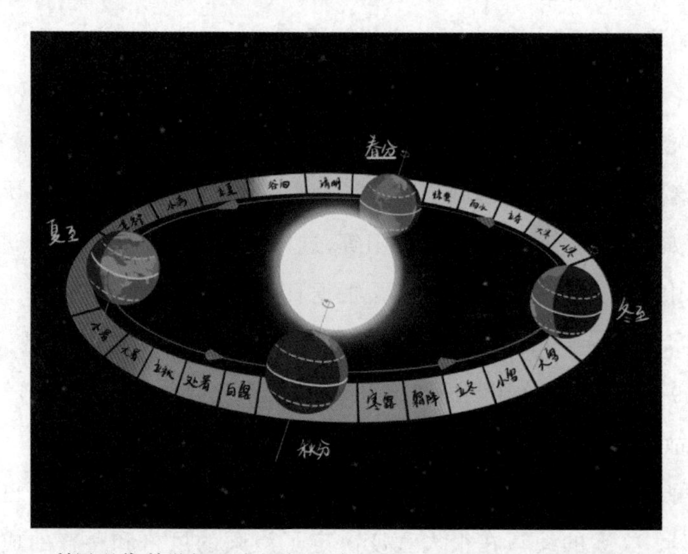

图 9-2　利用现代科学解释太阳与地球的相对方位和二十四节气的科学成因

最后需要提到的就是手绘漫画具有较高的原创知识版权保护能力，这样对于科普传播、有效打击伪科学能够起到很好的作用。

综上所述，科学与艺术有着异曲同工之妙。遵循科学规律同样是艺术创作的重要手法，从文艺复兴时期画家使用透视法，到 21 世纪用算法型塑艺术作品，以及电影《阿凡达》和《盗梦空间》利用电脑技术进行艺术创作等，都是以科学之真求美。

比利时科学史专家乔治·萨顿(George Sarton,1884—1956)认为：理解科学需要艺术,而理解艺术同样也需要科学。早在19世纪中叶,法国著名文学家福楼拜(Gustave Flaubert,1821—1880)也曾预言：越往前走,艺术越要科学化,同时科学越要艺术化。两者在山麓分手,回头又在山顶会合。科学不断创新,包括新的材质、工具和方法；艺术则展示美和浪漫,它将受益于科学的进步,以更丰富的形式展示给大众。总之,科学和艺术互相融合,互相映衬,共同发展,是人类智慧的结晶。让科学走进大众,让艺术融入生活,是人类社会发展的大势所趋。

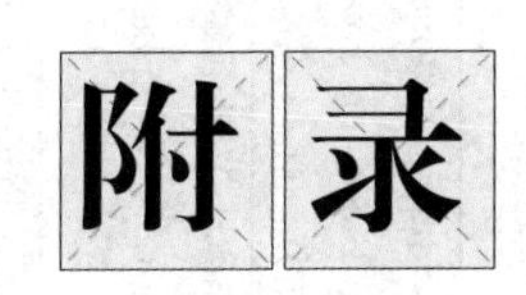
附录

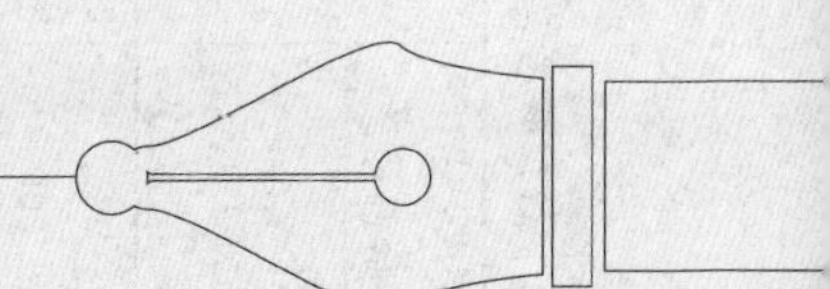

附表 各类参考文献的文内注与条目格式

文献种类	文内注样式： 温哥华格式＋哈佛格式	参考文献列表样式
未发表作品 Assignment from Another Unit	1.（Reid，2016）	1. Reid S F. The importance of scientific method. Unpublished [manuscript]，BSC100：Building Blocks for Science Students，Murdoch（WA）：Murdoch University；2016.
编著的章节 Chapter or Article in Edited Book	2.（Meltzer et al. 2002）	2. Meltzer P S，Kallioniemi A，Trent J M. Chromosome alterations in human solid tumors. In：Vogelstein B，Kinzler K W，editors. The genetic basis of human cancer. New York：McGraw-Hill；2002. p. 93-113.
百科全书文章 Article in an Encyclopaedia	3.（Ford-Martin 2003）	3. Ford-Martin，P. Cognitive-behavioral therapy. In：Thackery E，Harris M，editors. Gale encyclopedia of mental disorders. Vol. 1. Detroit（MI）：Gale；2003. p. 226-228.
书籍：独著 Book：Single Author	4.（Hoppert 2003）	4. Hoppert M. Microscopic techniques in biotechnology. Weinheim（Germany）：Wiley-VCH；2003.
书籍：合著或者编著 Book：Two or More Authors or Editors	5.（Gilstrap et al. 2002）	5. Gilstrap L C，Cunningham F G，Van Dorsten JP，editors. Operative obstetrics. 2nd ed. New York：McGraw-Hill；2002.
书籍：机构作为作者 Book：Organisation as Author	6.（American Veterinary Medical Association，2001）	6. American Veterinary Medical Association. National Board Examination Committee. North American Veterinary Licensing Examination：bulletin of information for candidates. Bismarck（ND）：The Committee；2001.
书籍：政府部门作为作者 Book：Government Agency as Author	7.（Australia. Commonwealth Department of Veterans' Affairs and Defence，2003）	7. Australia. Commonwealth Department of Veterans' Affairs and Defence. Australian Gulf War veterans' health study 2003. Canberra：Commonwealth of Australia；2003.
书籍：无作者 Book：No Author	8.（The Oxford concise medical dictionary，2003）	8. The Oxford concise medical dictionary. 6th ed. Oxford：Oxford University Press；2003. 880 p

续表

文献种类	文内注样式：温哥华格式＋哈佛格式	参考文献列表样式
书籍：编者 Book：Editor	9.（Storey 2004）	9. Storey K B, editor. Functional metabolism：regulation and adaptation. Hoboken (NJ)：J. Wiley & Sons；2004.
书籍：版本标注 Book：Different Editions	10.（Murray 2002）	10. Murray P R, Rosenthal K S, Kobyashi G S, Pfaller M A. Medical microbiology. 4th ed. St Louis：Mosby；2002.
科学与技术报告 Scientific/Technical Report	11.（Lugg,1977）	11. Lugg D J. Physiological adaptation and health of an expedition in Antarctica：with comment on behavioural adaptation. Canberra：A. G. P. S.；1977. Australian Government Department of Science, Antarctic Division. ANARE scientific reports. Series B(4), Medical science No. 0126.
会议论文：纸质版 Conference Paper in Print	12.（Khalifa et al. 2008）	12. Khalifa M E, Elmessiry H M, ElBahnasy K M, Ramadan H M M. Medical image registration using mutual information similarity measure. In：Lim CT, Goh JCH, editors. Icbme2008：Proceedings of the 13th International Conference on Biomedical Engineering；2008 Dec 3-6；Singapore. Dordrecht：Springer；2009. p. 151-155.
纸质论文：网络版 Conference Paper from the Internet	13.（Cloherty et al. 2005）	13. Cloherty S L, Dokos S, Lovell N H. Qualitative support for the gradient model of cardiac pacemaker heterogeneity. In：Proceedings of the 2005 IEEE Engineering in Medicine and Biology 27 Annual Conference；2005 Sep 1-4；Shanghai, China. New York：IEEE；2005 [cited 2010 Sep 2]. p. 133-136. Available from：http://www.ieee.org.
未出版的会议论文 Unpublished Conference Paper	14.（Waterkeyn et al. 2009）	14. Waterkeyn J, Matimati R, Muringanzia A. ZOD for all：scaling up the community health club model to meet the MDGs for sanitation in rural and urban areas：case studies from Zimbabwe and Uganda. Paper presented at International Water Association Development Congress；Mexico；2009 Nov 15-9.

续表

文献种类	文内注样式：温哥华格式＋哈佛格式	参考文献列表样式
会议论文集 Conference Proceedings	15.（Harnden et al. 2001）	15. Harnden P, Joffe J K, Jones W G, editors. Germ cell tumours V: Proceedings of the 5th Germ Cell Tumour conference; 2001 Sep 13-15; Leeds, UK. New York: Springer; 2002.
数据集 Dataset	16.（Coin 2014）	16. Coin L. Genomics of development and disease [dataset]. 2014 Jun 1 [cited 2017 Jun 9]. The University of Queensland. Available from: http://dx. doi. org/10. 14264/uql. 2016. 583.
数据集库 Dataset Repository	17.（Global Health Observatory Data Repository, 2019）	17. Global Health Observatory Data Repository [Internet]. Geneva: WHO. [cited 2019 Jul 3]. Available from: http://www. who. int/gho/database/en/.
数据集存档 Dataset Deposit Record	18.（Zimmermann et al. 2015）	18. Zimmermann B, Tkalčec Z, Mešić A, Kohler A. Characterizing aeroallergens by infrared spectroscopy of fungal spores and pollen [dataset]. 2015 Apr 27 [cited 2019 Jul 3]. Dryad Digital Repository. Available from: https://datadryad. org/resource/doi: 10. 5061/dryad. f4v0s. Referenced in doi: 10. 1371/journal. pone. 0124240.
数据集 描述性文档 Dataset Description Article	19.（Mann et al. 2015）	19. Mann C, Kane L, Dai M, Jacobson K. Description of the 2012 NEMSIS public-release research dataset. Prehosp Emerg Care. 2015; 19(2): 232-40. doi: 10. 3109/10903127. 2014. 959219.
电子书 E-book	20.（van Belle et al. 2003）	20. van Belle G, Fisher L D, Heagerty P J, Lumley T S. Biostatistics: a methodology for the health sciences [e-book]. 2nd ed. Somerset (NJ): Wiley InterScience; 2003 [cited 2005 Jun 30]. Available from: https://onlinelibrary-wileycom. libproxy. murdoch. edu. au/doi/book/10. 1002. /0471602396.

续表

文献种类	文内注样式： 温哥华格式＋哈佛格式	参考文献列表样式
电子书部分章节 Chapter from an E-book	21.（Jones et al. 2007）	21. Jones N A, Gagnon C M. The neurophysiology of empathy. In: Farrow TFD, Woodruff PWR, editors. Empathy in mental illness [e-book]. Cambridge (UK): Cambridge University Press; 2007 [cited 2010 Aug 10]: 217-38. Available from: https://ebookcentral-proquest-com. libproxy. murdoch. edu. au/lib/murdoch/detail. action? docID=293348.
电子百科全书的文章 Article from an Electronic Encyclopaedia	22.（Lee et al. 2000）	22. Lee H C, Pagliaro E M. Serology: blood identification. In: Siegel J, Knupfer G, Saukko P, editors. Encyclopedia of forensic sciences [e-book]. San Diego: Academic Press; 2000 [cited 2005 Jun 30]: 1331-8. Available from: https://www-sciencedirectcom. libproxy. murdoch. edu. au/science/article/pii/B0122272153004212.
期刊论文:全文资料集 Journal Article from a Full Text Database	23.（Abalos et al. 2005）	23. Abalos E, Carroli G, Mackey M E. The tools and techniques of evidence-based medicine. Best Pract Res Clin Obstet Gynaecol. 2005; 19(1): 15-26. doi: 10. 1016/j. bpogyn. 2004. 10. 008.
期刊论文:网络 Journal Article from the Internet	24.（Eisen et al. 2005）	24. Eisen S A, Kang H K, Murphy F M, Blanchard M S, Reda D J, Henderson W G, et al. Gulf War veterans' health: medical evaluation of a U. S. cohort? Ann Intern Med [Internet]. 2005 [cited 2005 Jun 30]; 142(11): 881＋. Available from: http://www. annals. org/.
期刊论文:预览资料集 Journal Article from a Preprint Database	25.（Kording et al. 2016）	25. Kording K P, Mensch B. Ten simple rules for structuring papers. BioRxiv [preprint]. 2016 bioRxiv 088278 [posted 2016 Nov 28; revised 2016 Dec 15; revised 2016 Dec 15; cited 2017 Feb 9]: [12 p.]. Available from: https://www. biorxiv. org/content/10. 1101/088278v5.

续表

文献种类	文内注样式：温哥华格式＋哈佛格式	参考文献列表样式
电子档案 Electronic Document	26. （Australian Institute of Health and Welfare, 2005）	26. Australian Institute of Health and Welfare. Chronic diseases and associated risk factors [Internet]. Canberra：The Institute；2004 [updated 2005 Jun 23；cited 2005 Jun 30]. Available from：http://www. aihw. gov. au/cdarf/index. cfm.
政府出版物 Government Publication	27. （Australia. Department of Health and Aged Care.，2000）	27. Australia. Department of Health and Aged Care. National youth suicide prevention strategy [Internet]. Canberra：The Department；2000 [cited 2005 Jul 1]. Available from：http://www. health. gov. au/hsdd/mentalhe/sp/nysps/about. htm.
法律 Legislation	28. [Gene Technology Act 2000（Cth）]	28. Gene Technology Act 2000（Cth）[Internet]. Canberra：Office of Parliamentary Counsel [cited 2019 Apr 12]. Available from：https://www. legislation. gov. au/Details/C2016C00792.
网址 Internet Site	29.（Lavelle 2005）	29. Lavelle P. Mental state of the nation. Health matters [Internet]. ABC online；2005 May 19 [cited 2005 Jul 1]. Available from：http://abc. net. au/health/features/mentalstate/.
期刊论文：印刷版 Journal Article in Print	30.（Drummond 2005）	30. Drummond P D. Triggers of motion sickness in migraine sufferers. Headache. 2005；45(6)：653-656.
期刊论文：六个合作者以上 Journal Article in Print：More Than Six Authors	31.（Gillespie et al. 1986）	31. Gillespie N C, Lewis R J, Pearn J H, Bourke A T C, Holmes M J, Bourke J B, et al. Ciguatera in Australia：occurrence, clinical features, pathophysiology and management. Med J Aust. 1986;145:584-590.
期刊论文：即将出版 Journal Article：Forthcoming	32.（Staartjes et al. 2019）	32. Staartjes V E, Siccoli A, de Wispelaere M P, Schröder, M L. Do we need 2 years of follow-up? Spine J. Forthcoming 2019.

续表

文献种类	文内注样式：温哥华格式＋哈佛格式	参考文献列表样式
报刊文章：印刷版 Newspaper Article in Print	33.（Hatch 2006）	33. Hatch，B. Smoke lingers for those who keep hospitality flowing. Australian Financial Review. 2006 Jul 13：14.
报刊文章：网络版 Newspaper Article from the Internet	34.（Devlin 2010）	34. Devlin，H. Neuron breakthrough offers hope on Alzheimer's and Parkinson's. The Times [Internet]. 2010 Jan 28 [cited 2010 Jan 31]. Available from：http://www. timesonline. co. uk/tol/news/science/medicine/article7005401. ece.
报刊文章：全文数据库 Newspaper Article from a Full Text Database	35.（Lampathakis 1997）	35. Lampathakis，P. Tantrums seen as suicide warning. The West Australian [Internet]. 1997 Aug 11 [cited 2001 Nov 21]：26. Available from：http://global. factiva. com.
学位论文：未发表 Unpublished Thesis	36.（Hincks 2001）	36. Hincks C L. The detection and characterisation of novel papillomaviruses. Biomedical Science，Honours [thesis]. Murdoch （ WA ）： Murdoch University；2001.
学位论文：已发表 Published Thesis	37.（Gruszczynski 2010）	37. Gruszczynski L. Regulating health and environmental risks under WTO law：a critical analysis of the SPS agreement. New York：Oxford University Press；2010.
学位论文：网络版 Thesis from the Internet	38.（Gethin 2007）	38. Gethin，A. Poor suburbs and poor health：exploring the potential of a locational approach to reducing health disadvantage in Australian cities. PhD [dissertation]. Sydney：University of Western Sydney；2007. Available from：https://researchdirect. westernsydney. edu. au/islandora/object/uws：89.